市属重点教研课题“高校宪法教学中‘德’之内涵解读
与培养机制研究”（2021018）（武教高〔2021〕1号文）成果

宪法原理中国化研究

杨丽娟　余　超　著

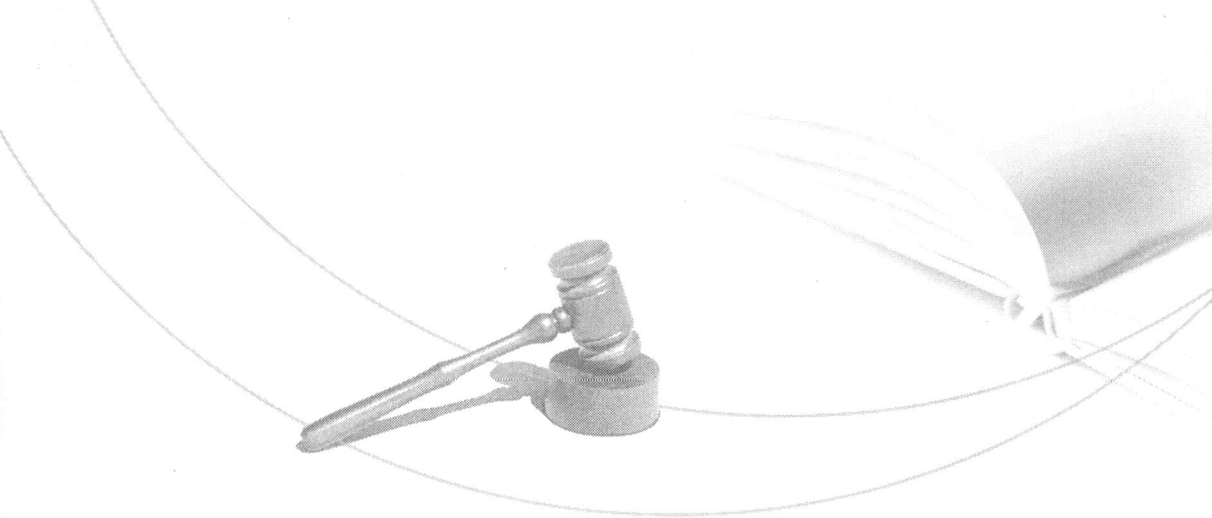

WUHAN UNIVERSITY PRESS
武汉大学出版社

图书在版编目(CIP)数据

宪法原理中国化研究/杨丽娟,余超著.—武汉：武汉大学出版社，2023.12

ISBN 978-7-307-23903-6

Ⅰ.宪… Ⅱ.①杨… ②余… Ⅲ.宪法—研究—中国 Ⅳ.D921.04

中国国家版本馆 CIP 数据核字(2023)第 146179 号

责任编辑:沈继侠　　责任校对:汪欣怡　　版式设计:马　佳

出版发行：武汉大学出版社　（430072　武昌　珞珈山）
（电子邮箱：cbs22@ whu.edu.cn　网址：www.wdp. com.cn）
印刷:湖北云景数字印刷有限公司
开本:720×1000　1/16　印张:12.5　字数:203 千字　插页:1
版次:2023 年 12 月第 1 版　2023 年 12 月第 1 次印刷
ISBN 978-7-307-23903-6　定价:48.00 元

序　言

观夫作者“宪法原理中国化之研究”，思绪不免润入中国千年文化脉络，瞥见国人夙昔生活之似水流年、斑驳岁月。尤自近代开埠、西学东渐以降，传统与现代的激荡、冲突、博弈与媾和，作为时代的主题一直贯穿其中、延续至今。其间，“从传统中寻觅，与传统相链接”是为永恒的主旋律。恰如梁漱溟先生所言，中国文化在其绵长的寿命中，后两千余年殆不复有何改变与进步。此虽显示了中国文化发展不可忽视之惰性，但却也无形中彰显了中国文化的独具性与特殊性。这具体体现在，其一，从文化核心构造及其目标而言，中国以伦理组织社会，以家庭结构制作社会结构。而伦理始于家族，不止于家族，其内核皆为人类真切美善的情感追求，至今亦然。其二，从文化结构及其价值理念而言，中国文化实具有“独自创发”“非从他受”，“自具特征”“自成体系”的内涵与特色，以其自然、自创、自发之绵永而赋予其独立的民族生命，至今日岿然独存。其三，从文化起源及其发展特性而言，中国文化显示了其高度的妥适性、调和性与坚韧性，及臻于成熟之境。其四，从文化兼容并包的特质而言，中国文化同化他人之力较伟，对外来文化包容吸收，而不为其动摇变更，并终将其融合涵化为中国文化自有之内容，实起拓展中国文化空间地域之效用。

究其缘由，尽管中华文化之本体因外来文化影响而致动摇，只是近一百余年之事。但若以此情势变更而抹杀几千年之文明、文化底色之特殊性、主体性，却非明智。毕竟，一方面，人类历史中每一文化皆有其自身固有特点。历史积淀越深，文化惯性越大，此乃某一文化区别另一文化的“异”。另一方面，文化因其为一切人类生活之依靠，因而具有彼此间的关联、会通之处，此乃文化彼此之“同”。正因为“同”，故不同文化间可以相通，“求同而存异”。且每一文化特色并非一成不变之物，而如何于历史“流变”中在“关联与会通”处保留文化底色、链接文化特色，实现一民族文化的可持续发展。在此历史交汇期，对这一问题的关注就显得尤为重要。

自近代以来，中国知识阶层即已不断为之努力。一方面，他们尊重文化“大同”之势，其实质即乃追求中国文化与西方科学的相融与涵化；另一方面，他们坚持文化“小异”之本，实质即在尊重中国文化不可磨灭的个殊性前提下，在尊重中国文化特色的前提下，实现中国文化的创造性发展、创新性转化的时代抒写。且两者中，后者为本。缘因“中国的思想传统与它渊源所在的价值系统、生活方式乃紧密相联之一体……中国的思想传统必须安置在它的文化脉络中才能获得比较全面的了解”。唯有此基础上的文化创新亦才有意义。因此，无论中国近代知识分子还是当代，根本之立足点永远是中国传统及其原始典籍内部及深处所呈现的文化脉络，任何外来“理论架构”皆无法取代。换言之，在文化重建之路途中，唯有思想传统在文化脉络中被安置妥当，才是一切文化重建之根本。

而该如何在“大同小异”中实现文化的“求同存异”，重塑中国文化的现代内涵、当代身份，以期实现对旧有文化的创造性发展、创新性转化，实现新旧文化之间的交替衔接。此中，必然需要一股“伟大力量”注入，以促使其传承、更新。对此，于路径上，除探求中国文化特色形成之理路、脉络外，亦可借鉴西方文化强健之通径。如梁先生言，西洋文化之见优胜，实因有知识力量在内，而科学——科学精神、科学力量，正是知识之正轨或典范。这一理路，已被近代证明。即：唯有科学，才算确实而有系统的知识，且知识才能得以其向前发展；唯有科学，才能实现以理智为基之知识与以理性为本之道德的闳伟明通、互融互鉴；唯有科学，才能将个人本位的权利文化与尚情无我的义务本位文化化异为同、自分而合；唯有科学，条理天成、自然演成的伦理文化才能得以实现利与力的优势互补、互通合一。因此，中国要于传统中重建当代文化，就要于知识论上予以加强与补充。

曾经，发端自“五四”运动时期的“科学与民主”之精神的弘扬，即是此间中国人民的一种伟大尝试与探索。且时至今日，亦发挥着重建中国文化现代身份之重要使命。即：在当代，尤其是改革开放以来，在面临传统与现代的重新激荡过程中，在中国文化的发展演绎中，如何将科学精神、科学力量，如西方法律文化中的核心价值融会贯通于中国既有文化传统中，碰撞、孕育并催生出“全新”的中国法律文化，是当代中国学人的时代使命。

因此，本书从研究目的到研究思路，再到框架结构与具体内容，从一定程度上皆可视作沿袭这一理路的探索和努力。本书着重以中国法律文化、宪法文化为重建之逻辑起点，借由发现宪法原理内蕴之“中国内涵与中国精神”，即宪法原理中国化的特色成果诠释。并以此为契机，实现西方的法律文化、宪法文化与中国法律文化、宪法文化之间的“跨时空交流”。经此交流，可以力证：始源于西方的宪法原理、宪法文化已然在中国生根发芽、成长壮大，并同中国传统政治、法律文化相融涵化。而这一相融涵化的结果，中国文化的“大同精神”被再一次证明。一方面，中国文化不可磨灭的特殊性，及其于当代的理性回归，成就了近代以来国人所迫切追求的法治中国梦。另一方面，再次印证了中国传统文化的坚韧特质。即其文化内生力量的源源不断、生生不息及蕴于其中的伟大调和力、坚韧性及温和宽容之美德，促使其核心价值，在新时代中得到了别样升华，并由此反映在依法治国、依宪治国的伟大实践中。

本书作者对“宪法原理中国化之研究”有其独道之见解和思考，我相信本书的出版将会为中国宪法文化、法律文化的当代研究提供重要的参考价值与借鉴意义。同时，本书亦可作为当代高校宪法教育教学的重要参考教材之一。综上之述，我愿为序。

刘嗣元

2023 年 4 月 10 日

前　言

宪法原理中国化的研究与论证，通过立基于宪法原理中国化的基本精神诠释，集中于宪法基本内涵、法理基础、制度依托，以及宪法于历史演绎中的因习传承、宪法于当代流变中的革故鼎新等宪法文本及其法理精义的考察，致力于探究宪法原理内蕴之“中国内涵与中国精神”。宪法原理中国化的基本精神，概称为“社会主义核心价值观”，此为“德”之当代内涵及其结构体系。

2018 年 3 月 11 日，十三届全国人大一次会议通过了对现行宪法的第五次修正。在此次宪法修改中，《宪法》第二十四条规定，国家加强社会主义精神文明的建设。国家倡导社会主义核心价值观，提倡爱祖国、爱人民、爱劳动、爱科学、爱社会主义的公德……至此，社会主义核心价值观正式被写入“宪法”。那何谓“社会主义核心价值观”？其缘何而来？由何而生？因何入宪？法源何系？特质几何？与宪法、法律、道德之关系如何表达？在笔者看来，社会主义核心价值观，作为一种价值观念，或作为一种由价值观念构成的价值体系，探其源头，仍要追溯至历史深处——社会主义核心价值观与德之内涵及其当代体系结构的深层链接。

中国文化语境下的德之内涵，在古今流变中虽因时而异，但其结构体系、基本内容仍具有某种一脉相承的特点，呈现着文化赓续、传承的征象。此一特性，因袭至当下，在社会主义主流价值观中得到了新时代的全新表达。社会主义核心价值观，作为中国特色社会主义意识形态体系的内核，中华民族共同精神凝练之载体，实乃当今时代“德之内涵”的规范化结构体系之概称。从古至今，伴随着“德之内涵”所处时空环境变迁，传统文化之“德”背后的基本精神与深层思想体系支撑已发生更新，由“亲亲、尊尊”过渡至当今“新亲亲、新尊尊”

之状态，即“德之内涵”的规范化结构体系以“传承”为基，在扬弃中实现了一种创新性发展与创造性转化，呈现多维度、多视角的综合嵌入、融合与涵化过程。概言之，其作为德之时代内涵的一种表达，既是中华文化原生体系的一脉相承，亦是中国文化与异域文明相融互涵的重要见证。本书首在通过系统梳理这一动态演变过程，归纳、提炼和总结出潜孕其中的“文化之匙”，并以此为基，为新时代中国特色社会主义法治建设中德之内涵的创新性发展、创造性转化，在路径上供给可资借鉴的参考资源。

2018 年 3 月，社会主义核心价值观得以“入宪”。至此，它成为正式国家意志，并以根本法的形式确立了其最高法律地位。从而对社会生活起到了全面概括、调整和指引的作用。本书首在致力于梳理自古至今德之内涵及其结构体系之演变，一方面得出古之“德”在渐进演变中实具有以国家强制力为后盾之强规则属性，而其规则内涵经历了从观念规则—习惯规则—成文规则的演进历程。另一方面，结合当下中国“规则之治”的主旋律，推论出社会主义核心价值观乃德之当代内涵及其结构体系之概称。这一演绎历程，始于近代清末，历经民国时期，至中华人民共和国依法治国观念深入人心，德所具备的古之强规则法属性逐渐淡化，其定位趋由古之成文规则转变至观念规则，至 21 世纪则成为某些司法裁判案件中释法说理之组成部分，出现了观念规则走向现实规则的趋向。直至 2018 年社会主义核心价值观“入宪生法”，则正式由观念规则、现实规则演绎发展至成文规则。

对其之规则属性，笔者认为，社会主义核心价值观入宪乃作为宪法基本原则而存在，概称“德治原则”。在宪法基本原则指导下，法律原则、司法原则由之而生，两者已然具备合宪性基础。以此为基，德治原则能动地反作用于诞生其之渊源——“现实司法原则”。此之过程，即是社会主义核心价值观“宪法基本原则”的生成理路及其能动影响力之积极反作用。这一过程，即德之规则属性的演绎发展历程体现了一种适应时势的循环辩证历史观。对此，本书以法律的“自然历史”说、“自然历史”法律进化论说、法律对“自然历史”能动说为理据具而述之。

在宪法原理中国化基本精神——社会主义核心价值观的引领下，本书运用比较研究方法，通过宪法与法律、法律与道德、宪法与道德的横向比较，进一步诠释宪法的中国内涵、中国特质，并基于系统论视角、结构论观点，推演出中国宪法的法理内涵与法理基础。同时，在宪法内涵界定明晰的前提下，通过对宪法实体理论至程序理论的双元多视域解读，探究宪法的中国本质，以及中国宪法的制定、解释与修改等内容。在宪法内涵、宪法本质等宪法实体理论与程序理论的剖析与阐明中，穿越时空阻滞，通过对中华人民共和国成立前后各阶段之宪法文本的“结构与形式内容”的深层阐释与剖白，探讨宪法演进中的“文化传承”特点，以确证宪法原理中国化的文化脉络、因习传承，实是“被决定之匙”的古今之变、沉淀更新。以历史为基，作者继以现行宪法第五次修订之文本内容为考察载体，通过对此之解读，强化对现行宪法的理解，及此次修宪中各项内容所具备的特质，来探讨宪法原理中国化的当代流变。

综上，文章共分为六部分，第一章为宪法原理中国化的基本精神：德之当代内涵及其结构体系——以社会主义核心价值观为基础的展开。此章乃后续研究的理论基础，内容集中于社会主义核心价值观的代际渊源、代际传承，即德之起源、发展、演变及其于当今之重构与解析。第二章为宪法原理中国化的基本内涵：从“成德、建德”，到文本、规范。本章通过宪法与法律、法律与道德、宪法与道德的关系推论出宪法之“中国”内涵。第三章为宪法原理中国化的法理基础：一个基于体系结构论的视角。本章立基于宪法文本结构、宪法教材体系及两者间之关系，通过运用法理学基础理论知识，推演出宪法的“法理内涵”。第四章为宪法原理中国化的一体两翼、兼容互摄：从实体理论，到程序理论。本章集中于宪法本质，宪法分类和渊源，宪法制定、解释与修改，宪法的效力和作用之分析。第五章为宪法原理中国化的文化脉络、因习传承：“被决定之匙”的古今之变、沉淀更新。该章通过中华人民共和国成立前后各阶段之宪法文本的结构与内容分析，探讨宪法演进中的“文化传承”特点。第六章为宪法原理中国化的当代流变、革故鼎新：基于现行宪法第五次修订之文本考察。为强化对现行宪法的理解，该章重点解读 2018 年我国宪法修改中各项内容所具备的特质。

目　　录

第一章　宪法原理中国化的基本精神：社会主义核心价值观

宪法原理中国化的基本精神，概称为“社会主义核心价值观”，此为“德”之当代内涵及其结构体系。具言之，2018 年 3 月 11 日，十三届全国人大一次会议通过了对现行宪法的第五次修正。在此次宪法修改中，《宪法》第 24 条规定，国家加强社会主义精神文明的建设。国家倡导社会主义核心价值观，提倡爱祖国、爱人民、爱劳动、爱科学、爱社会主义的公德……至此，社会主义核心价值观正式“入宪”。那何谓“社会主义核心价值观”？其缘何而来？由何而生？因何入宪？法源何系？特质几何？与宪法、法律、道德之关系如何表达？在笔者看来，社会主义核心价值观，作为一种价值观念，或作为一种由价值观念构成的价值体系，探其源头，仍要追溯至历史深处——社会主义核心价值观与德之内涵及其当代体系结构的深层链接。下文旨在通过系统梳理这一动态演变过程，归纳、提炼和总结出潜孕其中的“文化之匙”，并以此为基，探索宪法内涵的中国特质，以为新时代中国特色社会主义法治建设中德之内涵的创新性发展、创造性转化及其特质与应用，在路径上提供可资借鉴的参考资源。

第一节　社会主义核心价值观的代际渊源：德之起源、发展与演变

中国文化语境下的德之内涵及其结构体系的演变，从最初原始社会祭祀神灵的基本法则，进化为奴隶社会宗族法理法规的集合体；而后由外在宗族法则转化为内在的意识形态、观念系统，形成以注重宗教信仰、传统心理、宗族禁忌等为

构成内容的伦理体系。在此过程中，礼德关系相伴相生，犹如事物之一体两面，缺一不可，互为表里——礼因德而生，正直仁义蕴于心则为德，德见诸行则为礼，礼以外在仪式制度为表征、以行为规范体系为总称，诉说着“德”的无典之礼、无冕之王之地位。概言之，“德”即礼，“礼”即德，两者在历史的演进中，德之“强”规则属性，即具有强制力的法属性与规则内涵渐趋成形，这一演变进程大体经历了观念规则—现实规则—成文规则①三阶段，并最终致力于理想社会秩序——“亲亲、尊尊”状态的实现。下文具言之。

一、德之起源与发展：德礼互摄，以德为本

考证“德”的源头，须溯至中华先民时期的祭祀活动。早期祭祀，一切乃顺乎自然之行为，并无成规。后在神道设教情形下，一种表示尊敬的仪式逐渐出现，“德”之胚胎即孕育此中。追溯德之来源，业界通说认为系殷之祭仪。甚至陈顾远先生认为，“当更在以前矣”。② 无论如何，自殷之始，或此之前，“德”作为原始先民祭祀神灵之基本法则的总称，当无重大疑义。而与之相伴生的另一重要概念“礼”，是为祭祀神祇过程中的技术性“礼节仪式”，即礼仪。其内涵与外延，则相对较为简单、质朴。彼时德礼两者关系，如陈晓枫教授所言，“礼最初或许只是德的一个具体内容”。③ 易言之，其核心，仍在“德”。

随着生产力的发展、私有制及阶级出现后，氏族内部中的血缘身份、等级制度逐渐产生并确立，在此过程中，表层意义上的“礼”渐次褪去了围绕“德”而“事神致福”的初意，从祭祀活动中的礼节仪式，逐渐演变成为一种旨在维护阶级统治、涵括调整范围更为广泛的仪式制度体系总称。深层意义中的“德”，则进化为更为复杂的宗族法理、法规之集合体，由内涵丰富的伦理观念与行为规范体系共构共成。整体而言，彼时之“礼”，其存在和应用依然依附于“德”。

① 观念规则、现实规则与成文规则的区别在于，是否以国家强制力、约束力或制裁力为后盾。三大规则中，只有成文规则以国家强制力为后盾。

② 陈顾远：《中国法制史概要》，商务印书馆 2011 年版，第 325~326 页。

③ 陈晓枫：《中国法律文化研究》，河南人民出版社 1993 年版，第 108 页。

商亡周兴前后，因异质文化（相对于中原文化而言）的入侵①，部族战争频发、兼并纷争迭起，原来建基于族内亲和、血缘宗法基础上的“德”，其调整能力逐渐开始弱化。因应这一变化，“德衰而制礼”势成必然。是故，周朝统治者在原有“德”之内涵基础上，借鉴夏、商二代传统“礼仪制度”，重新赋予并诠释了“礼”之新范畴。在形式上，如孔子所言，“殷因于夏礼，所损益，可知也”；“周因于殷礼，所损益，可知也。”② “周监于二代，郁郁乎文哉。”③ 在内容上，在继承夏、商之礼的基础上，“周公制礼”将礼之精义、具体内容不断发扬光大，扩张为涉及政治、经济、军事、宗教、家庭等方面的一体化典章制度、礼节仪式。易言之，整个政权的统治秩序几乎依“礼”而建、围“礼”而行。“礼”成为国家的行为规范体系与典章制度，发挥着“经国家，定社稷，序民人，利后嗣”之功。④ 亦如孔子有言：“道德仁义，非礼不成；教训正俗，非礼不备；争分辩讼，非礼不决；君臣上下，父子兄弟，非礼不定；宦学事师，非礼不亲；班朝治军，莅官行法，非礼威严不行。”⑤

而彼时之“德”，作为礼之内核，随着时移世易，其外延虽受到限缩，但作用仍得到了某种强化，即：由原来外在的宗族法则转化为内在的意识形态、观念系统，形成以注重宗教信仰、传统心理、宗族禁忌等为构成内容的伦理体系。⑥ 在国家层面，为政以德，“德”成为统治阶级应当具备的一种精神层面之资格或品质——一个统治阶级的成员因具有“德”而显荣，整个统治阶级因具德而获得“民”之拥戴。⑦ 换言之，“德”作为中国传统文化中政权来源合法性的最早理论渊源，在“明德慎罚”“以德配天”话语体系中得到初步表达。在技术上，

① 以蚩尤集团为代表的外来文化，通过部族战争，与中原各族的固有文化发生激烈的冲突，战后一部分无法实现血缘认同的苗民留居中原，因此造成不再可能完全按照宗法方式实现统治的历史条件，一种以外在行为强制为特征的行为规范体系萌生，最初为刑书，随后演化为多种法规形式。参见陈晓枫：《中国法律文化研究》，河南人民出版社 1993 年版，第 110 页。

② 参见《论语·为政》。

③ 参见《论语·八佾》。

④ 参见《左传》隐公十一年。

⑤ 参见《礼记·曲礼上》。

⑥ 参见陈晓枫：《中国法律文化研究》，河南人民出版社 1993 年版，第 111 页。

⑦ 武树臣：《中国法律思想史》，法律出版社 2004 年版，第 74~75 页。

整个上层建筑以“成德”“建德”方式据以构建，于是，遂达成了“德礼互摄，家国同构”的早期中国国家建立之范式。在这一过程中，尽管“礼德关系”业已发生嬗变——“德”，作为一种价值观念与理想追求，日益潜入、内化至礼之深层；而礼之有形容量则被不断放大，成为一种纯然规范体系，日益发育为德之制度的显性表现。但终归，礼仍因德而生，即正直仁义蕴于心则为德，德见诸行则为礼，两者互为表里①之紧密关系是显见的。

自汉代“罢黜百家，独尊儒术”后，伴随着自始以来中华文化固有之“柔而和”的自然观影响，②“礼”的主体性随其内容的不断丰富而凸显，并凝聚成为传统文化的独立核心。在“礼”的促进推动下，中国传统文化逐渐形成自然和谐且圆通平顺之体系——敬畏自然、顺应自然，对一切生命给予力所能及的尊重和保护。追求人与人、人与天的“和谐”成为一种价值追求、最终旨趣。反过来，“礼”的适用范围也得到不断拓展。恰如陈晓枫教授所言，“随着奴隶制度的瓦解，按照礼制体系编纂之礼被逐渐废弃，但在它的作用下形成的宗法伦理规范，却构成无典之‘礼’，逐渐成为全社会之行为规范体系”。③

而从这种“无典之礼”的内在结构体系观之，彼时成熟完备之礼，又具体可分为两部分：“礼制”与“礼义”。其中，“礼制”则为礼之外在表现形态，属于礼义的制度化、规范化内容，通常以文本形式呈现。“礼义”乃礼之核心，属于礼之法理基础，主导着礼的一切事宜，如《礼记·礼器》曰：“礼之所尊，尊其义也，失其义，陈其数，祝吏之事也。”“数”何言哉，即“仪”也。故若仅存其仪而失其义，无非唱礼者之司仪而已。④ 是故，作为立“制”的内在法理，“礼义”乃礼之关键所系。失之，礼之真意不在。而如前所述，既然“礼义”又与“德”相系相生，故此命题可转表述为，“德”实乃“礼义”的终极核心，是

---

① 陈晓枫：《中国法律文化研究》，河南人民出版社 1993 年版，第 114~115 页。

② 中国之礼德与崇尚人与自然和谐相处，与柔而和的自然观密切相关。以农为本的中国人从自然中感受到的是万世不易的四时变化规律与万物相生相克的和谐之美。从中国古代法中人们不难寻找到效法自然的踪影。如中国古代立法的自然观表现于三个方面，即以自然为法的立法指导思想，与礼乐和谐一致的法律体系以及仿效五行而设的象刑、五刑之制。参见马小红：《礼与法：法的历史连接》，北京大学出版社 2017 年版，第 386、395~396 页。

③ 陈晓枫：《中国法律文化研究》，河南人民出版社 1993 年版，第 209 页。

④ 陈顾远：《中国法制史概要》，商务印书馆 2011 年版，第 327 页。

作为礼之伦理基石和观念性内核而存在。① 进言之，“德”（或曰之“礼义”）通过“礼制”，即习俗、制度、法律等礼之外在规范的“制度、仪式”样态，达致“正人行”的外在要求。因此，“礼制”设置之目的，在于维护礼治，弘扬礼义，通过培育一种全社会上下内心所信仰之伦理美德观，最终实现“政以礼成、社以礼尊、人以礼行”的大同社会之局面。②

据此，在古代社会，“礼”与“德”虽有内涵外延、适用范畴等方面的差异，但在价值追求与观念塑造上，则始终围绕着、建构着一种适用于全社会的“内在伦理观”这一根本目的，并通过制度、规范之外在形态作用于国家中“人”，具有功能上的同构性。但其核心，仍在“德”。简言之，真正发挥规则要义、规范效应的乃在“德”。可以说，“德”之诞生经历了原始社会的“稚茸、致简”的初始萌芽期，奴隶社会的“上下分野、分而适之”的阶级分化期，帝制社会的“分野去之、普遍施行”的持续发展期。在此过程中，“礼制”虽因时而变、因时而制，但作为其内在原理、固有精神的“德”，在历史的演变进化中，早已融入各朝各代的精神内核，并发展成为人们内心长久以来固有之“规则信仰与行为坚守”，几近未变。以古代社会对于官吏的行为规范为例，在宋代吕本中之《官箴》、元代张养浩之《风宪忠告》、明代杨昱之《牧鉴》，以及清代《公门不费钱功德录》中，均可见及“为官首在德”的相关记载与要求，即所谓“当官之法，直道为先”——“天下大器归于有德”；“既为官属，当选廉耻”；“人之于有干能，固不易得，然不若德行之士最优也”；“官属，为选纯谨秉性正直者充之，勿用有权术之人”，③ 凡此种种，管中窥豹，可见一斑。而德之规则内涵，在此历史演绎中渐趋成型。

二、德之内涵与演变：亲亲为本，尊尊为张

据上分析，“礼义”以“德”为核心，乃区分“是”与“非”，自然合天地人为一体的社会体系。④ 而所谓“德”，从字形字体观之，乃从值从心，要求遵

① 陈晓枫：《中国法律文化研究》，河南人民出版社 1993 年版，第 114 页。

② 参见马小红：《礼与法：法的历史连接》，北京大学出版社 2017 年版，第 301 页。

③ 参见武树臣：《中国法律思想史》，法律出版社 2004 年版，第 251、269 页。

④ 马小红：《礼与法：法的历史连接》，北京大学出版社 2017 年版，第 162~163 页。

从内心、心思端正、正直仁善。即其首先是培育良善，塑造品格，追求人之内心的精神充盈及外在的德性培育。后由个人要求上升至国家、社会层面，即在不同时代赋予“德”之内涵不同的价值与韵味，但追求良善美德、高尚操行等之基本要求在其原初意义上是始终存在的。

而在这一历程中，“德”被赋予的新时代烙印体现在：例如，自汉以降，儒家认为，“礼者，异也”，“名位不同，礼亦异数”。借礼的不同内容，确立了人的差异化关系。进言之，此名位通常指向“家族”和“社会”两方面，表现为“亲亲”“尊尊”① ——家族层面，以辈分、年龄、亲等、性别等条件为基础所形成的亲疏、长幼的分野关系，即亲亲；社会层面，基于个体在社会结构中的政治地位、官职尊卑所形成的等级关系，即尊尊。② 上述两种社会差异格局的总和，是为儒家心目中的理想社会秩序。所谓，“仁者人也，亲亲为大；义者宜也，尊贤为大”③。亲亲尊贤，而仁义在其中矣。贵贱、尊卑、长幼、亲疏都有分寸的社会，便是儒家的理想社会。④ 这一德之内涵的基本精神及思想支撑，即礼的真正宗旨、德的具体表现。

如古之社会，围绕“德”、依据“德”所调整之国家关系、社会关系与家庭个人关系，以及所欲达到的理想社会秩序——“亲亲、尊尊”之状态。“德”之内涵及其规范结构体系经历了奴隶社会的雏形、封建社会的塑形，至今天仍然在不断发展着的“前后相续”之过程。最初，“德”之内涵及其结构体系的形成，可追溯至商代之“六德”，即“智、仁、圣、义、忠、和”；后孔子提出了以“仁”为核心的伦理政治观，包括“仁、孝、悌、忠、信”等在内之道德规范体系；孟子继承孔子之后，兼采各家所长，提出了“四德”“五伦”之说——“四德”：仁、义、礼、智，“五伦”：父子有亲、君臣有义、夫妻有别、长幼有序、朋友有信的伦理原则；汉代董仲舒承继孔子学说，提出“三纲”“五常”——“三纲”：君臣之纲、父子之纲、夫妇之纲，“五常”：仁、义、礼、智、信；至宋元时代，在管子影响下，封建“八德”正式形式，即“孝悌忠信、礼义廉耻”。

---

① 武树臣：《中国法律思想史》，法律出版社2004年版，第70页。

② 瞿同祖：《中国法律与中国社会》，中华书局出版社1981年版，第272页。

③ 参见瞿同祖：《中国法律与中国社会》，中华书局出版社1981年版，第273页。

④ 瞿同祖：《中国法律与中国社会》，中华书局出版社1981年版，第273页。

“四维八德”，成形代有不同，但深层内涵却脉系相连。即建立在宗法社会基础之上的伦理道德观，作为中华民族几千年来的精神凝练，体现着一个社会评判是非曲直的“规则标准”：它通过“礼义”之内在培育、养成，以及“礼制”之外在规制、保护，已然成为世代国人之精神支柱和代代相传的民族精神。① 以“孝”为例，四维八德之中，“孝”用于调整家庭关系。地位上，乃德之核心，做人之根本。孔子直言，“孝乃最大的政治”，系关国家安危。② 譬如自古以降，对于不孝恶行，刑予以禁止；对于孝道善行，法“旌表”弘之。孝之道，延绵至今，如“百善孝为先”“五刑之属三千，罪莫大于不孝”，等等。可见，一方面，孝之礼节仪式，以德之原则为指导，意在导人以善、趋人以孝；另一方面，孝之弘扬，以礼制为制度依据，以刑罚为制裁手段。举例而言，“孝”于古代，不待法律有专条《周礼》不孝为乡八刑之一。汉律不孝罪斩枭。③ 北魏时代不逊父母律处髡刑，太和诏书犹以为太轻，令更详制。④ 在上古时代的法律中，已可看出法律对不孝罪的重视，齐隋以后不孝便成了十恶不赦的重罪，标明于卷首的名例中。⑤ 对于辱骂父母、伤害父母身体者——列入不孝重罪，判绞罪。⑥ 骂以上的行为，如伤害，对此法律不问有伤无伤，伤轻伤重，故意伤害或过失伤害，只要有“殴”的行为便成立此罪，即处斩。⑦ 换言之，凡属以卑幼犯尊概处重刑。⑧ 据此，历代法律对于不孝罪的惩处，皆采取同一原则，即加重主义。故，古代子孙本以恭谨孝顺为主，对父母有不逊等侵犯的行为皆为社会和法律所不容。因此，于“孝”这一宗法关系上，“德”为行为准则核心，“礼”为具体细则制度，“刑”乃强制手段，三者共同成就“孝”之德。⑨ 这一进程，古之现实司法裁判所蕴含之浓厚的“孝”之规则属性，也见证了德之价值集合背后的规

① 马小红：《礼与法：法的历史连接》，北京大学出版社2017年版，第162页。

② 马小红：《礼与法：法的历史连接》，北京大学出版社2017年版，第173页。

③ 《公羊传》文公十六年，何注。参见瞿同祖：《中国法律与中国社会》，中华书局出版社1981年版，第28页。

④ 《魏书·卷一百一十一·刑罚志》。参见瞿同祖：《中国法律与中国社会》，中华书局出版社1981年版，第28页。

⑤ 参见瞿同祖：《中国法律与中国社会》，中华书局出版社1981年版，第28页。

⑥ 瞿同祖：《中国法律与中国社会》，中华书局出版社1981年版，第28页。

⑦ 瞿同祖：《中国法律与中国社会》，中华书局出版社1981年版，第29页。

⑧ 张晋藩：《中国法律史论》，法律出版社1982年版，第15页。

⑨ 陈晓枫：《中国法律文化研究》，河南人民出版社1993年版，第114~115页。

则特质在这一时代的演变历程："观念法—习惯法—成文法"，以及三大规则于国家治理中的长久实践应用。

由此可见，在这一进程中，虽然德之内涵、外延及其体系结构不断丰富，但"一脉相承"乃其中之不可忽略之主线，即礼义所倡导之基本精神、所维系之根本宗旨，所达至的理想社会秩序——"亲亲、尊尊"，几未发生根本改变。以此根本目标为导向，以一国中之三大社会关系（国家关系、社会关系、家庭关系）为调整对象，"礼义"之基将内涵政治、经济、军事、宗教、行政、司法、家庭等法律思想与道德观念融为一体，通过对"关系"及其中之"对象"——"人"的价值形塑、观念引导、规则约束，以实现对不同社会关系的综合"治理"，而这一综合效用，乃是对统治阶级意志与利益的集中体现，保障了整个中国古代社会的良性运转。

第二节　社会主义核心价值观的代际传承：德之嬗变、重构与解析

在当今依宪治国的法治中国目标下，我们所承继的、古今所相袭的乃"礼义"之内核——德。其外在的"礼仪"制度及所存在的社会基础早已去之不再，但德之背后的深层思想体系及所维系的理想社会秩序——"亲亲、尊尊"，作为一国文化自古传承至今的核心表达与呈现，仍是一国流传当下且弥足珍贵的文化遗产，更是一国继起发展的强大精神动力。但在这一历程中，德之内涵及其所维系之社会秩序皆实现了一种创新性发展与创造性转换。实自近代清末始，"德"之内涵即经历了质的历史性嬗变，但依然保有着其内在之"精神品格及民族风骨"。即中国文化语境下的德之内涵，在古今流变中虽因时而异，但其结构体系、基本内容仍具有某种一脉相承的特点，呈现着文化赓续、传承的征象。此一特性，因袭至当下，在新时代得到了全新的表达——社会主义核心价值观。如习近平总书记所言，每个时代都有每个时代的精神。实现中国梦必须走中国道路、弘扬中国精神、凝聚中国力量。核心价值观是一个民族赖以维系的精神纽带，是一个国家共同的思想道德基础。如果没有共同的核心价值观，一个民族、一个国家就会魂无定所、行无依归。为什么中华民族能够在几千年的历史长河中生生不

息、薪火相传、顽强发展呢？很重要的一个原因就是中华民族有一脉相承的精神追求、精神特质、精神脉络。在今天即表现为一国之社会主义核心价值观。① 简言之，德之当代内涵及其结构体系即是此，且这一过程，初初生成之“社会主义核心价值观”，即其生成宪法，乃至凝练为政策之前，社会主义核心价值所具备的规则属性多表达为观念层面，主要体现为以人的知耻之心约束人之行为，而非以国家强制力为后盾。欲了解此，需先予明晰与解读“德”之历史性的嬗变、重构之“全过程”。下文具言之。

一、德之嬗变与惯性：礼义为基，传承为脉

后世所言之“德”，在某种程度上，依然是过去“礼义”的不同时代表征。这一文化沉淀现象，于历史观之，则是不胜枚举、昭昭在目的。譬如，战国时期的荀子即曾对儒家选拔官吏之传统标准予改造，赋予了“尊尊”新的内涵——用“尚贤使能、忠君报国”之新礼取代旧礼中之“任人唯亲、孝悌为本”，强调注重人才的“德、能”兼修。② 郑国子产亦曾提出，若“礼义与人心发生冲突，即应改革礼义以适应人心”，即执政者对礼义可以“有所反之”。③ 但“有所反之”，必有前提，即礼义违背了一国之根本：“民”。

可见，“礼义”可以被突破，实现一种创造性发展和创新性改造。但是传统之根犹如一条经纬线于“创新、创造”中纵横贯通，在不断的社会化中以质变形态实现一种古今传承，以达时势所需。可以说，“中华民族经过几千年沉淀出来的传统优秀文化，滋养着中华民族的可持续发展，是带有中华民族标签的独特精神印记”。④ 与此同理，近世张岱年先生也将“德”之内涵概括提炼为“九德”：公忠、仁爱、诚信、廉耻、礼让、孝慈、勤俭、勇敢、刚直；当代由国家教育委员会组织编写的《中国传统道德》一书中更是将中国传统基本伦理道德观概括为“十八德”：公忠、正义、仁爱、中和、孝慈、诚信、宽恕、谦敬、礼

---

① 《“平语”近人——习近平谈社会主义核心价值观》，载新华网，http：//www.xinhuanet.com/politics/2016-12/08/c_129395314.htm，2022 年 3 月 18 日访问。

② 马小红：《礼与法：法的历史连接》，北京大学出版社 2017 年版，第 13~14 页。

③ 马小红：《礼与法：法的历史连接》，北京大学出版社 2017 年版，第 22 页。

④ 中共中央印发：《关于培育和践行社会主义核心价值观的意见》，载《人民日报》2013 年 12 月 24 日。

让、自强、持节、知耻、明智、勇毅、节制、廉洁、勤俭、爱物；① 2017 年 1 月中共中央办公厅和国务院办公厅正式颁布《关于实施中华优秀传统文化传承发展工程的意见》中亦明确强调，中华优秀传统文化具有独一无二的理念、智慧、气度、神韵，在5000多年历史过程发展中，中华民族孕育了“讲仁爱、重民本、守诚信、崇正义、尚和合、求大同”等核心思想理念，“自强不息、敬业乐群、扶危济困、见义勇为、孝老爱亲”等中华传统美德，以及“求同存异、向上向善”的中华人文精神。这些精神品格最终合力铸成了内涵丰富的中华民族集体追求的道德人格，形成了中华民族的民族精神，一些核心的价值观念也成为中华民族共同的精神追求。② 简言之，中华文化以礼之伦理体系为主体，整合涵化了几种文化精神，它们在历史长河中孕育生长成熟，最终形成了中国文化独有之精神品格。③ 凡此种种，不一而足。

而在当今，则又该如何看待儒家“礼义”之本质——“亲亲”“尊尊”的涵摄、更新问题。笔者认为，鉴于它不再是传统“阶级分化、等级尊卑”社会结构下的文化产物，而是打破阶级分野，倡导平等、民主、法治观念下的对新时代社会关系调整所欲实现的新型理想社会秩序的维护资源。因此，借鉴传统德之内涵的规范性结构体系，及今之“九德”“十八德”等表达范式，对其注入新的精神内涵，似可为一条可行的探索进路。这里，基于调整关系的类同，姑且将其命名为“新亲亲，新尊尊”。对其道德规范及结构体系，下面试逐一分述之。

第一，关于“新亲亲”，在家庭伦理关系中，这一基本原则不再是“等级社会”下以“父权为中心”的权力结构安排，即子、女、妻等家庭成员不再以“男权、父权”为尊为首。虽然今天社会依然保有“尊老爱幼、父慈子孝、兄友弟恭、长惠幼顺”等良好风尚，但乃是建立在平等原则为基的法治社会框架下。今天，不再弘扬“愚孝、愚尊”，妇女不再一味地以夫为尊，子女不再是父母的私有财产，他们均是具有独立人格的“完整之人”，权利与生俱来，可自主支

① 《儒家的三纲四维五伦五常八德》，载豆丁网，http：//www.360doc.com/content/12/1105/16/6017453_245896724.shtml，2022 年 3 月 3 日访问。

② 张岱年、方克立：《中国文化概论》，北京师范大学出版社 2004 年版，第 24 页。

③ 参见蒋丽：《社会主义核心价值观的哲学阐释——基于历史唯物主义视角》，东北大学 2019 年博士论文，第 23 页。

配。承继为基的创新性发展即表达为此。

第二，关于"新尊尊"，在国家权力和社会关系中，不再强调身份之别、尊卑之序，而是着力建立一种以宪法为前提、权利为本位、权力受制约的新型"公民-国家"间之契约关系——以平等为纲，以权利为目，纲举目张，共同服务于保障人权之宗旨。这就要求，在崇尚自由、法治的新型国家关系中，强调权力的有限性、公权的受制约性乃其新时代之定位。在这一定位下，官员的选拔、任免以平等为基——不分身份、性别、种族，以"重贤尚能"为先、以"服务人民"为本。这一变化以平等为尊，重根基夯实，以得固本之果。这一变化之核心内容，虽在辩证与理性的扬弃中发展并超越，焕发出新生，但其与传统优秀文化紧密相连，共同阐释了中国国家、社会以及公民的未来发展方向。①

换言之，今天我们所言之"德"，并非一成不变的"德"，而是讲求作为一种民族精神、文化传承而不断发展的"德"，是一种在传统道德基础上剔除糟粕、留余精华的"当代道德"。它自古延续至今且历久弥新，既同传统道德存有一定的文化联系，又生发出自己的独立价值。诚如费孝通先生所言，"文化，不仅仅是'除旧开新'而且也是'推陈出新'或'温故知新'。'现代化'一方面突破了'传统'，另一方面也同时继承并更新了'传统'"。② 因此，今之"德"，作为一种创造性转化与创新性发展的产物，乃显现传承、适应时势的二合体。其中，"传承"为纲，这是中华民族精神之底蕴基础。"更新"为目，这是此一精神历久弥新的根本动力。纲举目张，辩证统一，彼此促进，相互推动以"德"为代表的传统文化的当代复兴之道路。

据此，在"德之时代内涵"中，万变仍有其宗，"宗"不变"根"亦未变。缘因传统文化之精髓——礼义文化、德性精神早已通过"明文、明示，甚至宣示"的方式呈现于公众。故，"万变之宗"，一国文化之内在机理——礼义及其思想体系，其之变，体现的是自然传承；外在机制——礼仪，其之变，体现的是"尊义顺时"。即当前时代必有优于前一时代的如科技先进、技术飞越、物质进步及社会与家庭的分野趋合等外在因素，但支撑国家发展的内在机理却是制度改

① 习近平：《青年要自觉践行社会主义核心价值观——在北京大学师生座谈会上的讲话》，载《人民日报》2014 年 5 月 5 日。

② 费孝通：《中国人的文化自觉不能没有"自知之明"》，载《学术研究》2003 年第 7 期。

革、体制改革乃至一国革命的深层动因和支撑力量。张晋藩先生有言，“在历史悠久的中国法学遗产中，凝聚着中华民族和中国人民丰富的经验和智慧，尽管时移势易，沧桑变换，但其中许多依然是产生新智慧、创造新经验的出发点与内生之渊源”。① 且这种内在机理早已内化为一国国人人之本能。

二、德之重构与解析：以社会主义核心价值观为中心的考察

接续前论，当“新亲亲”“新尊尊”作为今之“礼义”所倡导之根本精神和所欲达致理想社会秩序的道德源头，作为今之道德伦理规范与当今法治思想的集合体，它们起着调整新型国家关系、社会关系与家庭个人关系的基础性作用。换言之，“礼义”本身，即德之内涵的规范化结构体系之当代表达与呈现，可如“九德”“十八德”，从此类“列举式”样态观之，每一道德规范体系自应有其丰富内涵、明确指向。但是，再周详全面的“列举”依然无法超越“权威”社会主义核心价值观立基于传承基础上所具有的创造性内涵与鲜明的时代精神旨趣。

1. 德之重构：社会主义核心价值观的时代表达

社会主义核心价值观的最早提出，可溯自 2006 年 3 月时任中共中央总书记胡锦涛同志于第十届中国政协会议第四次会议上提出的社会主义荣辱观——以“八荣八耻”为主要内容。同年 10 月，党的十六届六中全会第一次明确提出建设“社会主义核心价值体系”这一重大命题和战略任务，并通过了《中共中央关于构建社会主义和谐社会若干重大问题的决定》。《决定》明确规定，建设社会主义核心价值体系，形成全民族奋发向上的精神力量与团结和睦的精神纽带。其中，马克思主义指导思想，中国特色社会主义共同理想，以爱国主义为核心的民族精神和以改革创新为核心的时代精神，社会主义荣辱观，构成社会主义核心价值体系的基本内容。从某种意义上，这当可视作党和国家首次对当今“德之内涵”的权威性表达。

2012 年 11 月，党的十八大在对“社会主义核心价值体系”进行高度凝练的基础上，正式提出“社会主义核心价值观”这一概念。2018 年 3 月，十三届全国人大一次会议通过了对现行宪法的第五次修正。在此次宪法修改中，社会主义核心价值观得以“入宪”。至此，其以根本法之形式确认为国家最高意志，并对

---

① 张晋藩：《中国法律史论》，法律出版社 1982 年版，第 3 页。

国家、社会及个人关系起到了全面调整、规范与指引的作用。

从价值内容构成来看，社会主义核心价值观包括富强、民主、文明、和谐，自由、平等、公正、法治，爱国、敬业、诚信、友善，共 24 字，十二个方面。当中，该价值观依循调整的社会关系，从国家、社会、公民三大层面依次建构了相应的精神引领体系，并通过此，配置不同的道德资源来对其进行价值目标的调整与规范。通过对其解读，笔者认为，就结构体系而言，社会主义核心价值观乃中西多元价值的相融、相涵之体现；就价值目标而言，社会主义核心价值观致力于法治中国化下规则之治治理目标的实现——科学立法、严格执法、公正司法、全民守法。可以说，规则之治既是社会主义核心价值观的精神载体，亦是价值目标于国家治理中的切实表达。具体而言：

第一，“富强、民主、文明、和谐”，作为国家层面的价值定位与目标追求，涵盖了我国经济、政治、文化、社会和生态四大领域，体现了人民群众的根本利益，承载了中华民族历来之最高精神追求——“和”。中华文化以“和谐”为本，一切价值体系、价值构成均围绕“和”之本而构建。作为价值体系中的最高位阶之存在，当这一体系内部各价值之间发生矛盾时，这一价值的调和作用、润和机理就会即时显现，发挥作用。而该古典和谐观于今日之表现，在国内关系中即体现于追求人与人、人与自然的和谐相处；在国际关系中则反映在坚持国家交往中的“互惠互利、合作共赢”，以及彼此接纳文明类型、政治制度差异上的“和而不同”等，皆可看作此间传统文化之于当下的种种映照。

第二，“自由、平等、公正、法治”，是当今世界法治国家的重要标志之一，同时也是全人类所共同遵循的普遍价值追求。作为社会主义核心价值观“社会层面”之要求，乃是对“德之内涵”深层思想体系的一种突破与创新，乃中国道德伦理规范与当今世界法治思想、法治精神相融合、相涵化的中国式表达。古代社会，基于儒家传统道德基础上所弘扬的“亲亲、尊尊”，旨在维系一种等级化的义务本位秩序，此显然同当今时代普世性的权利本位要求相背离。因此，德之内涵及其结构体系须与时俱进，如前文所涉之“新亲亲、新尊尊”即是在权利本位基础上对道德内涵之重构。重构之目的，旨在摒弃义务本位秩序下血缘身份的束缚，努力走向地缘契约之权利本位之彼岸。所以，社会主义核心价值观，作为一种形式上的价值体系，本质上的道德追求，从某种程度上，实可视作德之内涵的当今载体、规范表达。

第三，“爱国、敬业、诚信、友善”，作为调整公民个人行为准则的价值引领、方向导引，凝聚了全社会之道德共识，涵盖了社会公德、职业道德、家庭美德、个人品德等多方面之内容。此乃民族精神传承至今的又一例证。如“诚信、友善”两端，即与前文所谈之“仁、义、礼、智、信”“孝悌忠信、礼义廉耻”等五常、八德紧密相连。

据上分析，社会主义核心价值观可谓涵盖了多种维度、多种面向的价值体系之概称，包括目标价值体系、思想价值体系及内容价值体系等。在此过程中，它实现了对传统礼义内涵的推陈致新、涤故更新，成就了中国当今之“德”。可见，作为对传统道德伦理规范与法律思想的重要突破与创新，社会主义核心价值观较广泛地包含了中华大地各民族优秀文化之基因，是中华文化体系中价值观的“最大公约数”，也是中华民族共同精神家园之内核。① 同时，作为当代中国精神的集中体现，作为全体国人共同的价值追求，社会主义核心价值观也是中国共产党人以马克思主义为指导，在时代精神与人民愿望的引领下，吸收并涵化了中华优秀传统文化的精髓及人类文明社会之有益成果。②

2. 德之解析：社会主义核心价值观“中西双向维度”之涵

这种“温故而知新”的创新性发展，主要表现为纵向维度的“古今传承”与横向维度的“中西涵化”。其中，纵向维度的“古今传承”，乃德之内涵的立基本意，一国文化渊源之所系、文脉延伸之所达，是其内涵不可或缺的中国元素。横向维度的“中西涵化”，乃德之内涵的创新与创造，时移世易，与世界文化融合之产物，是其内涵不可或缺的西方元素。两大元素同构共成“德之内涵”的体系结构，表明了德之内涵在温故、推陈的传承之基上实现了一种质之飞跃的创造性转化。具体而言：

第一，纵向维度：社会主义核心价值观的“古今传承”。

通过对社会主义核心价值观所维护与规范的三大关系而产生的新伦理规范结构之细化，“传承”之脉之果自然显现。具体可表现为彰显公平正义、人性良

① 杨永建、钱秋蓉：《边疆少数民族社会主义核心价值观认同研究》，载《学术探索》2016年第11期。

② 杨永建、钱秋蓉：《边疆少数民族社会主义核心价值观认同研究》，载《学术探索》2016年第11期。

善、温暖和煦等内涵中华文明几千年来积聚之文化精髓及伦理体系。如上所言，中国的“礼治”以“德”为核心，乃区分“是”与“非”，合“天地人”为一体的社会体系。① 譬如自西周以来，建立在宗法社会基础上的忠、孝、节、义等伦理道德便成为中国人的精神追求与支柱。② 即以忠、孝、节、义为基础的孔孟之道实际上是一个在西周礼义基础上发展起来的道德体系，是中华民族恪守千年的道德规范和代代相传的中华精神。③ 就道德品质之教导而言，古人“教”之道德品质的教育是以“智、仁、圣、义、忠、和”为六德，以“孝、友、睦、姻、任、恤”为六行教导民众。④ 其中，孝这一凝聚人间亲情之伦理，乃道德之核心，做人之根本，远超过一切法律规范。⑤ 换言之，源于“不忍人之心”的“仁、义、礼、智”四种美德是人之所以为人的根本所在。同时，忠、孝、节、义及仁、义、礼、智、信，这些儒家所推崇的道德在孔孟学说中不过是根植于“人性”之中的“人之常情”而已。⑥ 直至今天，孝之道、孝之义依然被中华民族所承继，成为中国的立于世界之“标杆”所在。如习近平总书记所言，我们倡导的社会主义核心价值观，体现了古圣先贤的思想，体现了仁人志士的夙愿，体现了革命先烈的理想，也寄托着各族人民对美好生活的向往。其实质即是一种德，既是个人之德，也是一种大德——国家之德、社会之德。⑦ 概括而言：于“国家伦理”层面，可表达为维护国家主权、国家安全，发展国家利益，繁荣国家文化、构建国家自信等；于“社会伦理”层面，可表现如正心诚意、诚实守信、拾金不昧、见义勇为、君子爱财取之有道用之有度等；于“家庭伦理”层面，可表达为尊老爱幼、百善孝先、父子有亲、夫妇有爱，朋友有信、兄弟有义等从生命真处迸发之声音。

此中之德，以微而见著，以叶而知秋。如梁漱溟先生云，“道德，实在寻常日用中，其能够使生命和谐，生命精彩，生活充实而有力。故，道德并不以新奇

① 马小红：《礼与法：法的历史连接》，北京大学出版社 2017 年版，第 162~163 页。

② 马小红：《礼与法：法的历史连接》，北京大学出版社 2017 年版，第 162 页。

③ 马小红：《礼与法：法的历史连接》，北京大学出版社 2017 年版，第 163 页。

④ 马小红：《礼与法：法的历史连接》，北京大学出版社 2017 年版，第 159 页。

⑤ 马小红：《礼与法：法的历史连接》，北京大学出版社 2017 年版，第 322 页。

⑥ 马小红：《礼与法：法的历史连接》，北京大学出版社 2017 年版，第 321 页。

⑦ 《“平语”近人——习近平谈社会主义核心价值观》，载新华网，http：//www.xinhuanet.com/politics/2016-12/08/c_129395314.htm，2022 年 4 月 5 日访问。

为贵，故曰庸言庸行”。① 换言之，这些“共同价值观念，它以隐形方式贮存于一定的社会群体与组织，绝不会因为构成其中之个体分离而走样”②。它以“日用而不觉”的方式存在于人们的精神观念中，并外化为人们的行为方式，进而通过行为转化为制度或物质，由此衍生出了文化在观念、行为、制度等方面的综合影响。因此，文化的内核就是某些特定的价值观。

第二，横向解析：社会主义核心价值观的“中西涵化”。

社会主义核心价值观的创新性用八字概括乃“中西合璧、古今融合”，即中国元素与世界元素的相融相合。该结论的得出，基于事物发展的相对性原则，分析如下：第一，中国元素：“和谐、文明”，“敬业、诚信、友善”乃中国传统“德之内涵、德性精神”于今天的承继与发扬——中华民族“尚德”之理想乃在于追求自然之和谐，在于相信人性之美、人性之善，注重对人的尊重和关怀，练就对事的随和与豁达，即强调以礼义调和而不是压制人性；第二，西学元素：彰显近代法治精神的“民主、法治、自由、平等、公正”等西学元素之理性价值观，亦是以尊重人之价值与人之尊严为终极依归。所谓相对性原则，即两大元素的划分非采用“非此即彼”的绝对性概念，乃是此中有彼，彼中有此的涵慑性、发展性存在。

以“爱国”元素为例，中国古代无今之“国家”概念，表现在：于国家层面，自秦至明清，中国的国家统治乃“一家一姓”之治理，实乃“家国一体”之“家族统治”；于社会层面，社会治理主要依靠基于伦理体系的血缘亲情实现一家之治，即亲亲与尊尊。从此层面来看，所谓爱国主义，作为近代之产物，实非中国本土自来即有之产物。但从今之国家气度、国之底蕴观之，譬如唐朝的“异地封存”，即在西方被视为异教邪教的宗教在中国大唐却能够生存繁衍，保住它们本来的形态。这是一种文明的气度，一种对一切美好事物的吸纳、呈示和保护的欢乐。③ 这种包容性即是一种“大道”。明朝郑和下西洋，辽阔的疆域、强大的国力，中国带给世界各国的是“技术”、是“文明”，更是“伟大”，而非

① 梁漱溟：《道德是生命的和谐》，载刘道清、宋致新编选：《品味人生——中国现代文化名人谈》，湖南文艺出版社 1994 年版，第 242 页。

② 林坚：《文化学研究》，中国文史出版社 2014 年版，第 20 页。

③ 余秋雨：《从北大到台大：中华文化四十七堂课》，岳麓出版社 2011 年版，第 240、242 页。

"战争"、更非"屈辱"。以此来看，实乃今之国所应具备的文化底蕴和要求。

可见，社会主义核心价值观的两大元素有着极强的契合度。从终极追求探索，两者皆以追求"人性之尊"、培育"人性之美"为皈依，存在某种"互通性"。同时，两大元素并非遗世独立、完全割裂开来之存在。尤指德之内涵非固化、停滞之物，作为一种拥有中国特质的"德"，"社会主义核心价值观的道德价值不可避免地与理性价值相结合，而其道德思维是助就这种结合的内在因素"。① 社会主义核心价值观的入宪即能在某种程度上表明，所谓"接轨"并非虚谈。以公正为例，在追求实体公正的传统诉讼文化中，我们学习并接受现代诉讼法理念——"程序价值"的引入。从微观而言，司法个案对程序公正的追求有利于力促并保障实体公正的实现；从宏观而言，规则之治下，我们以司法为例，但不限于司法，即以程序公正制约公权力进而保障私权利的彰显乃程序价值的深层内涵——通过要求各公权机关科学立法、严格执法、公正裁判、依法监察，以从此面向保障实体公正的实现。可见，形式、程序虽非目的，但却最终服务于目的。换言之，在规则之治下，科学立法、严格执法、公正司法、依法监察等最终皆应具备双重价值属性——实体公正与程序公正，两者于相辅相成中共同服务于"人"。可见，今之德已然是剔除糟粕后的"新道德"，是"大道传承与理性价值"合二为一的"新道德"。虽然，此处并不排除宪法与道德在内容上的质之差异，如民主、宪政这些当今宪法所具备的显性特质。但笔者坚信，民主、人权、平等、自由等宪政价值已然是或终将是德之内涵的应有之意，终会在宏观至微观双重层面实现"德之内涵"的自觉涵化。

作为中华民族共同精神凝练之核心载体与集中表达者，社会主义核心价值观展现了中华文化、中国精神的无边魅力。加诸，西学元素的融入与涵化，注定社会主义核心价值观已然突破一隅之地，实现了一种质的加总与飞跃，推动了中华优秀传统文化面向时代、面向世界的根本性发展，其可谓立基于"发现"中之"创造"，以及于"创造"中对"发现"的传承。两层内容、双向互动共同服务于法治中国建设之核心目标——"新亲亲、新尊尊"之理想国家秩序。如习近平总书记指出：一个国家、一个民族的强盛，总是以文化兴盛为支撑。没有文明

① 江国华：《宪法的道德之维——兼论宪法的普遍低度道德法则》，载《华东政法学院学报》2003年第6期。

的继承和发展，没有文化的弘扬和繁荣，就没有中国梦的实现。① 作为一个民族赖以维系的精神纽带，社会主义核心价值观是一个国家共同的思想道德基础，是社会主义先进文化的灵魂所系、集中体现，是社会主义核心价值体系之内核，代表了中国特色社会主义文化的前进方向，是引领国家和民族不断发展进步的最深层的精神力量。并与体现中华优秀传统文化，彰显中国形象，凝聚各族人民的价值共识具有不可替代的作用。② 故，若一民族、一国家没有共同的核心价值观，注定会魂无定所、行无依归。③ 如党的十九大报告所言，不忘本来、吸收外来、面向未来，更好构筑中国精神、中国价值、中国力量，为人民提供精神指引。④

综上所言，社会主义核心价值观，作为中国特色社会主义意识形态体系的内核，中华民族共同精神凝练之载体，实乃当今时代"德之内涵"的规范化结构体系之概称。从古至今，伴随着"德之内涵"所处时空环境变迁，传统文化之"德"背后的基本精神与深层思想体系支撑已发生更新，由"亲亲、尊尊"过渡至当今"新亲亲、新尊尊"之状态，即"德之内涵"的规范化结构体系以"传承"为基，在扬弃中实现了一种创新性发展与创造性转化。呈现出多维度、多视角的综合嵌入、融合与涵化过程。概言之，其作为德之时代内涵的一种表达，既是中华文化原生体系的一脉相承，亦是中国文化与异域文明相融互涵的重要见证。而文章主旨所探讨之宪法内涵的中国化，实与"道德"及"德之当代内涵——社会主义核心价值观"休戚相关。

---

① 中共中央宣传部：《习近平总书记系列重要讲话读本》，学习出版社、人民出版社 2014 年版，第 92 页。

② 杨永建、钱秋蓉：《边疆少数民族社会主义核心价值观认同研究》，载《学术探索》2016 年第 11 期。

③ 《新中国宪法历程与社会主义核心价值观入宪》，载《光明日报》2018 年 9 月 13 日。

④ 《党的十九大报告（全文）》，载央广网，http：//military. cnr. cn/gz/20171029/t20171029_524004019_1. html，2022 年 4 月 19 日访问。

第二章　宪法原理中国化的基本内涵：宪法的“中国内涵”

何谓宪法，宪法的内涵作为宪法学基本原理的根基所系，与“中国化”有何关联，又是如何与宪法的“中国特质”“中国元素”相关联？此处从人们最初对宪法“内涵”之印象予以探究：宪法之初印象——高高在上？形同虚设？无遵守与实施的痕迹？母法、根本法定位从何而来？相比于刑法、民法、行政法等基本法的现实性、真切性、社会性，宪法似如空中之云一般，可见却不可触、缥缈而虚幻。难道这就是“真实的宪法”？不，不是……它宏观但亲切、它高屋建瓴但兼收并蓄、它立意高远但体贴入微、它似远离世俗但始终心怀众生。对此，探究宪法的内涵，即宪法的“中国内涵”，以揭开宪法面纱，寻觅“真实的宪法”，本文分两部分阐述：第一，比较研究，共分三部分：（1）宪法与法律（基本法）。（2）法（法律）与德（道德）。（3）宪法与道德。第二，法理定位，即从宪法自身之逻辑结构推演宪法内涵。如图 2-1 所示。

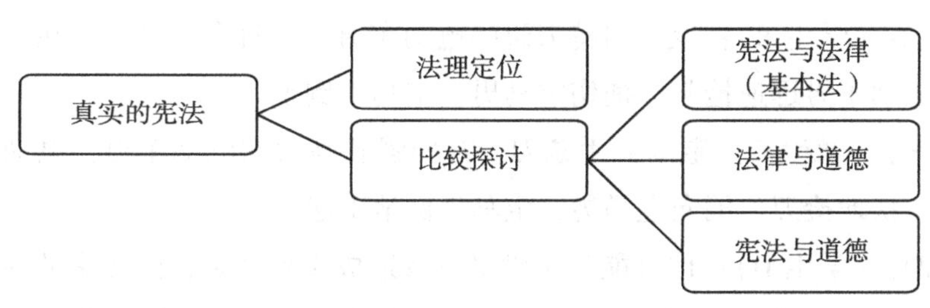

图 2-1　宪法解读图

第一节　宪法“中国内涵”第一篇：宪法 VS 法律

一、案例引入：“昆山宝马男被反杀案”

看图讲故事。

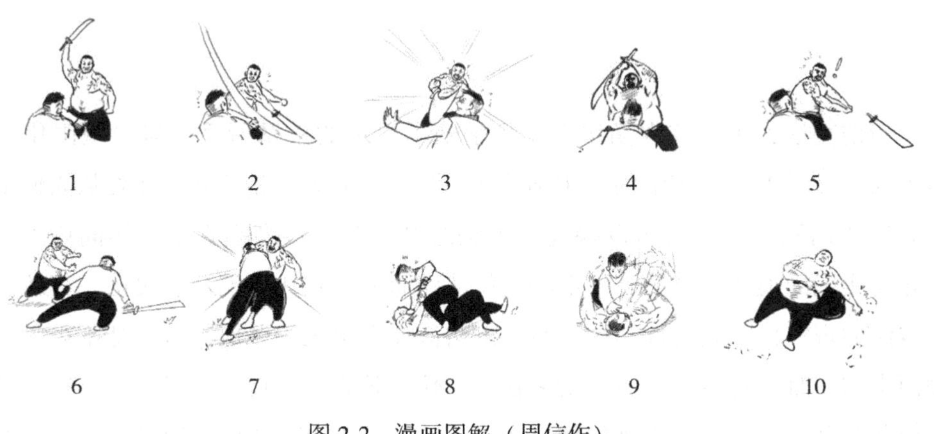

图 2-2　漫画图解（周信作）

前提：人物名称——宝马男（江湖人称龙哥）；电动车男（于某某）。

故事一（学生 A）：宝马男提刀向电动车男挥去，电动车男拍打掉宝马男手中的刀，并瞬间捡起刀。在搏斗中刺伤了宝马男，电动车男“逃离现场”，留下宝马男“昏倒”在地。

故事二：（学生 B）：宝马男持刀恐吓电动车男，并且多次挑衅。在此期间其刀掉落，电动车男迅速捡起，捅伤宝马男，宝马男倒地。

故事三：（学生 C）宝马男手拿刀，挥向强壮高大的电动车男，电动车男将其刀打落。扶地捡刀，捅向宝马男，宝马男倒地不起。

故事四：（学生 D）：他可能只是没来得及造成实际伤害，图片中的内容可以推敲出很多走向，像电动车男抢先夺刀的最初目的，也可能并非为了反杀宝马男，而是为了避免宝马男再次获得刀具，对自己的人身安全造成威胁。

故事五：（学生 E）：图示 10 不一定是脚印。宝马男被刺伤后肯定会下意识地逃跑，所以他倒下的地点不一定是最开始二人搏斗的地方。脚印也可能是他倒地周围的环境。

根据同学们的看图讲故事，分析如下：

细节一：观察电动车男的眼神、表情、举止，不能因其身材高大即将其定性为案件中的“强壮者”或“强者”。且“举刀者”乃龙哥，非电动车男。

细节二：图示3显示要按“常识、常理”予以推理。即据图示1、2、3显示宝马男举刀，后图示4显示刀落于地，一般情况下乃两人在“推搡”或“攻击”与“防卫”之间的结果。即静态的图片背后是动态的“推理”。

细节三：图示5、图示6呈现的是宝马男的“几滴汗水”，暗示了彼时宝马男内心的心理历程，如恐惧、害怕、担忧、慌张等。

细节四：图示10显示宝马男倒地，有流血，但不一定死亡，可能重伤、可能死亡。

细节五：图示10显示的一地杂乱到底是“脚印”，还是宝马男倒地周围环境（绿化带）？通过杂乱“脚印”能推论出两者在“互殴”中的激烈程度或宝马男的重伤程度。

细节六：电动车男是否逃离现场图中未有明确信息。

细节七：整个案件的“前因”，即原因何在？图中未有交代。

反思：（1）细节关乎案件真相，决定案件“成败”。（2）片段性的图示远非全案经过，且不知全局不做“盲目”评价。

（一）案件事实及其定性之细节分析

1. 故事真相：

起因：被害人“宝马男”（刘某某，江湖绰号“龙哥”）在红灯路口因违章行驶蹭到电动车男（于某某），于是产生口角。

过程：宝马男先是推搡、殴打电动车男。后返回车中取出砍刀，挥向手无寸铁的电动车男，在电动车男颈部、腰部、腿部连续击打。在二人的争斗过程中，宝马男的刀不小心掉落在地，电动车男捡起刀反击，追赶过程中“7秒”内砍中宝马男5刀。

结果：最终宝马男因抢救无效死亡。

2. 案涉“法律”：刑法、民法

第一，刑法：案件争议焦点——正当防卫还是防卫过当？

参考法条：

正当防卫：我国《刑法》第二十条第三款：对正在进行行凶、杀人、抢劫、强奸等严重危及人身安全的暴力犯罪，采取防卫行为，造成不法侵害人伤亡的，不属于防卫过当，不负刑事责任。

防卫过当：《刑法》第二十条第二款：正当防卫“明显”超过“必要限度”造成重大损害的，应当负刑事责任。

第二，正当防卫的构成要素：

①起因条件：不法侵害现实存在——过错方乃“龙哥”，即违反交通规则在先，殴打行为在后。

②时间条件：不法侵害正在进行——电动车男正面临着严重危及人身安全的风险。

③主观条件：受害人具有防卫意识——电动车男的防护、反击行为即表明了其具有防卫意识，甚至意识未萌行为先动。

④对象条件：针对侵害人防卫——仅针对龙哥，而非宝马车上的另外两人。

⑤限度条件：没有明显超过“必要限度”——争议焦点是否超过“必要限度”。

3. 案件定性结果分析

第一，课堂举手表决结果：68%的同学支持未超出“必要限度”，属正当防卫行为；33%的同学认为超过限度要件，构成“防卫过当”；1%的同学认为构成过失杀人罪或故意杀人罪。

第二，限度要件分析：“7 秒内 5 刀”的细节推理，即电动车男在紧急情况下、情急下的举动和行为乃无意识或下意识的反应。彼时，法律的制度设计应“设身处地”，而非“强人所难”。即在紧急情况下不能苛求防卫人精准地把控捅刺的部位和力度。故案件定性结果为：2018 年 9 月 1 日，昆山市公安机关以于某某的行为属于正当防卫、不负刑事责任为由对该案作出撤销案件决定。

第三，结果分析。课堂举手表决结果显示并无“对错”之分。原因在于在 2018 年之前，或此案之前，“类案件”很少被定性为“正当防卫”。如以 2017 年北京市所提到的关于正当防卫的案件为例，18 起案件无一例外都未被认定为正当防卫。究其原因，其中 7 起被认定为无防卫意图，其中 4 起被认定为互殴，另外有 3 起被认为不是不法侵害，2 起被认为超过了必要限度，1 起被认定不法侵害已经结束，有12起最终被认定为故意伤害。故，若此案发生在2018年之前，定性被改变为“防卫过当”的可能性极大。但在2018年的今天却是另一种样态，原因如上分析。

（二）案件定性的制度之因分析

除上述细节性原因外，该案之结果、定性还有更为深层次的“制度之因”——正当防卫制度。

（1）制度原因：刑法“正当防卫制度”的设计初衷、立法本意即为了保护“受害人”“防卫者”的合法权益，尤其是人身安全。远离此初衷的任何假设和现实都不应鼓励。

（2）制度进一步激活：2018年12月19日，此案件“入选”最高检印发的第十二批指导性案例，发文如下（大意陈述）：①预知有人意图伤害自己，随身携带刀及其他防身武器不影响正当防卫认定。②别人拿刀砍你，你可以勇敢地砍回去。③别人拿刀砍你，你夺下刀砍回去，看着对方跑了，觉得不安全可继续追着砍。④只要加害方表现出行凶的可能性，受害方就可以按照已经行凶进行防卫。此举无疑进一步激活了“防卫机制”及其背后深意——保障人身安全、彰显公平、匡扶正义！

但在此需注意的是，世界上无完全相同的一片叶子，案件亦不可复制，故上述“陈述”是特定案件下的特定情况呈现，而非普遍性的适用，但制度本身的激活、适用却有着显见的进步。

二、宪法与法律的关系

（1）立法初衷、核心主旨。从刑法方面来看，正当防卫制度的立法本意在于保护“受害人”“防卫者”的合法权益。而宪法的核心主旨，包括制度设计、保障主体、保护范围则更为广泛，其不仅保护受害者、防卫者的合法权益，亦保护宝马男，即“龙哥式人物”的被告犯罪嫌疑人、罪犯的合法权益。如假设此案中，龙哥乃重伤而非死亡，对其“醉酒驾驶”“违章剐蹭”，其必然要承担相应的法律责任。若经司法审判，判处有期徒刑3年。在服刑期间，罪犯龙哥的“吃穿住”等各方面的基本权利，我们仍应给予基本保障。简言之，宪法乃保护“人之为人所应当享有的权利”，此即“人权”，即身为“人”，无论是受害者还是防卫者，无论犯罪嫌疑人还是罪犯，宪法皆保护你为“人”之基本权利。此外，除直接保障人权的文本制度设计外，宪法还通过“限制公权”，以实现对私主体的权益保障。此处，公权机关及其工作人员作为“普通公民”时，享有为宪法所规定的为“人”之当然的基本权利，但待其身份转换，成为公权执法者时，角色亦随之变化。此时若出现公权侵犯私权等情形，宪法即变为“私权主体”防卫者，即限制公权以保障私权。

（2）制定主体：宪法制宪权之主体——人民。根据我国《宪法》第 1 条规定，中华人民共和国是工人阶级领导的、以工农联盟为基础的人民民主专政的社会主义国家。第 2 条规定，中华人民共和国的一切权力属于人民。人民行使国家权力的机关是全国人民代表大会和地方各级人民代表大会。人民依照法律规定，通过各种途径和形式，管理国家事务，管理经济和文化事业，管理社会事务。据此可见，在中国，人民乃国家的主人，制宪权的享有者乃人民。但中国 14 亿人口，不可能人人参政议政，故而，由人民选举代议机关来代表人民行使其权利，宪法的制定亦如此般，即制宪权由人民享有，制宪机关为人民的代议机关——全国人大及其常委会。但是，因中华人民共和国成立至今，只有一部宪法为“制定”产生的宪法，即我国第一部宪法——“五四宪法”，其他三部宪法乃是对于“五四宪法”的全面修改，故中国的制宪机关为第一届全国人大第一次代表会议。此处的“法律”指向狭义层面的法律，又称基本法，如民法、刑法、行政法、诉讼法，等等，其制定主体——全国人大及其常委会。法源依据为《宪法》第 62 条规定，全国人民代表大会制定和修改刑事、民事、国家机构的和其他的基本法律。第 67 条规定，全国人民代表大会常委会制定和修改除应当由全国人民代表大会制定的法律以外的其他法律；在全国人民代表大会闭会期间，对全国人民代表大会制定的法律进行部分补充和修改，但是不得同该法律的基本原则相抵触。可见，一般情况下，基本法由全国人大予以制定，但在全国人大闭会期间，则由全国人大常委会予以制定和修改。此乃宪法与法律的第二大区别。

（3）效力位阶：根据制定主体的地位差异，可推论出宪法与法律于效力位阶上的差异性。由制宪权主体理论推演及宪法自身属性定位——宪法乃国家根本法、母法般之存在，具有最高法律效力；法律，由全国人大及其常委会制定，该主体作为“人民”的代议机关，故而其所制定法律于效力上低于宪法，且仅次于宪法。

（4）内容层面：根据制定主体的“人民”享有与效力位阶的“最高”定位，宪法调整对象的根本性与基本性，决定了宪法规定内容的宏观、抽象之况，即乃提纲挈领般的灵魂存在；法律则依据宪法的精神、指导思想、基本原则而制定，并颁布实施，此既是对宪法内容的具体化，又是对宪法的直接适用。而由此生成的法律，再由其作用于公民，此理路表现为“宪法—法律—公民”。概言之，宪法的直接作用对象乃法律，间接适用对象才为公民，这也是解释宪法“抽象、缥缈”的法理之因。

（5）联系：无论是宪法与法律，还是法与法之间，皆非遗世独立、互不关联之个体。恰反之，法与法之间是紧密联系，密不可分的存在。如在“宝马男被反杀案”中，该案既涉及刑法，又涉及民法，若案件由检察院诉至法院，则又涉及诉讼法。同时，从根源而言，也与宪法之立宪初衷紧密相连。可见，无论实践中之个案，还是法学理论研究，其所关涉内容绝非一法一条文所能解决，必是于千丝万缕般的繁复规范中寻找依据、窥探细节、挖掘规律。而宪法及其所代表之精神、灵魂可谓既是源头又是皈依，既是“指引”亦是“依据”。具体见图2-3。

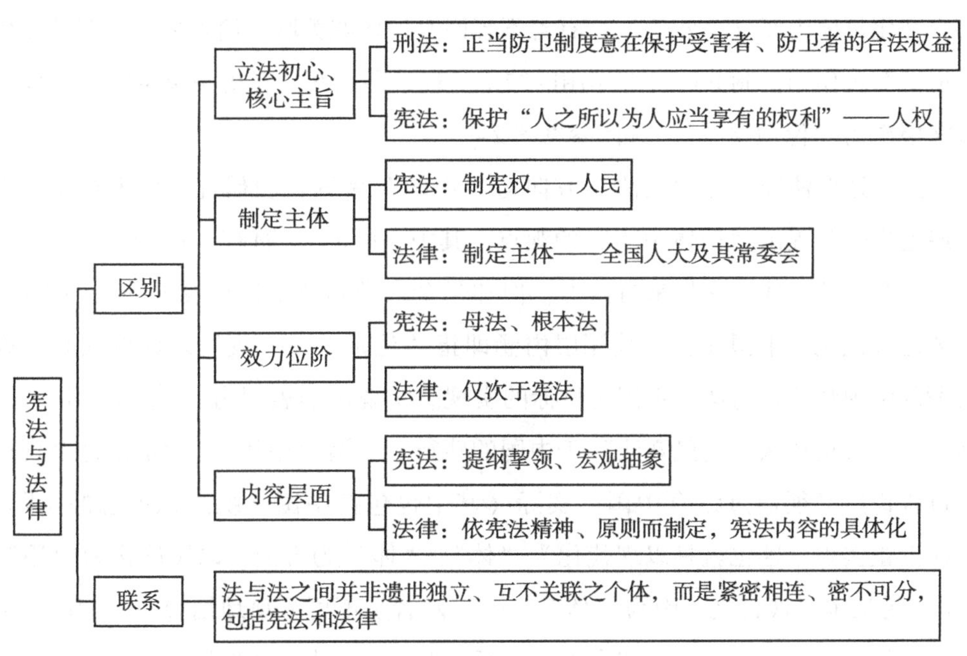

图2-3　宪法与法律关系解释图

第二节　宪法“中国内涵”第二篇：法律 VS 道德

问题导入：

仍以“宝马男被反杀案”为例：该案中，公议（舆论：13 亿人声援、22 万网民投票?）~公意（13 亿+22 万的数据能否成为“公意”?）~公益（公意作为多数者的意见背后是否蕴含深层价值内涵?）具体而言：

一、法律与道德的“三维阶段”论

昆山宝马男被反杀案有一显著特点：舆论呼声极高，即 13 亿人声援、22 万网民投票，其中赞成正当防卫者所占比例高达 86.1%。而这一比例，笔者认为，对该案“定性”具有重要的影响力。案件结果：公安机关直接定案，并未由检察机关立案侦查，更未公诉至法院。换言之，案件“正当防卫”结果的认定，与公众议论（“公议”）中所反映出的公众之意志（“公意”），及其背后一国德之文化价值内涵（“公益”）有着不容回避的休戚关联。简言之，此案乃法律与道德双重作用机制共同发挥作用的结果呈现，即该案公安机关决定的背后蕴含着深层次的“伦理原因”。具体参见图 2-4。

此处选取法律中之“司法”方向与“道德”展开比较研究，原因在于，李泽厚老先生曾提出“西体中用”的观点。其中，所谓“西体”，即指现代化，作为社会存在的本体，它虽来自西方，但却是全人类和整个世界发展的共同方向。西体之现代化于中国而言，其深层内涵即指“法治”——规则之治的实现，即所谓的中国法治化与法治中国化目标的实现。实现标准表现为，“科学立法、严格执法、公正司法、全民守法”于中国的践行。所谓“中用”，就是说这个现代化进程仍然必须通过结合中国的实际（其中也包括中国传统意识形态的实际）才能真正实现。这也就是以现代化为“体”，“体”为方向；以民族化为“用”，“用”为根本。换言之，因为“体”“用”两者是不可分离地结合在一起的，从而如何尽量吸取消化外来一切合理的东西，来丰富、改造和发展自己，典型表现如传统思想中的文化心理结构如何适应、转换和改造才可能生存和发展等，便是

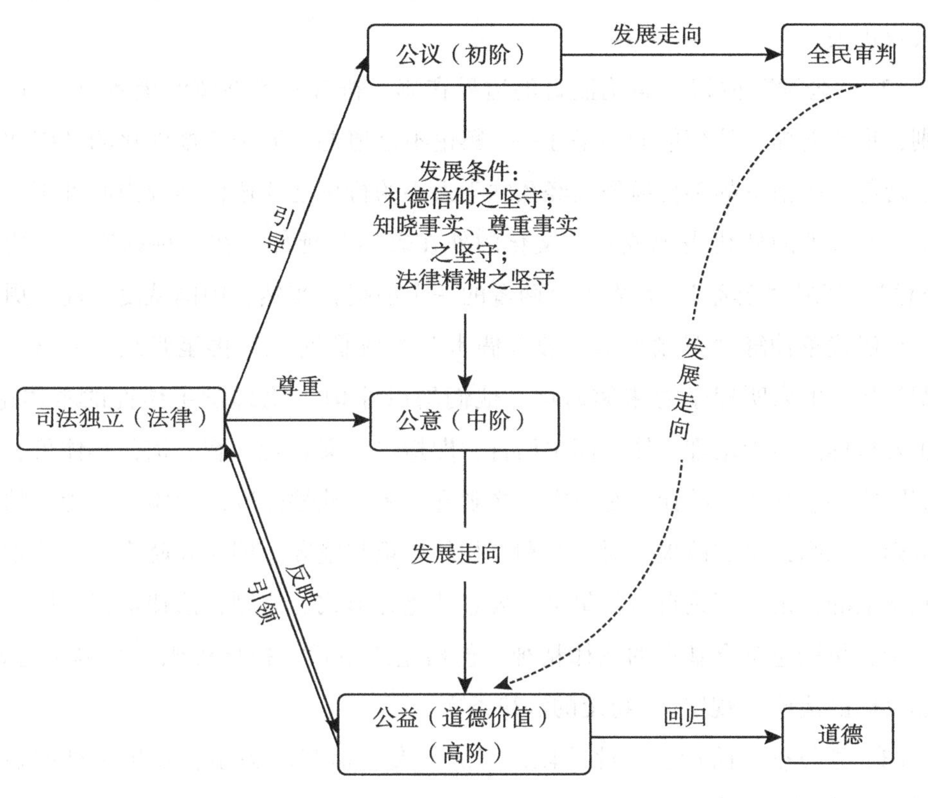

图 2-4　法律与道德的“三维阶段”概括图

无可回避的现实课题。① 而无论“中学为体”或“中学为用”，实质并无区别，均着力于中华民族的文化传承，强调民族化、本土化的内容与韵味。此中，“司法独立”作为“西体”目标之一，即法治中国化目标达成中的重要一环，以此为引，并代表“西体”，研究其与“中用”之结合理路与现状。

（1）“公议”阶段：指公众之议论、讨论，即公众言论内容之汇总或集合，亦为舆论监督之主要形态。此阶段之舆论如果不加以引导，可能会形成所谓全民审判或全民司法，甚至走向民粹主义。可能，作为普通民众必须有一个发声口，即有时候普通人所发表的针对案件的言论，形成的舆论，可能既是针对案件本身，也可能非针对该案，而是自身之遭遇、境遇因之而迸发的情感，牵引而出的

① 李泽厚：《中国古代思想史论》，人民文学出版社 2021 年版，第 270 页。

心声流露。故而，对待此阶段之“公议”，应理性待之。尤其是作为中立裁判者的公权机关。

（2）“公意”阶段：舆论监督的边界在哪，符合标准在哪？笔者思之有三，一则，道德前提：礼德信仰的坚守——舆论不是道德，但是道德外化的基础和素材。乃善良感情下的善良风俗及经久驻于人心的行事之礼德标准或内心准则，是人们内心礼德的外化表现或礼德文化的外在表达与延伸。在某种程度上可代表“公意”，甚或“公益”，是发展至两者的一个前提；实然，中国从夏、商、周三代，至汉代董仲舒“罢黜百家、独尊儒术”之汉儒时代，再至张载、朱熹、王阳明为代表的宋明理学之宋儒时期，他们均以建构“伦理学主体性的本体论”为主要目标。何为伦理本体，简单而言，即指仁、义、礼、智、信，具体可表现为恻隐之心、善恶、辞让、是非等善之观念。故，礼德标准乃检验人之为人的根本准则。二则，事实前提：对事实和真相的尊重与坚守。即在知晓事实、尊重事实基础上的言论，言论自由的集聚、公意外化之形式。三则，法律前提：即公众的议论，舆论应符合基本的法律精神，包括立法主旨、指导思想、基本原则等，而非具体的法律“规定”、特定的法律条文。

（3）“公益”阶段：在此阶段，司法与舆论监督的关系会发生一种明显的“碰撞”。主要表现在：

第一，司法应尊重代表“公意”之舆论。原因在于：首先，“公意”自身定位。即多数协商、多数人的意见、意志及结果的表达与呈现。其次，根据我国宪法第一条、第二条规定，人民乃国家之主人；同时，司法的核心宗旨乃在于“司法为民”。基于此，舆论达至“公意”之属性，上升至“公意”之位阶时，即代表的是多数人的意志和利益时，理应得到司法的尊重。即司法应尊重“公意”。

第二，司法应“引导”舆论，于引导中彰显和强化司法独立：未看全面不识全局，加之受各种内外因素的影响，民众之言论难免随性、肆意甚至荒唐无状。此时，便需要以“法”为依、以“法”为据的司法机关予以引导。如作为具有独立判断能力和拥有专业技能的法官，在以法律为依据、以事实为准绳的断案准则下，法院、法官应最大限度地建立健全与民意间的沟通方式与渠道，如完善“司法信息披露机制”，保障人民群众的知情权等。换言之，“舆论必须符合法制的规定”。即今之舆论必须符合法要素中的事实因子。其实，无论是法还是舆论均应以公平、正义（实质公平）、平等等今之礼德为指导和指向，即要合于礼义、礼制，即法或舆论则可变，不存在谁迁就谁，而是相辅相成，共同服务于礼义或立法初衷。

故而，在类案中，通过司法正确引导公议、引领社会风尚乃法治社会发展之必然走向。这是司法“引导”舆论，于引导中彰显和强化司法独立的自然生成：从司法机构建制及其宪法法律定位而言，未看全面不识全局，加之受各种内外因素的影响，普通民众的言论，即公议初阶时期，难免随性、肆意甚至有荒唐无状之象。此时，便需要司法机关——国家审判机关，作为具有独立判断能力和拥有专业技能之法官的正确、客观、规范化的引导。即对于社会影响较大的案件，舆论民意沸腾的案件，在遵循法律规定的前提下、在案件性质允许的基础上，披露案件事实“真实、真相”，防止违规不法分子制造舆论“混乱”、牵引舆论走向，干扰民众的客观判断。对此，法官应在以法律为依据、以事实为准绳的断案准则下，最大限度地建立健全与民意之间的沟通方式与渠道，促成真正、客观“公议”的纯粹化、事实化形成，实现“初阶公议”向“中阶公意”的良性过渡。

对此需求，在司法为民原则的指引下，第十二任最高人民法院院长王胜俊曾言，法院工作要进一步加大与民众的沟通，让民众了解司法、相信法院、信赖法官。这要求法官要提高把握社情民意的能力。对此，最高人民法院通过开通民意信箱，启动“人民法官为人民”专题活动，下发《关于通过网络途径加强民意沟通工作的通知》，目的在于，加强法官对国情、对社会、对传统文化的了解，并依据人民群众的司法需求加强各项工作，不断完善司法决策征求群众意见，不断强化司法信息披露机制，以保障人民群众的知情权、表达权等实现，即通过问政于民、问需于民、问计于民，积极探索建立健全民意沟通渠道与沟通机制的完善。

在笔者看来，司法为民原则不仅与司法独立原则不相冲突，反而是司法独立的一大体现。当然，亦是对法官专业性、事实客观性的一种尊重。缘因“司法制度”及“司法独立”之原则的“西方移植属性”，此现状多少与我国固有的诉讼文化产生冲突。日本法学家滋贺秀三在谈到我国的诉讼法文化时曾总结言，“一言以蔽之，听讼并不以使尽了程序的手段而终结。它拥有的是对事实本身当事者已不再争执时即告终结的构造，而以这一特定争讼的平息为目的。通过争讼发现什么是法并不是听讼的目的”。① 可见，实现当事人的实质公正要求，即息讼才是司法的目标所在，至于法是什么并不重要，这就是我国经久不衰的司法传统。② 可以说，今之世界性“司法”，追求司法独立，追求程序正义、程序公正，但中国本土司法文化长久立基于“实体公正、实质正义”。“类辛普森案”以程序正义取胜的案件结果在中国几乎不会上演，只因诉讼双方均满足的诉讼请求才是中国人内心的真正“救赎”与“公正”。故，在笔者看来，中国司法必须改良、改革，但应以“中国本土诉讼文化”进行兜底，立基于此引入“程序正义”——中学为体、西学为用的“本土之内里”“体系程序之西化”的过程和结果双重要素兼备才是中国真正所需要的“司法改革”——中西合璧莫过如此。

第二，“公意”若上升至“公益”程度时，此时舆论已非公意，而是其背后所蕴含和隐藏的“礼德坚守”“文化坚守”，即上升至价值、文化、精神层面时，“公益”引领司法必应可行。此时，已非“舆论”在引领司法，而是文化、是价值在引领司法之走向。典型的如 2017 年“电梯内医生劝阻吸烟案”对秩序价值的保护、对公共理念的珍视；“朱某某追赶肇事者致其死亡案”中对见义勇为行为的弘扬和对正义的铭记，等等。

曾任最高人民法院院长的肖扬、王胜俊、周强亦深明此理——肖扬明确指出：“司法机关和新闻媒体是在党的领导下，推进依法治国基本方略实施的两支重要的生力军，是构筑法律信仰，实现社会公平和正义，彰显中华文化的两个关系密切的重要力量。”③ 王胜俊亦强调要依据人民群众的司法需求加强各项工作，不断完善司法决策征求群众意见的各种机制，即问政于民、问需于民、问计于民，积极探索建立健全民意沟通方式和渠道。同时，加强法官对国情、对社会、

① ［日］滋贺秀三等：《明清时期的民事审判与民间契约》，法律出版社 1998 年版，第 15 页。

② 刘练军：《民粹主义司法》，载《法律科学（西北政法大学学报）》2013 年第 1 期。

③ 庹继光：《“媒体审判”：防卫性权利的异化——对舆论监督司法的合法性解读》，载《新闻法制研究》2010 年第 5 期。

对传统文化的了解。而这些与保持审判工作的公正、独立并不矛盾。①

综上分析，司法独立与舆论监督并不存在不可调和的矛盾，且两者有时是互补性的存在。如美国著名法学家卡特所言，“在任何实行民主政治和法治的社会中，言论自由和公平审判皆为国家和社会生活中不可缺少的基本价值”。② 亦如美国最高法院大法官布莱克之留世名言：“言论自由与公正审判是我们文明中两种最为珍贵的东西，实在难以在二者之间取舍。”③ 上文具体内容参见图 2-5。

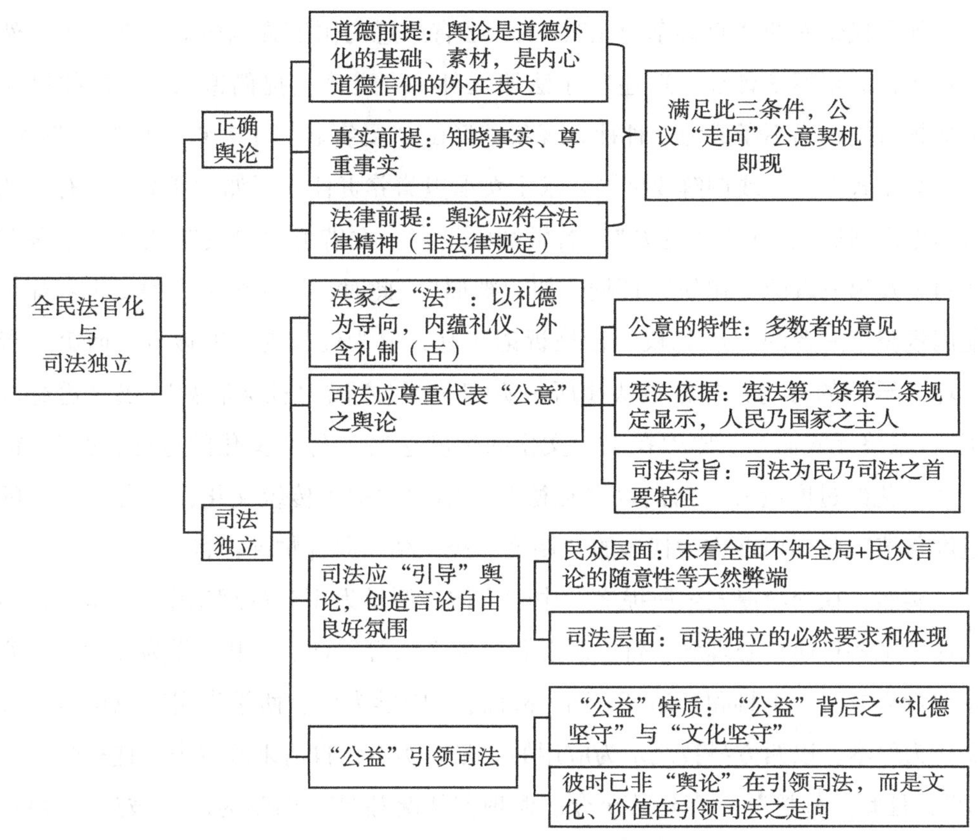

图 2-5　法律与道德“三维阶段”演绎图

① 唐时华：《“全民法官时代”，法院法官何为》，载《法庭内外》2009 年第 8 期。

② ［美］卡特等：《大众传播法概要》，黄列译，中国社会科学出版社 1997 年版，第 4 页。

③ Bridges v. California，314U. S. 252（1941），p137.

二、法律与道德现状之“因果纠葛”

央视“今日说法”节目播出了“朱某某追赶肇事者逃逸致其死亡案”，并邀请中华女子学院李明舜教授予以点评，李教授直言：于该案中我们可推论出，凡是道德上提倡追求的，法律就应当保护和支持；法律所支持的，一定是在道德上是正当的。李教授此言，于该案中确是恰如其分的。但放在当下中国整个社会背景下却是“牵强”的，尤其是放在“今天的”某些法文化场域中。

如古代崇尚的“百善孝为先”，不孝必有严惩的国家强制机制，在今天已然被弱化，甚至不孝者常“逍遥”于法律之外——道德上提倡追求的，法律则欠缺保护机制；当不孝成为一种社会现象，经由“受害者”（老年人）提起诉讼，法院会正式介入，或调解或诉讼要求子女承担赡养责任。再如“重婚”“有配偶者与他人同居”，甚或“通奸”，若婚姻中受害一方借由“科技”或其他手段获取对方及第三者的“出轨”证据，如“裸照”，此时，原先婚姻中的受害者却可能因侵犯第三者的“隐私权”而被诉诸法庭，成为侵权者，即被告。而第三者破坏其婚姻的行为，却常被法律所“宽恕”，代之以“社会制裁”或“道德谴责”，最终无疾而终。原因在于“文化的过度遗失”与“文化的过度移植”。前者“文化的过度遗失”指向以“礼德”为精神的中国传统文化，后者“文化的过度移植”指向以西方为代表的“制度”类文化。具体情况详言之：

实然，在李泽厚先生所提之“中学为体、西学为用”的理论中，“体”作为主体，主要指向核心理念、价值观念和原则方法等层面。“用”作为辅助，主要指向行为方法、工具和产品等方面。故而，“中学为体、西学为用”以中国传统文化为原本，以西方科技之术为应用的主张。实然，自清末改革来一直有此“标榜”，且此“标榜”一直延续至今。但现实状况却是“西学为用”被过度践行，甚至有取代“中学为体”之倾向、嫌疑。虽然“践行者”——自古至今有以张之洞为代表的洋务派，以康有为、梁启超为代表的“资产阶级立宪派”，以孙中山、章太炎为首的“资产阶级民主派”，以沈家本、伍廷方为代表的“法理派”，以及与“法理派”对立的“礼教派”。在变法初期，他们显然地忽视、淡漠，甚至鄙视、抛弃对传统文化的相信与发掘，致使传统文化，包括法文化遭受源自内部的重创。如在变法中他们对传统的批判及对西学的吸收是自觉的、深入的；而对传统的“偶然”倡导则大多是习惯使然，或只是为了减轻变法的阻力而对传统的一种利用。① 因为他们的质疑、放纵，“奠定”了今天“法中礼文化、德性基础等传统优质因子”的严重匮乏，表现如除条文规章体系模仿西方修订外，新律、成律中“制度性的学习与移植”明显优位于对“传统文化的发掘与继承”，“法”中缺少了当然的国情考量与民族精神的凝聚，绵延数千年的传统法及其背后的价值追求和精神分崩离析。换言之，迫切的变革速度和成效追求因“传统观念”与之无法匹配，而出现巨大落差，如“有法不依”成为近代法律的痼疾，再如普通百姓“十法九不知”的尴尬现状至今仍未摆脱。

在变法后期，即 20 世纪初，“各大变革践行者”虽然有所觉悟和反省，礼德文化亦在渐渐回归，但初期所带来的消极影响却始终无法“抹平”。每每观之“今法”特质，无力感常油然而生：重制表而不重修内，重建制而不重倡德，重现实而不重长远，宜功取而不宜完成，等等。② 简言之，即过于追求制度功效，而对制度内在，尤其是法的精神、价值极少阐述。虽然，我们确实在“西方法律体系和框架”的学习上成效显著，如外观现出“精致且高效”之象——社会分工更加精细，法律人才更加专业，法律本身更是林立丛生、部门齐全，几乎无一有缺。但是，这一切，实缺少了“伦理社会”该有的“灵魂存在”“精神寄托”——崇尚人与人、人与自然和谐相处的“礼义文化”，强调“忠孝节义”等伦理精髓、礼制文明，与体现“人性温情的伦理社会”——学校道德的温情教育，社会礼义的温情看护，国家礼制的温情执法。而由此带来的最为沉重的代价是，法律由于欠缺了道德基础因而也就失去了人们的信任。③

总之，“中学为体，西学为用”，随着时代的发展，“中国文化本体论”——“中体”的许多内容也无法迎合时代需求，反而在改革中被忽视、被淡漠，甚至

① 马小红：《礼与法：法的历史连接》，北京大学出版社 2017 年版，第 247 页。

② 马小红：《礼与法：法的历史连接》，北京大学出版社 2017 年版，第 227 页。

③ 马小红：《礼与法：法的历史连接》，北京大学出版社 2017 年版，第 199 页。在笔者看来，这是礼与力的妥协与被妥协。即中国今天的选择和结果虽是历史因果的延续呈现，但亦是“外力作用下”必须而为的改革。如马小红学者所言，从近代开始，由于近代面临更多选择的人们在西方殖民风潮中除了尚“力”，似乎别无他途。因为现实告诉人们，没有“力”就没有发言权，甚至没有生存权。国力的强弱成为文明先进还是落后、文化优还是劣，甚至人种贵贱的标准。参见马小红：《礼与法：法的历史连接》，北京大学出版社 2017 年版，第 458 页。

以“中体”为耻。“中体”中需被传承之精品亦被一体摒弃，只着眼于西方物质层面的“技术”“技艺”“科技”，但仅凭现代科技工艺而排斥与这些很难分割的西方价值观念和政经体制，中国根本层面的改变和发展亦是不可能的。而主张“全盘西化”的胡适、吴稚晖等人要求彻底抛弃和否定中国既有的文化—心理的各种传统，一切模拟西方，也并无结果。① 故，李泽厚先生提出了“西体中用”的概念。

三、案例汇总分析图

案例汇总分析如图 2-6 所示。

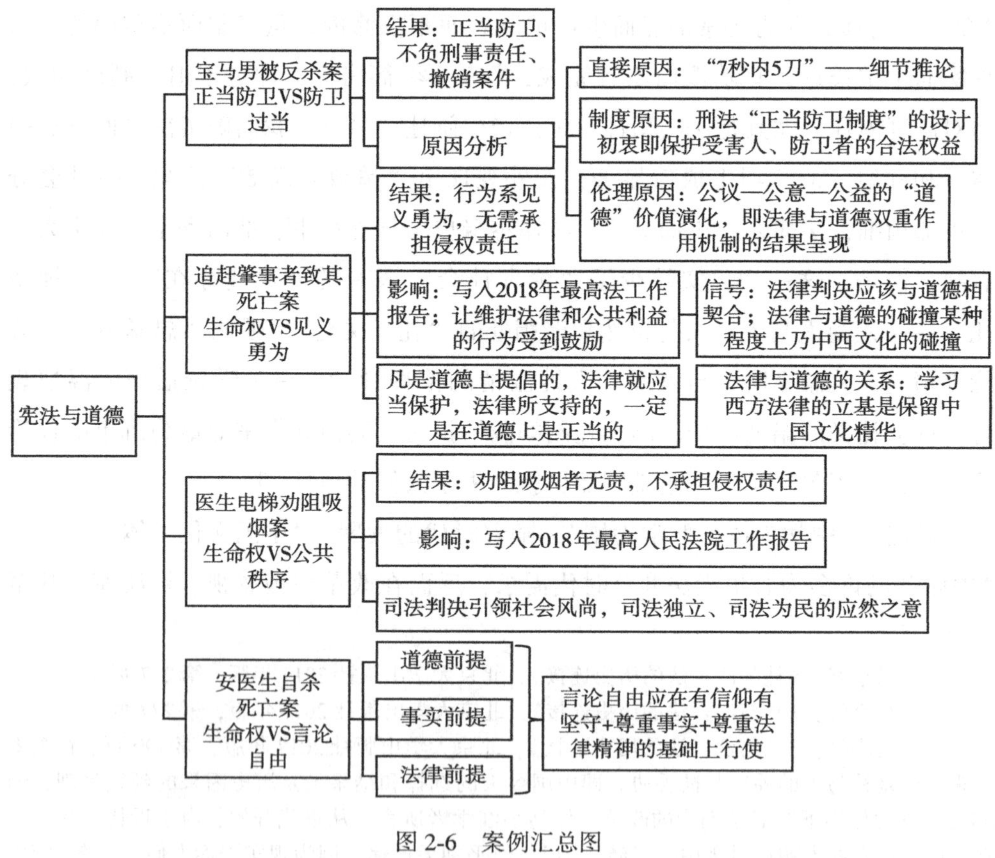

图 2-6　案例汇总图

① 李泽厚：《中国古代思想史论》，人民文学出版社 2021 年版，第 269~270 页。

第三节　宪法“中国内涵”第三篇：宪法 VS 道德

案例深层“法益”的解读如图 2-7 所示。

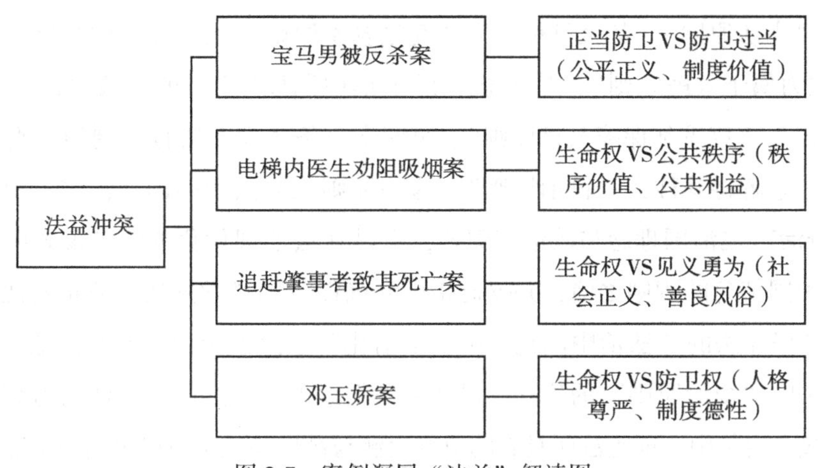

图 2-7　案例深层“法益”解读图

一、社会主义核心价值观规则属性：宪法基本原则之定位及分析

据上分析，德之内涵，乃多维度、多视角的一种综合嵌入。换言之，社会主义核心价值观，作为德之时代内涵的一种表达载体，作为今之伦理规范与法治思想的集合者，既是中华文化自有体系的一脉相承，亦是中西文化相融相涵，共同服务于、见证着中国文化文明复兴之过程。而“德之内涵”所弘扬、倡导之根本精神，所维系之理想社会秩序——“新亲亲、新尊尊”，通过社会主义核心价值观内涵之规则特质逐一实现。此从社会主义核心价值观生成政策、进入宪法、生成法律，此一历程，在某种程度上即是对这一结果的见证。至此，通过对德之内涵及其结构体系的发展惯性及嬗变规律的探寻、挖掘，我们以社会主义核心价值观作为德之当代内涵及其结构体系的演变结论、重构载体，并通过理论解析，笔者对其“规则”属性描述如下：

2018 年社会主义核心价值观入宪，伴随其入宪成文化，社会主义核心价值观被赋予了一种根本法层面之身份，具备了法之某种强制性的规则特质。对此，一方面，宪法中所蕴含的道德底蕴、“德”性因子，由此而确立，并日益强化。同时，宪法的中国特质、中国内涵亦因此而丰富。另一方面，道德之观念规则亦经由现实规则而进化为成文规则，实现了道德规则的根本法层面之成文化。但就此规则属性而言，笔者认为，社会主义核心价值观的入宪，相比于普通法律规则（如指司法裁判中所运用的具体裁判规则）而言，其于宪法中之规定所确立的乃是一种“宪法原则”，甚至可称之为“宪法基本原则”之存在，即与宪法第二条“一切权力属于人民原则”、第三条“民主集中制原则”、第五条“法治原则”、第三十三条“尊重和保障人权原则”、第四十一条“权力监督与制约原则”相并列而生。笔者将其称为“德治原则”。这一原则在宪法中的确立，实与中国历来“德法兼治”之治国理念与政策相契合，更是在法治现代化的治理模式中创新并构建出中国特色的规则之治，并据此指引和确保我国科学立法、公正司法、严格执法与全民守法的“法治中国化、中国法治化”道路的全面实现与落地。具体而言，宪法中“德治原则”的确立，可从宪法概念的解读，以及宪法与道德的深层关系连接之定位中，即宪法所具有的道德内涵与德性品质中得以表达与确证。

1. 宪法与道德之关系一：价值观的“同一性”

社会主义核心价值观，作为中国特色社会主义意识形态体系的内核，中华民族共同精神凝练之载体，实乃当今时代“德之内涵”的规范化结构体系之概称。从古至今，伴随着“德之内涵”所处时空环境变迁，传统文化之“德”背后的基本精神与深层思想体系支撑已发生更新，由“亲亲、尊尊”过渡至当今“新亲亲、新尊尊”之状态。概言之，其作为德之时代内涵的一种表达，既是中华文化原生体系的一脉相承，亦是中国文化与异域文明相融互涵的重要见证。

且从深层次价值追求而言，宪法所倡导之“社会主义核心价值观”所维护之“规则法益”——如秩序价值、公共利益、见义勇为、善良风俗、制度德性等彰显社会公德、人性之美、人性之善的“事物”“价值”，几乎完全“重叠”于中华“德”文化所蕴含之“内在价值与品格”。换言之，宪法与道德在“价值观”上的追求是“同一的”，即均以追求“人性之美、人性之善”等美好的事物为其归一，甚至“内容”亦有“同一性”。换言之，作为德之当代内涵及其结构体系——社会主义核心价值观，即今之“道德”乃是一种经历“战火锤炼”“浴火重生”后的“凤凰”……对于一切美好事物的呈示、感怀与追求，无论古今，皆如是。

但有学者认为，道德是一种想象的彼岸，是一种阶级的道德。如恩格斯在《反杜林论》中直言：我们断定，一切以往的道德论归根到底都是当时的社会经济状况的产物。而社会直到现在还是在阶级对立中运动的，所以道德始终是阶级的道德；它或者为统治阶级的统治和利益辩护，或者当被压迫阶级变得足够强大时，代表被压迫者对这个统治的反抗和他们的未来利益。① 该问题谈及道德的阶级属性，但分析此需要“时空面向”下的双向维度——古代中国之礼德文化不免其阶级性。典型如“礼不下庶人，刑不上大夫”的“政治道德”。但今天我们所言之德，并不是仅限于政治道德这一狭小领域，而是讲其作为一种民族精神、文化传承而存在的“德”，即一种“大道德”——经时间酝酿发酵，剔除糟粕、留余精华的“普世道德”。这种道德观自古延续至今，且历久弥新。如中国历经夏商周三代之“纯”礼治社会——秦朝统一后之重“制”尚“力”的“法治社会”——隋唐大一统的“纳礼入法”之“礼治社会”……在这期间，重礼尚德之“大道德观”随处可见。一则，从宏观而言，如唐朝的“异地封存”，如明朝的郑和下西洋，即使是“秦朝”过度重“力”，但其中亦反映了“效法自然、顺应自然之变的观念”；再如秦始皇统一后，以阴阳五行家的“五行相克、五德始终”为治国“法据”等。② 二则，从微观而言，从“德”之内容来看，以“忠孝节义”为核心之的六德六行到底是否为“彼岸”，一眼即知，答案即在“身边”。简言之，道德即可为宏观大道、普世大德，亦可于细微中、寻常中见著之，如尊老爱幼、孝敬父母、朋友之义等生命真处的发声。

2. 宪法与道德之关系二：内容上的“互通性”

宪法与道德于内容上的“同一性”在价值观层面的推演中显而易见。但进一步言，宪法与道德的此种“同一性”“互通性”并非孤立之存在，即作为一种拥有中国特质的“德”及其礼义精神，其自然地于有形和无形中“与时俱进”，与现代化之理性价值相接轨。

以社会主义核心价值观的“平等”元素为例，伴随着近代资产阶级反封建革命的胜利，近代宪法诞生，自此“平等权”正式入宪。至 20 世纪初，即 1918 年《苏俄宪法》、1919 年《魏玛宪法》问世，标志着近代宪法向现代宪法过渡之

① 《马克思恩格斯选集（第 3 卷）》，人民出版社 2013 年版，第 471 页。

② 马小红：《礼与法：法的历史连接》，北京大学出版社 2017 年版，第 396 页。

实现。自现代宪法诞生，平等权的内涵得到进一步丰富与完善。以中国为例，我国《宪法》第三十三条确立了“平等权”——中华人民共和国公民在法律面前一律平等。此中，对平等权的概念诠释分为一般表达与特别表达：一则，平等权的一般表达，表现在如《宪法》第三十四条、第三十五条所规定的公民享有的各种政治权利，以及第三十六条、第四十条、第四十七条公民享有的精神自由权等；二则，平等权的特别表达，表现在如《宪法》第四十八条规定，国家保护妇女的权利和利益。第四十九条规定，婚姻、家庭、母亲和儿童受国家的保护。……禁止虐待老人、妇女和儿童。此外，在宪法精神的引领下，我国陆续颁布《未成年人保护法》《妇女权益保障法》《老年人权益保障法》等。可见，对弱势群体权益的保障，实是对宪法“平等原则”的彰显与表达。换言之，对社会弱势群体的保护，实乃公民“内心平等权”在宪法与法律上的体现，即平等权的入宪实质乃是“内心接受”于宪法和法律上的成文化。而这一渊源实可追溯至尊老爱幼、帮扶弱小，即对老人、儿童、妇女、孕妇等社会弱者的关爱，实为中华民族传承千年的优秀风尚。至今天，此种针对特殊群体的关爱被赋予了新的时代内涵，彰显了法治国家中“平等原则”的精神要义，体现了“平等原则”的西方外部架构与中国内生之道德渊源的完美结合。

3. 宪法与道德之关系三：宪法文本之“道德”渊源

谈渊源，必涉源流，中国宪法虽是近代化的产物，但是从今之宪法的“规定”观之，如宪法“序言”第七自然段“新发展理念”的贯彻，“富强民主文明和谐美丽”之现代化建设目标的规定，以及第十一自然段“和谐”民族关系的入宪。第二十二条对中国名胜古迹、珍贵文物和其他历史文化遗产的国家级别之保护规定；第二十四条社会主义核心价值观的入宪；第二十六条“和谐”生态环境理念的规定等。追根溯源，我们均能在中国的传统优秀文化中找到和发现“宪法条文”背后的“精神源头”。可以说，德之礼仪文化及因受之影响下的行为、习惯乃一国宪法及其内容诞生之重要法源所系与精神支柱。如江国华教授亦曾言，“道德是宪法的价值基础。作为一般性的普遍规则，宪法必须遵循最低限度的道德法则，这些法则构成宪法的合法性标准”。① 此外，基于上述分析，若

① 江国华：《宪法的道德之维——兼论宪法的普遍低度道德法则》，载《华东政法学院学报》2003年第6期。

从两者“诞生”的时间脉络观之，亦乃“道德”作为宪法渊源的重要佐证之一。

4. 宪法与道德之关系四：“道德”之高位阶地位

此处所言之道德的“高位阶”性主要从价值论层面而言，而非指法律的“效力位阶”。对此，有学者指出，因道德的宪法基础性定位，宪法应符合某种低度性标准与底线性要求。故于价值位阶上，道德乃处于高位阶性之存在，而宪法在保有国之底蕴的基础上，确保了其形神兼具之法本质。江国华教授曾言，“善或正义乃法之永恒不变的追求，任何人都无法排除人或社会对于法的道德评价，这是人的一种本能的认同感，这时的法就意味着与人们所共行共信的道德达成默契，‘法虽不严而自威’。从此意义上，正义乃一切法的道德基础，因而也是宪法的道德基础”。① 可见，“道德”于宪法、法律中的地位毋庸置疑。刘茂林教授曾根据一国宪法存在形式差异将宪法分为三大类，即观念宪法、现实宪法与成文宪法。若说江国华教授是从“成文法”的视角探讨“道德的高位阶性”，那通过刘茂林教授对“观念宪法”的价值定位、概念描述、诞生和形成过程推演，结论更是不证自明——所谓观念宪法，乃属应然宪法之范畴，即主要体现宪法要求和宪法评价的各种宪法观念，特别是宪法的理论、公众的宪法意识和在此基础上生成的宪法文化②，乃是通过主流价值观念确定宪法价值定位的一种方向性指引。概言之，此即“德”之宪法渊源，今日概称为“社会主义核心价值观”。

5. 宪法与道德之关系五：强制力或制裁属性

宪法的“强制力或制裁”属性，主要表现为两方面。一则，宪法的直接强制力。宪法根本法的地位定性，已然决定法律的制定、运行和修改，首先必须有宪法的依据与宪法的授权；其次必须尊重宪法的根本精神、指导思想与基本原则，否则，法律将要面临宪法的“制裁”，如修改、废除等。概言之，宪法直接强制力的作用对象，即指向对象为“法律”。二则，宪法的间接强制力。表现为宪法通过直接作用于“法律”，将其价值、精神、原则与规范布施于法律，再由法律影响“人”。简言之，通过法律对宪法的“具体化”“明确化”，或对宪法的“间接适用”，来发挥宪法对“人”的影响力。此意涵所呈现的乃宪法的“间接

---

① 江国华：《宪法的道德之维——兼论宪法的普遍低度道德法则》，载《华东政法学院学报》2003 年第 6 期。

② 刘茂林：《中国宪法学导论》，北京大学出版社 2005 年版，第 22 页。

强制力”。可以说，宪法的两大强制力，一方面表明宪法的影响力无所不在、无处不有；另一方面也注定了“宪法”不可能“事必躬亲”，说明了宪法高高在上之原因。

实然，从效力而言，因指向主体与对象有别，道德与价值具有同一性上的差异性。如对私权利主体——公民，“德”所呈现的是一种内心约束、社会制裁，即通过人的“知耻之心”加以维持的柔性效力。而宪法作为一部人权保障法，如以直接、明示的方式告知了公民的权利，但是若公民寻求基本权利的司法救济时，宪法的“直接约束力”却无法于公民身上显现，而是通过对“法律的直接适用”发挥作用，即通过法律细化公民基本权利，以实现对权利的保障。换言之，宪法所具有的直接强制力是指向“法律”，而非“人”。而道德是直接指向于“人”，包括公权力主体、私权利等所有主体。从此方面而言，道德的辐射范围更广，但两者在效力上却有一致性，即均不具有针对“人”，即公民的直接强制力。简言之，两者的效力似乎都很强、直射人心，尤其是宪法作为根本法所具有的强制力，但是两者似乎皆有些缥缈，指向“人”但又不直接以强力作用于“人”，此乃宪法与德又一深层连接之体现，即宪法对“人事”的此种间接弱制裁性实与宪法内蕴的德之价值属性，尤其是观念层面的德之内涵休戚相关。

6. 宪法与道德之关系六：宪法“解释主体”及“解释标准”的德性品质

美国作为英美法系国家，宪法的有权解释主体为法官；中国作为大陆法系国家，根据《宪法》第六十七条规定，宪法解释主体为全国人大常委会。但是无论是司法机关解释体制还是立法机关解释体制，或立法机关解释体制下的有权解释主体，或是无权解释主体，如专业学者，尤其是顶级专家、一流学者，甚或普通人。在解释宪法时，都应当尊重宪法之精神及其背后的文化因子，即解释主体本身应当具备相当之“德性”，拥有正确之“道德观”。而解释主体的内心品德、内在德性，实以人性分析为基础，通过对人的自然倾向而获得，本质乃与人的内心选择是一致的。原因在于，人的身上总存在着一种与一切实体共有的趋吉向善的自然而然的倾向与选择。① 而因之自然，才更有利于“良善”追求的实现。具言之：

① 徐爱国、李桂林：《西方法律思想史》，北京大学出版社 2014 年版，第 63 页。

实然，宪法母法、根本法地位的定性及宪法顶层设计式的高远立意，已然决定了宪法条文的抽象性与非个案性，而抽象的宪法条文自然需要被“解释”。在笔者看来，抽象的宪法条文背后应有一种价值追求、精神内涵或文化表达。换言之，宪法条文并非仅是“条文”。美国学者罗纳德·德沃金将“道德解读”引入“宪法”，准确地说，是将“政治道德”引入宪法核心。他指出，“法官通过全新的道德判断，才能在具体案件中把宪法的抽象道德要求付诸实现，除此以外他们没有选择！……当一个法官以个人信念支持与合宪性有冲突的一项立法时，比如一个大法官认为判决堕胎为犯罪是符合大多数人的道义时，道德解读的作用便会隐而不见。但当一些法官的信仰原则被确认、检验，在付诸司法实践时被确认为与大多数人的道义背道而行时，我们就会发现道德解读便是无所不在。这时候，对法官来说，执行宪法就是告诉大多数人他们不能为所欲为。因为美国人心目中的理想政府不仅受制于法律而且受制于原则”。① 在笔者看来，对于宪法解释，无论是立法机关解释体制，或是司法机关解释体制，宪法的“道德解读”皆是其中的必修之项。其实质，皆乃宪法的自我解读、自我剖析。

二、生成路径：社会主义核心价值观规则属性之演绎理路

今之“德”，实近代清末始，伴随崇尚“法律”、规则之治理念的日益深入人心，古之“德”因内心信仰延伸出的强规则属性，即具有强制力的法属性逐渐淡化、瓦解，取而代之以精神理念、价值体系等观念层面之弱规则性，即观念规则。譬如“孝”之德，古人除了源于内心的孺慕之情外，“孝”的传承与弘扬更多的是以国家强制力为后盾，即“不孝即入罪”。而今天，“不孝者”② 通常承受的是软性制裁，即社会制裁、舆论讨伐，其已于无形中缺失了国家强制力之支撑，而发挥着观念规则之约束力。

换言之，相较于古代，以社会主义核心价值观为载体的当今之德，其“规则属性”已发生质变——定位逐渐趋由古之成文规则转而发展为观念规则。自其作为一种观念规则，显然已被人民内心所接受，此从社会主义核心价值观之

① ［美］罗纳德·德沃金：《自由的法：美国宪法的道德解读（导言）》，刘丽君译、林燕平校，载《华东政法学院学报》2000 年第 6 期。

② 不孝者指未达严重程度，若出现虐待、遗弃等违法犯罪行为，则应当依法追责。

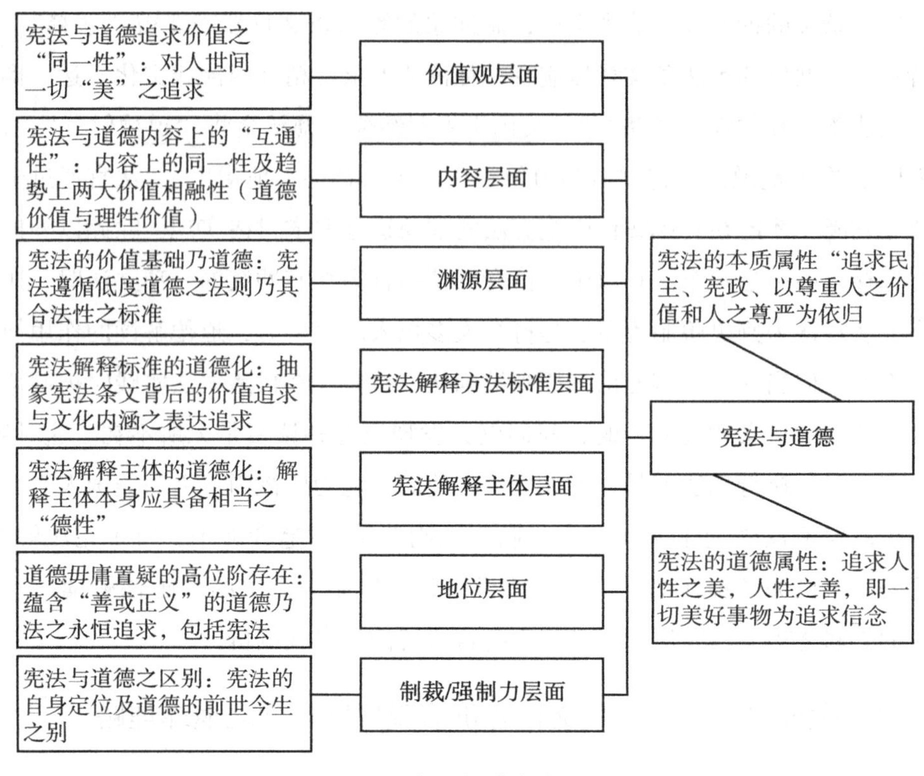

图 2-8 宪法与道德关系图

政策生成到确证入宪、生成法律，即是国人最大的认同与接纳。在此基础上，社会主义核心价值观进而成为现实规则，即无须国家强制力而被社会成员所自觉遵循，并以习惯法样态发挥实际规则效应之作用，乃活生生之现实存在。社会主义核心价值观已成为某些司法案件中，裁判机关释法说理之组成部分，即出现了观念规则走向现实规则的些许趋势。至 21 世纪，待社会主义核心价值观入宪进法，则正式由观念规则、现实规则逐步发展至成文规则。如 2018 年社会主义核心价值观入宪，2020 年入法，在其成为宪法基本原则后，《民法典》《网络安全法》等法律随即颁布运行。在此基础上，因社会主义核心价值观成文化后，其法规则属性的不断完备，借由成文法，即法律正式确定其为一项正式的司法原则。可见，德之规则属性的进化规律，体现了一种适应时势需求的循环辩证历史观。

可见，无论历史上还是逻辑上，现实规则都先于成文规则而存在。这一历程，既是传统德之内涵涵慑与更新后的成功体现，亦是基于传承，乃法诞生之“正当理由”。随后，在宪法、法律精神的能动指引下，成文规则助推司法裁判，促使社会主义核心价值观成为一项明确的司法审判原则。可以说，社会主义核心价值观这一宪法基本原则的确立，实起于现实司法裁判中，并在其入宪成法后，进一步强化了司法裁判之“说理及论证”，实现了宪法原则对于司法裁判的间接指导。可见，对其入宪渊源的寻觅，笔者认为，可于中国已有之司法裁判中找寻其踪迹，即于司法实践、司法生活中，甚至民众的生活智慧中探索其生成法律之渊源。具体如表 2-1 所示。

表 2-1　　**司法案例裁判汇总**

案件时间	案件名称	司法裁判及说理	其他评价
1988 年	张某起、张某莉诉张某珍损害赔偿案	法院判决：被告张某珍身为雇主，在招工登记表中注明的“工伤概不负责”，是违反宪法和有关劳动法规的，也严重违反了社会主义公德，属无效民事行为，应当承担民事责任	《最高人民法院关于雇工合同“工伤”概不负责是否有效的批复》：本案在招工登记表中注明的“工伤概不负责”，是违反宪法和有关劳动法规的，也严重违反了社会主义公德，属无效民事行为。
2015 年	湖南沅江的陆某妨害信用卡管理和销售假药案	检察院决定不起诉释法说理书：若认定其行为构成犯罪，将背离刑事司法应有之价值观，如司法对于弱势群体的人文关怀、对于人权的保障与尊重	

续表

案件时间	案件名称	司法裁判及说理	其他评价
2016年	北京爷爷奶奶探望权案	法院判决：依据儿童利益最大化原则和公序良俗原则，法院对王爷爷、张奶奶的诉讼请求予以支持。即使爷爷奶奶非探望权的适格主体，但是“法理情”又岂能说分即分，婚姻家庭法与血缘亲情伦理、与公序良俗早已密不可分	
2017年	电梯内医生劝阻吸烟案	法院判决（二审）：杨某与老人素昧平生，劝阻其抽烟是公民应尽的责任，不存在故意加害老人，而且在得知老人突发心脏病后，及时发挥专业技能对其进行救治。杨某对老人的死亡无法预见也就不存在疏忽和懈怠，没有过错	郑州市规定：市区各类公共交通工具、电梯间等公共场所禁止吸烟，公民有权制止在禁止吸烟的公共场所的吸烟者吸烟。杨某对段某某在电梯内吸烟予以劝阻合法正当，是自觉维护社会公共秩序和公共利益的行为，一审判决判令其分担损失，让正当行使劝阻吸烟权利的公民承担补偿责任，将会挫伤公民依法维护社会公共利益的积极性，既是对社会公共利益的损害，也与民法的立法宗旨相悖，不利于促进社会文明，不利于引导公众共同创造良好的公共环境。

续表

案件时间	案件名称	司法裁判及说理	其他评价
2017年	朱某某追赶肇事者致其死亡案	法院判决：案涉道路交通事故发生后，被告朱某某作为现场目击人及时向公安机关电话报警，并弃车徒步追赶张某，敦促其投案，行为本身不具有违法性，且被告朱某某作为普通公民，挺身而出，制止正在发生的违法行为，属于"见义勇为"，应予支持和鼓励	现任最高人民法院院长的周强在2018年十三届全国人大会议上作最高法工作报告时指出，朱某某追赶交通肇事逃逸案让维护法律和公共利益的行为受到鼓励，让"见义勇为"者敢为以公正裁判树立行为规则，引领社会风尚，大力弘扬了社会主义核心价值观。（最高人民法院）
2017年（2019年二审判决）	李某某等诉广州市花都区梯面镇红山村村民委员会违反安全保障义务责任纠纷案	法院判决：完全民事行为能力人因私自攀爬景区内果树采摘果实而不慎跌落致其自身损害，主张经营管理者承担赔偿责任的，不予支持	该案背后乃是对权利内涵与责任边界的重申，更是对于公平观念、人性良善的一种重读与引导。即对于明确安全保障义务的范围、规范人们行为等方面具有积极意义。（最高人民法院）
2017年（2019年二审判决）	支某某等诉北京市永定河管理处生命权、健康权、身体权纠纷案	法院判决：明确了完全民事行为能力人擅自进入禁止公众进入的非公共场所造成自身损害的，管理人和所有人不承担赔偿责任	该案例明确了侵权责任认定的法律标准和证据规则，重申了严格正确适用法律，不能以情感或结果责任主义为导向将损失交由不构成侵权的他方承担的原则。（最高人民法院）

续表

案件时间	案件名称	司法裁判及说理	其他评价
2019 年	刘某某、郭某丽、郭某双诉孙某、河南 L 物业管理有限公司信阳分公司生命权纠纷案	法院判决：该案明确行为人为维护受伤害一方的合法权益，劝阻他人发生碰撞后不要离开现场且没有超过合理限度的属于合法行为，劝阻人不应当承担侵权责任	该案例在分清是非的基础上，对于“死者为大”传统思想支配下的裁判理念予以否定，明白无误地表明了司法的态度，对劝阻人的善行和义举给予肯定和鼓励，对正确适用法律，弘扬社会主义核心价值观作出了生动诠释。（最高人民法院）
2017 年（2018 年判决）	北京 L 光电科技有限公司、黄某某诉赵某名誉权纠纷案	法院判决：涉及信息网络传播环境下名誉权侵权的认定规则，明确了不特定关系人组成的微信群具有公共空间属性，公民在此类微信群中发布侮辱、诽谤、污蔑或者贬损他人的言论构成名誉权侵权，应当依法承担法律责任	该案例对于规范公民网络空间行为，倡导文明交往社会风尚，依法处理类似案件具有指导示范意义。（最高人民法院）

通过司法裁判的列举式呈现，具体包括对判决文书、判决文书生成逻辑与理由的关联性分析，可发现社会主义核心价值观所蕴含的内容已然成为司法裁判坚守之原则，即“司法原则”——如张某起、张某莉诉张某珍损害赔偿案中对社会主义公德的严重违反；北京爷爷奶奶探望权案中对公序良俗原则的尊重；追赶肇事者致其死亡案中对社会正义的弘扬、对善良习俗的激励，使“见义勇为”者敢为以公正裁判树立行为规则的引领；李某某等诉红山村村民委员会案中对红

山村村民的行为准则、道德规范及公序良俗的违背；刘某某等诉孙某、河南 L 物业管理有限公司信阳分公司生命权纠纷案中被告为他人利益而作出的阻拦行为，既符合法律规定，同时也符合常理；湖南沅江陆某妨害信用卡管理和销售假药案中，检察院强调司法对于弱势群体的人文关怀、对于人权的保障与尊重；“宝马男被反杀案”中公安机关“正当防卫”的决定背后，乃是对制度价值的重申、对公平正义的陈述；“电梯内医生劝阻吸烟案”，法院判决的背后是对秩序价值的认可、是对公共利益维护的必需；“邓玉娇案”中被告的“有罪免处”是对人格尊严的致敬、是对制度德性的反思……

可见，“社会主义核心价值观”所蕴含的价值，在其入宪之前，在某种程度上已然成为司法判决的重要理由。实质上，已经具备了一种衡量法益的“规则属性”特质，堪为司法裁判所遵循之重要法则。进言之，社会主义核心价值观通过作为“现实”司法裁判原则，早已成为法院、检察院裁判说理部分的当然组成。2021 年 2 月，我国最高人民法院向全国法院印发的《关于深入推进社会主义核心价值观融入裁判文书释法说理的指导意见》即乃文书证明。《意见》明确指出，要充分发挥社会主义核心价值观在司法裁判，在国家治理、社会治理中的规则引领和价值导向作用，进一步引导广大法官正确运用社会主义核心价值观释法说理。同时，《意见》要求，在具体案件中，各级人民法院应当深入推进社会主义核心价值观融入裁判文书释法说理，将社会主义核心价值观作为理解立法目的和法律原则的重要指引，作为检验自由裁量权是否合理行使的重要标准，确保准确认定事实，正确适用法律。简言之，《意见》全面规范了法官运用社会主义核心价值观释法说理的基本原则、基本要求、主要方法、重点案件、范围情形、配套机制等，突出“法官在法律框架内运用社会主义核心价值观释法说理”这一基本定位，有利于指引、规范法官运用社会主义核心价值观正确理解立法精神和立法目的，规范行使自由裁量权……为人民群众在实施见义勇为、正当防卫以及维护公共利益和公共秩序时，在遇到“扶不扶”“劝不劝”“管不管”等法律和道德难题时，亮明立场，辨明方向。①

探究其深层渊源，无论是司法原则的正式生成，还是立法原则、宪法基本原

① 参见 https：//search. weixin. qq. com/k/RlJXUFhBblxfR1VRRFFQaUdYS0NSaUdQUlFlRVVQblZbXV02VVouMEFvXQ？ scene=3#wechat_redirect。

则（三者统称成文规则）的确立，作为民族文化的有机组成部分，从源起看，根系皆在中国的“自然历史”，缘起于行为方式，且在日复一日的行为方式演绎中，习惯法渐次形成。概言之，成文规则产生于习俗和人民的信仰，是一个民族共同信念的最真实表达，此种自生自发状态堪为法律最本真的第一重生命。① 诚如美国律师界领袖詹姆斯·库利奇·卡特所坚持的，习惯和惯例提供了调整人们行为的规则，而司法判决只不过是被“赋予了权威性的惯例”。从本质上讲，正是习惯和惯例决定着某一行为正确与否，而解决正确与否问题的司法裁判只是给某个社会惯例盖上了政府的印章和证明了它的真实性而已。换言之，法院并不制定法律，而只是从一些即存在的事实——即得到社会承认的惯例——中发现和探寻法律。② 综上，成文规则的确立亦如此。

承继上文，社会主义核心价值观于宪法中之定位——“德治原则”的确立与分析，此从上文宪法概念的解读，即宪法内涵之德性因子中得以确证。而对于这一宪法基本原则的确立，笔者综合上述司法实践，以理论概括之，将其划分为“四阶段”，并将其全部纳入规则体系范畴中：奠基“自然历史”生成民族普遍精神的观念法；惯例、习惯等组成的习惯法；立法成文化后诞生之成文法；成文法的能动反作用。其中，第一阶段，植根于“民族普遍精神”的观念法称为观念规则；在现实中发挥规则效应的第二阶段的习惯法称之为现实规则；现实规则的成文化即成文法乃成文规则，为第三阶段。而上述司法实践对社会主义核心价值观入宪成法之影响，实是经由前两阶段之进化，而走向第三阶段。即此之过程，乃观念规则，走向习惯规则，进而由习惯规则成文化。就三者关系言，无论现实规则还是成文规则，两者均受到观念规则的强大影响，可以说，在某种程度上，乃是观念规则指引并形塑着现实规则。在此前提下，基于对现实规则的认识和理解，而提出成文规则之立法要求。后继之，即在领会和掌握成文规则的条文和含义基础上，参照观念规则这一立法要求与立法评价的统一体，以评价成文规则，确保成文规则的合法性与合理性③，进而保障其能动地反作用于现实规则，完善成文法律体系，以更好地指导司法实践等。这一能动的反作用过程，笔者将

---

① 翟志勇：《公法的法理学》，商务印书馆 2021 年版，第 105 页。

② Cater，Law：Its Origin，Growth and Function，p85.

③ 参见刘茂林：《中国宪法导论》，北京大学出版社 2005 年版，第 22 页。

其称为“第四阶段”。此之过程，即是社会主义核心价值观“宪法基本原则”的生成理路及其能动作用力与影响力之体现。

三、法理支撑：社会主义核心价值观规则内涵之理论证成

对于上述“四阶段论”之逻辑闭环的法理支撑，笔者以法律的“自然历史”说、“自然历史”法律进化论说、法律对“自然历史”能动说三大法理论说具体分析之。

1. 法律的“自然历史”说

承继上文，社会主义核心价值观，作为一种司法实践中的事实审判原则，与其说是被法院、检察院等公权执法所接受并运用，不如说是对长久以来以内涵一国民族习俗、习惯、风尚和性格的承认与尊重。可以说，社会主义核心价值观入宪只是将一国公民内心常驻并运行的观念规则、现实规则，规定于法律文本中，进而以成文规则作用于公民，是对植根于民众意识之中的“先存法律”的重述。简言之，法律的生成、诞生在某种程度上亦只是客观存在的现实法律中的一部分。① 此中“客观存在”，在笔者看来，不仅是物理、物物层面，如行为方式等，更囊括此之背后一国无形之普遍精神及价值内涵，笔者将此概称为国之“自然历史”，又可称之为法律的渊源。简言之，法律生成于“自然历史”中，其研习的便是同无数事物之间的关系。这一过程实乃将一国之传承从无形之物生成有形之载体，以法律之形彰显了文化传承之实，法律与“自然历史”的因果连接显而易见。下文详言之。

如萨维尼所言，法不是单个意志的产物，而是民族共同生活的产物，是民族历史的连续性。② 从其产生伊始，法律便具备了自身之特性，这种特性是与民族特性联系在一起的，其核心就是这个民族的共同信念和共同意识。简言之：“法律乃民族精神的展现。”③ 因此，唯有追溯至历史源头，方可发现法律之根本的原理原则。即经由历史回到本源，这个本源的生命构成民族的生命。而今日之法非从无到有的重新开始，而是民族共同累积的再次开始，④ 是建立在社会历史演

① Cater，Law：Its Origin，Growth and Function，p118.

② 翟志勇：《公法的法理学》，商务印书馆 2021 年版，第 V 页。

③ 翟志勇：《公法的法理学》，商务印书馆 2021 年版，第 103 页。

④ 翟志勇：《公法的法理学》，商务印书馆 2021 年版，第 V 页。

进基础之上的再次开始。即法律已然秉有一民族自身确定之特征，为一独特民族所特有的根本不可分割的禀赋和取向，如同其语言、行为方式和基本的社会组织体制。①

再譬如孟德斯鸠所言，任何社会都是一个历史的总体，都是历史地生成的，只有回溯到历史深处，才能真正理解社会运转的内在法则。而构成历史的不再是命运或幻想，而是各种客观实在的自然历史②，包括如气候、宗教、法律、施政的准则、先例、风尚等多种因素的综合体。受其影响，其结果是由此形成了普遍精神，即民族的普遍精神，或普遍之民族精神。③ 简言之，从最广泛的意义上来说，法是源于事物本性的必然联系。④ 这就要求我们要回到社会和历史中寻求事物的实在本性，⑤ 从事物的本性中来探究法及其精神，并总结出人类历史的普遍法则和科学原理。⑥

作为唯心主义代表学者的黑格尔亦同样坚持，国家不仅是制定法律和执法法律的机构，且从广义出发，国家可被视为展现一个民族伦理生活的有机体。这种伦理生活表现在一个民族的习惯、习俗、共同信念、艺术、宗教和政治制度中，简言之，它表现在其社会价值的模式之中。因此，国家可被定义为“伦理世界”和“伦理理想的现实”。⑦ 而在此中，法律作为伦理世界和伦理理想实现的重要方式，作为民族精神和社会伦理的整体体现，其是实现国家自由理想之目标的重要外部保障，是增强和保护他人人格和权利实现的主要手段之一。因此，即使其强调法律之理性，即法律的逻辑性与创造性，但依然坚守法律植根于、存在于一国伦理价值这一“自然历史”中，坚信一国社会价值体系对法律的深刻影响力。

---

① ［德］弗里德里希·卡尔·冯·萨维尼：《论立法与法学的当代使命》，许章润译，中国法制出版社2001年版，第7页。

② 翟志勇：《公法的法理学》，商务印书馆2021年版，第88页。

③ 每一个民族都有一种总的精神，而权力本身就是建立在这一精神之上的。当这个民族侵害这一精神的时候，它自己就受到了侵害，结果必然就停顿不前了。参见翟志勇：《公法的法理学》，商务印书馆2021年版，第82页。

④ ［法］孟德斯鸠：《论法的精神》，许明龙译，商务印书馆2016年版，第77页。

⑤ 翟志勇：《公法的法理学》，商务印书馆2021年版，第81页。

⑥ 参见［美］戈登·S. 伍德：《美利坚共和国的缔造：1776—1787》，朱妍兰译，译林出版社2016年版，第26页。

⑦ ［美］E. 博登海默：《法理学：法律哲学与法律方法》，邓正来译，中国政法大学出版社2010年版，第86页。

同样，作为分析实证主义的代表学者之一的约翰·奇普曼·格雷亦认为，在信奉司法解释体制的国家，作为法律创造者、规则制定者的法官，其“造法”过程的原材料，即法之渊源中的资源性要素亦是从类似于司法先例、习惯、道德原则等一般性的渊源中所获取。①

据此，法律确应尊重蕴含一国内在价值谱系与民族精神之习俗与风尚，尊重和理解一国风俗、法律和事实的多样化，并从多样性中发掘人类历史的普遍法则。② 如中国古代立法者将宗教、习俗和风尚等融为一体，所有这些都是伦理，都是美德，都是礼仪规范，这一整套礼仪规范成为中国人的普遍精神，这是中国古代政体成功的重要秘密。反之，如孟德斯鸠所预言，“中国的政体原则一旦被抛弃，道德一旦沦丧，国家立即就陷入无政府状态，革命随即爆发”。③ 可见，法律对习俗和风尚的强制改变会造成一种精神暴政。因此，只有对这些传统和习惯的不断运用，并从中展开认真研究，人们才能发现法律的真正内容。如语言一般，其非刻意设计之产物，而是缓慢、渐进、有机发展的结果。④ 可见，法律并不是孤立存在的，而是整个民族生活的一种功能。法律随着民族的成长而成长，随着民族的强大而强大，最后随着民族个性的消亡而消亡。如普赫塔所言，法律乃是从民族精神中生成和发展的无形过程。⑤ 因此，法律并非单纯创造的、逻辑的，诉诸纯理性之产物，而是经验的、发现的，植根于遥远过去之传统中的、乃理性所不及的“民族精神”中之产物，彰显的是一种对传承的保存与保留及在此过程中的发扬光大。诚可见，法律深深植根于一个民族的历史之中，且其真正的源泉乃是普遍的信念、习惯和民族的共同意识，他们内在地、默默地发挥着无形的力量。⑥

2. “自然历史”法律进化论

---

① John C. Cray, The Nature and Sources of the Law, New York, 1931, p124.

② 翟志勇：《公法的法理学》，商务印书馆2021年版，第88~89页。

③ 翟志勇：《公法的法理学》，商务印书馆2021年版，第85页。

④ Herman Kantorowicz, “Savigny and the Historical School of Law”, 53 Law Quarterly Review 326, at 340 (1937).

⑤ [美] E. 博登海默：《法理学：法律哲学与法律方法》，邓正来译，中国政法大学出版社2010年版，第92~93页。

⑥ Of the Vocation of Our Age for Legislation and Jurisprudence, transal. A. Hayward (London, 1831), p30.

成文规则生成之“三阶段”——从习惯，习惯法至法律，三大阶段实彰显了“自然历史”走向成文法律的“进化论”观点。诚如英国哲学家赫伯特·斯宾塞所言，法律，如同文明一般，乃是生物的和有机的进化的结果。①

法律哲学历史上影响深远的“进化论”观点起始于黑格尔。他指出，法律的种种表现形式，都是一个能动的、进化的过程产物。② 这一过程呈现为一种辩证的形式：法律的历史如同一条“永动的河流，随着它的奔腾，独特的个性不断被抛弃，并且总是在那个新的法律基础上形成新的个性结构”。③ 而在此过程中，法律的生成始于“自然历史”，且在此中发现，并进化着。如英国历史法学派奠基人亨利·梅因所指出的，各民族的法律发展史表明，一些进化模式会在不同的社会秩序中和在相似的历史情势下不断重复地展现……一些政治、社会和法律形式会在似乎不同的外衣下重复出现，而且一旦它们重复出现，就会以典型的方式表现出来。如罗马封建制所确立的法律规则和法律制度与英国封建制极为相似，尽管它们之间仍存在着一些不同和差异。④ 梅因通过仔细研究这些社会所显示的现象，推论出“法律历史”，即法律与立法一般发展方面的现象序列理论。对此理论，笔者总结如下，法律发展的第一阶段，乃神授法律时期，即法律依神灵启示而存在；第二阶段，观念习惯走向习惯法时期，现实规则生成；第三阶段，为习惯法生成法律，习惯法成文化时期；第四阶段，成文法的修正、完善期；第五阶段，成文法的法典化时期。⑤ 此之前后一贯且系统的整体性发展，即为法律进化过程中的一般发展方向和趋势，堪称法律进化的普遍规律。

通过对梅因学者的理论阐释，笔者认为，虽然不同的社会所经历的上述阶段，轨迹各有不同，但是不难发现，法律的生成与进化遵循着一种普遍规律：风

---

① ［美］E. 博登海默：《法理学：法律哲学与法律方法》，邓正来译，中国政法大学出版社 2010 年版，第 100 页。

② ［美］E. 博登海默：《法理学：法律哲学与法律方法》，邓正来译，中国政法大学出版社 2010 年版，第 85 页。

③ Ernst Troeltsch, “The Ideas of Natural Law and Humanity in World Politics”, in Otto Gierke, Natural Law and the Theory of Society, transl. E. Barker, Cambridge, Eng., 1934, I, p204.

④ ［美］E. 博登海默：《法理学：法律哲学与法律方法》，邓正来译，中国政法大学出版社 2010 年版，第 95 页。

⑤ 参见［美］E. 博登海默：《法理学：法律哲学与法律方法》，邓正来译，中国政法大学出版社 2010 年版，第 97 页。

俗、习惯——习惯法——成文法。可见，风俗、习惯作为第一手质料乃法律的生命始源。且在法律的生成过程中，一种“进化”发展形态表明了没有绝对静止的社会，且法律的进化是社会发展过程中的一种必然。此是文明的一种表达载体，亦是当下中国乃至世界所普遍认可之“规则之治”目标达成的必然走向。但是，法律的生成，历史并不是以一种一劳永逸的方式实现的，在此过程中，历史素材作为法律生成的第一重质料，在后续的第三、四阶段中，人类“理性”，尤其是法学家的理性，发挥着重要作用。

对于法律进化之过程及其动力源，英国哲学家赫伯特·斯宾塞指出，生存竞争、自然选择、适者生存则是这一进化过程的主要决定因素。① 但是，在笔者看来，斯宾塞学者的观点强调法律进化过程中的“生物属性、自然特质及理性因素”，而弱化了法律进化中的“生动历史连接，及其人文情怀”。但是，对于法律进化过程之规律性寻觅，斯宾塞学者的观点意义重大——进化表现在分化、个体化和日益增多的劳动分工中，在此过程中，包括法律在内的文明之演变，皆是从简单的形式到较为复杂的形式、从原来的同质到最终的异质这样一种渐进的过程。② 而在这一文明进展中，相比于第一阶段的“自然历史”，第二阶段的文明，以和平、自由和契约等作为支配要素的高阶文明阶段的载体——“法律”，因自然选择的特性，并经由历史进化自然生成之法，使其增添了一股特殊且独有的品格，成为一国独有之文化标签。唯有经此进化诞生之法，才能经得起实践的检验，才能兼具无限之权威性。③

3. 法律对“自然历史”能动说

法律对“自然历史”的能动说，主要是指待成文法律生成后，其对“自然历史”及现实规则的能动反作用。具体表现在：待社会主义核心价值观入宪，“德治”宪法基本原则的确立，则必然能动地反作用于法律原则、司法原则的生成及其运用。原因在于，即使人类发明了制宪、制法这种近现代文明方式，在很

---

① ［美］E. 博登海默：《法理学：法律哲学与法律方法》，邓正来译，中国政法大学出版社2010年版，第100页。

② ［美］E. 博登海默：《法理学：法律哲学与法律方法》，邓正来译，中国政法大学出版社2010年版，第100页。

③ ［美］E. 博登海默：《法理学：法律哲学与法律方法》，邓正来译，中国政法大学出版社2010年版，第100页。

大程度上也是对诸如习惯、惯例等“现实规则”的描述，只不过此种描述含有大量此种关系应当是怎样的新内容。成文规则与现实规则的区别，一方面，现实规则的成文化，乃是成文规则对现实规则的部分确认，而非全部；另一方面，除了存在形式不同外，两者在内容上的区别亦比较明显，即成文规则作为对现实规则的确认、规范与升华，反映了制宪者，包括制法者的价值观，以及对现实规则一种变革的希望。①

诚如孟德斯鸠所言，法律没有必要完全被动地受制于习俗和风尚，反而应以自己的魅力助推一个民族的习俗、风尚和性格乃至习惯法的形成，如英国的习俗和风尚与它的法律关系非常密切。此处的法律，在孟德斯鸠看来主要指这个国家的基本法——宪法，也就是政体的原则和性质。其实质是为了，一个国家政体的原则和性质在很大程度上决定着一个国家的习俗和风尚，甚至可以说，有什么样的政体原则和性质，就会有什么样的习俗和风尚。② 可见，宪法对一国民族普遍精神的影响发挥着更为强大的塑造作用。③ 笔者认为，孟德斯鸠之观点，放于今天，且由公法延伸至私法领域亦可通用。具体而言：

司法实践助推社会主义核心价值观入宪，于2018年修宪中正式规定于宪法文本，2021《民法典》颁布施行，开篇第一条即明确规定了民法典立法之初衷，“为了保护民事主体的合法权益……适应中国特色社会主义发展要求，弘扬社会主义核心价值观，根据宪法，制定本法”。并分别于第四至九条规定，民事主体从事民事活动，应遵循自愿原则、公平原则、诚信原则，如秉持诚实，恪守承诺，不得违背公序良俗等。同时，对于民事纠纷的解决，在遵循法律、以法为据的一般原则下，若法律没有规定，则可适用习惯，但不得违背公序良俗。该规定，一方面明确了“习惯”作为纠纷解决机制的合法性，另一方面实际确立了民法典中“公序良俗”不可违背的基本原则地位，促使其成为一种可直接裁判的司法原则。此外，《网络安全法》第六条规定，国家倡导诚实守信、健康文明的网络行为，通过推动传播社会主义核心价值观……形成全社会共同参与促进网络安全的良好环境。第九条规定网络运营者的行为规范，要求网络运营者开展经

① 参见刘茂林：《中国宪法导论》，北京大学出版社2005年版，第21页。

② 翟志勇：《公法的法理学》，商务印书馆2021年版，第85~86页。

③ 翟志勇：《公法的法理学》，商务印书馆2021年版，第86页。

营和服务活动，必须……尊重社会公德，遵守商业道德，诚实信用……承担社会责任。

上述条款规定乃《民法典》《网络安全法》等对宪法关于社会主义核心价值观内涵的具体化与明确化，即宪法通过将此精神内涵“直接作用”于法律，规定于法律文本中，后通过严格执法、公正司法、全民守法之方式、路径将法律作用于公民身上，此一方面于公民角度出发，体现了宪法对于公民的间接作用力、间接效力，另一方面，从法律效力视角出发，反映了宪法的直接作用对象乃“法律”或“法律体系”，其通过法律对宪法的具体化，从而反作用于司法，为司法裁判而背书。简言之，社会主义核心价值观之宪法功能价值首先通过法律，进而通过司法裁判以作用于公民。这一过程，宪法所内含的社会主义核心价值观实现了对司法裁判的反作用，强化了司法裁判中以“社会主义核心价值观”为裁判依据的司法原则，此之为宪法的“能动”反作用。

萨维尼学者将法律的第一重生命，即法律的“自然历史”属性称之法律的“质料”。所谓质料，也就是法律的原始内容，概称为法律的渊源，通常表现为人们习以为常的行为方式，以及匹配之思想意识。① 但是伴随人类文明的演进规律，法律必然走向规范化、体系化，这一过程的完成必须借由法学家之手，由法学家借由“理性”以创造出文明法律所必需之概念、规则、原则，建构出一个完整的体系。因此，法学家对于法律的历史性和体系性研究便赋予了法律第二重生命，即确保法之渊源“生成”法，完成法的形式蜕变，使法律从自发状态进入自觉状态。② 据此可见，法律的第二重生命即为法律的形式，指为法律提供了形式，所谓形式，也就是由法律概念、规则、原则及其构成的法律体系，将法律质料用法言法语体系化地表达出来。可以说，法律渊源与法律形式，即质料与形式的完美结合，才能造就人类最完善的法律。③ 而历史法学研究的目标，即“在于追溯每一既定的制度直到源头，从而发现一个根本的原理原则，借此依然具有生命力的原理原则，或可将那些毫无生命、仅仅属于历史的部分剥离开来”。④

① 翟志勇：《公法的法理学》，商务印书馆2021年版，第105页。

② 翟志勇：《公法的法理学》，商务印书馆2021年版，第105页。

③ 翟志勇：《公法的法理学》，商务印书馆2021年版，第105页。

④ ［德］弗里德里希·卡尔·冯·萨维尼：《论立法与法学的当代使命》，许章润译，中国法制出版社2001年版，第87页。

萨维尼坚信，法律内在地蕴含着一些基本的原理原则，潜藏在历史累积形成的法律材料中，这些原理原则并非任何人任意妄断之物，实乃真实的存在。法学家的职责即在于运用理性发现这些原理原则，并在此基础上发掘出这套精密的“概念—规则”体系，从而建立具有普遍联系性的法律规范体系。①

这一过程体现了法律的“自然历史”与“人类理性”的一种碰撞与结合。在笔者看来，这一碰撞实是将十七八世纪关注“法律目的和法律意图”，强调自然法即“理性法”的自然法哲学、建构法理论，与18世纪后期、19世纪追求“法律之历史与发展过程”，强调法律的“历史与传统”的历史法学，两者间实现了一种穿越时空的结合。而这一结合，在自然法哲学创始人胡果·格劳秀斯的论著中早有预见——“自然法实为一种正当理性的命令，而任何与合乎理性的本性相一致的行为就有一种道德上的必要性；反之，就是道德上罪恶的行为。”②在笔者看来，格劳秀斯的“自然法”概念，在追求“理性”的至上追求中，无形中融入了一种道德之载体，譬如“习惯规则”。而两者的结合，诞生之结果实是其所谓的“永恒理性”。此从格劳秀斯所阐释的五大自然法主要原则中亦同样可推论出：“第一，不欲求属于他人的东西；第二，归还属于他人的东西并用我们自己的财物使他人的财产恢复原状；第三，遵守合约并践履谎言；第四，赔偿因自己的过错而给他人造成的任何损失；第五，给应受惩罚的人以惩罚。”③ 而其他的具体的法律规则，则是从这些一般性规则中派生出来的规则。④ 可见，上述底线规则实是将传统中的习惯规则与今之法律规则进行了一种自然融合，如诚信原则与契约缔结、履行原则的融合，“非己勿占、非己勿要”之精神与公民私有财产不可侵犯原则的契合等。

在此之后，法律的未来走向，一方面，法之第二重生命能动地反作用于其第一重生命，两者之间生成一种正向激励。在此过程中，一国法律、法律体系在影

① 翟志勇：《公法的法理学》，商务印书馆2021年版，第114~115页。

② De Jure Belli ac Pacis, Transl. F. W. Kelsey, The Classics of International Law, Oxford, 1925, Bk. I, ch. i. X. I.

③ De Jure Belli ac Pacis, Transl. F. W. Kelsey, The Classics of International Law, Oxford, 1925, Proleg. 8.

④ 参见［美］E. 博登海默：《法理学：法律哲学与法律方法》，邓正来译，中国政法大学出版社2010年版，第45页。

响和形塑一国习俗、风尚乃至民族普遍精神的过程中，实确保于国家治理中实现一种“中和”之气。如黑格尔言，“社会生活，包括法律在内的种种表现形式，其实质皆是一个能动的、进化的过程产物”。① 借由黑格尔先生的这一能动的进化理论，笔者认为，法律与民族普遍精神亦是此循环中之核心，两者互相影响、互为能动，在不断地进化中互相调和、彼此影响，能动前行。另一方面，法律（法律的形式）能动地反作用于司法实践（现实规则），助推司法原则的文本生成与真正确立，进而促进并完善整个法律体系。

甚至功利法学派代表人物德国法学家鲁道夫·冯·耶林，在其论著《法律：作为实现目的的一种手段》中，他否定历史法学派关于法律为一种非意图的、无意识的，为纯粹历史力量之产物的论点，但是他依然承认法律制度植根于历史的观点，且在其哲学核心概念“法律目的”的要素设计中，肯定了法律对于民族普遍精神和价值的重要保护。在他看来，法律乃是国家通过外部强制手段而加以保护的社会生活条件的总和。② 此中包含两大要素：实质性要素与形式性要素。其中，保护社会生活条件乃是法律的实质性目的，而社会生活条件或基础不仅包括社会及其成员的物质存在和自我维续，重点还包括“所有那些被国民判断为能够给予生活以真正价值的善美和愉悦的东西——其中包括但不限于名誉、爱情、宗教、艺术等”。③ 在笔者看来，所谓真正善良与美好的事物背后，其实质不外是一国所追求之普遍民族精神与核心价值。

综上分析，何谓宪法，作为一种治理国家的手段、表现形式，中国今之宪法，移植而来，且似乎与古无系，但殊不知今之宪法概念早已将古代法律所内涵之民族精神、文化精髓乃至些许要素蕴含其内，脉脉传承。如中国古代“宪”字内涵即指典章、法度之意，与普通法律无异。西方近代以前之“宪”亦指国王、皇帝颁布之诏令、谕旨。两者均与当今宪法所具有的“民主、宪政、人权”等基本意涵存在本质区别。但在“功能上”或“权力配置、权力组织上”，近代意义的宪法与早先宪法所具有的“组织法”内涵，却是相通的。这告诉我们，即使因时空距离分隔两端的现象，也会在悄然中发生联系。

---

① ［美］E. 博登海默：《法理学：法律哲学与法律方法》，邓正来译，中国政法大学出版社2010年版，第85页。

② Jhering, The Struggle for Law, transl. J. Lalor, Chicago, 1915, pp. 8-9.

③ Jhering, In the English Philosophers from Bacon to Mill, p380.

而除微观层面的历史连接外，中国今之宪法在发展中亦悄然实现了古今脉系的宏观连通。此在诸多立宪实践与理论研究中亦可发现：如诸多研究宪法“中国内涵”、探究宪法“中国特质”的学者认为，中国古之“德”与中国宪法休戚相关，甚至直言从宪法角度来看，如果说中国古代有可以与宪法相比拟高于一般法律意义的法的话，那非礼、非德莫属。第一，于理论方面而言：一则，如钱端生先生在其《比较宪法》中指出，中国不但有宪法，而且自《周礼》形成时起，中国的宪法已经具备了成文宪法的形式。① 二则，外国学者如黑格尔（“否认”中国文化）指出，中国“宪法”体现的精神就是“家庭孝敬”，家族的基础就是“宪法”的基础，即“中国纯粹建筑在这一种道德的结合上”②，而孝与道德正是礼治的核心，共同构成宪法的根基。再如卢梭（“认可”中国文化）所言，宪法是一切法律中最重要的一种：“这种法律不是铭刻在大理石上，也不是铭刻在铜表上，而是铭刻在公民们的内心里；它形成了国家的真正宪法，它每天都在形成新的力量；当其他的法律衰老或消亡时，它可以复活那些法律或代替那些法律，它可以保持一个民族的创制精神，而且可以不知不觉地以习惯的力量代替权威的力量。”单看此，我们有理由同意“礼治”或“德治”可比拟为中国古代之宪法。③ 正如卢梭进一步所言，其实，从礼治本身的特点言之，在中国古代，礼治并不简单地是统治者治国的工具，还是民众评论君主、臧否官吏的标准。它是一种信念和社会各阶层沟通的渠道，正因如此，礼及礼治才成为中国的根本大法。④ 第二，于立宪实践方面而言：中国近代宪法史上发生的“孔教”入宪之争即可为此例证。典型的如袁世凯执政后，其极力主张将“孔子之教”定为国是，欲“以礼教号令天下”。此之前，1913 年末公布的《中华民国宪法草案》（《天坛宪草》），该草案第三章第十九条之规定，“国民教育以孔子之道为修身大本”的相关内容。再如 1916 年袁世凯恢复帝制失败，国会便开始续议《天坛宪草》，并试图基于此完成宪法制定。⑤ 此中，“孔教”条文的修改由此成为国会和社会

① 钱端生：《钱端生学术论著自选集》，北京师范学院出版社 1991 年版，第 130、141 页。

② ［德］黑格尔：《历史哲学》，王造时译，商务印书馆 1963 年版，第 162~168 页。

③ ［法］卢梭：《社会契约论》，何兆武译，商务印书馆 1987 年版，第 73 页。

④ 马小红：《礼与法：法的历史连接》，北京大学出版社 2017 年版，第 460 页。

⑤ 马小红：《礼与法：法的历史连接》，北京大学出版社 2017 年版，第 460 页。

关注的焦点，争论不休。虽然，彼时之社会“孔教入宪”反映的不只是单纯的宪法问题、法律问题，更不只是学术问题，且礼义内涵与礼仪制度业已发生根本变化，但其作为一项复杂的政治问题和社会问题，这一争论延续至此，仍以德、以礼为据为引，为目为标。① 足见，宪法的中国内涵，实离不开古之德，即与中国古代德治文化、礼义精神休戚相关。

据此，所谓“宪法”，其虽不是道德，但两者间却有着千丝万缕之联系，区别中紧密相守——“道德”乃“宪法”之精神皈依、价值脉系；“法律”则是“宪法”的价值延续与内容延展。宪法与法律作为同为中国“法治现代化”之产物。“道德”内涵（动词）之精神通过宪法“漫延”于“法律”，无形中共同致力于“宪法与法律”的“中西合璧、古今双用”的现代化法治改革目标。据此，宪法作为“一桥梁”“一中介”，乃是“上承古今、下继后世”的存在，重要性毋庸置疑。此中，社会主义核心价值观作为德之当代内涵及其结构体系，已然成为宪法的当然组成部分，实属于宪法内涵之必备要件与当然结构。简言之，社会主义核心价值观入宪成法，从最初作为法律要求和法律评价的有机统一体而存在之观念规则，进化为一种成文规则，体现的是一种符合立宪精义、宪法解释精神的宏观原则属性，而非具体之微观规则。进言之，社会主义核心价值观的规则属性定位——“宪法基本原则”，这一定性不仅是对宪法精神、宪法指导思想的细化，亦是指导法律与司法裁判之根本法层面之法源依据，重要性不言而喻。

换言之，社会主义核心价值观规则内涵的确证与理论研究，终极目的在于全面发挥与弘扬“社会主义核心价值观”的内核精神，并将此观念精神转换为现实社会治理与国家发展的根本动力。本书通过对社会主义核心价值观代际渊源、代际传承的研究，发掘并总结出，社会主义核心价值观乃德之当代内涵及其结构体系的概称，其在“礼义为基、传承为脉”的指引下，通过对“民主、自由、平等、法治”等世界元素的涵摄与吸引，实现了对传统“德”之内涵的创新性发展与创造性转换。

对其规则属性，社会主义核心价值观在入宪之前，更多是一种观念规则，在后续的习俗、习惯、风尚之发展中，社会主义核心价值观的部分内容又作为现实规则作用于司法裁判，于无形中在司法裁判中发挥着“指导原则”的作用。彼

---

① 马小红：《礼与法：法的历史连接》，北京大学出版社 2017 年版，第 460~461 页。

时，社会主义核心价值观现实规则的法属性，某种程度上成为其入宪的重要渊源。待其正式入宪成法，确证为一项宪法基本原则、法律原则后，成文规则能动地反作用于司法裁判，司法原则正式生成。且在此中，成文法律体系进一步完整、完善。

此处谈到社会主义核心价值观源起于中国传统之礼义文化——德，谈到社会主义核心价值观的内在构成——“中西涵化、古今相融”，谈到了社会主义核心价值观的规则属性及其内涵，及此之过程的演绎理路——“四阶段论”，谈到了“四阶段论”背后的法理支撑——历史法学与法律进化论，等等。这一切于无形中告诉我们，西方的理论在诠释着中国的故事，而中国的故事亦在总结着、诉说和更新着西方的理论。换言之，中西文化并不是非此即彼的关系，两者实有着超越时空的某种自然连接。可以说，文化，尤其是优秀的文化，其可突破一隅，成为世界性的普适性存在。中国社会主义核心价值观的存在，即是此中所言之“优秀文化”。

第三章　宪法原理中国化的法理内涵：宪法的“法理内涵”

立基于宪法中国内涵，即宪法中国特质、中国元素挖掘的基础上，以体系结构论视角，解读与还原宪法的法理内涵，两相结合，以期共同缔约出具有中国特色的宪法内涵。以此为引，下文首先明确宪法法理内涵的前提概括，梳理我国宪法的“基本情况”。在宪法“基本情况”的前提概要总括下，解读结构论视角下中国宪法的“法理内涵”。

第一节　基于体系结构论视角：宪法“法理内涵”之前提概要

宪法的法理内涵，一个基于体系结构论视角而展开的解读，此章立基于宪法文本结构、宪法教材体系及两者间之关系，通过运用法理学基础理论知识，推演出宪法的“法理内涵”，以揭开宪法的第二层面纱。在此之前，梳理我国宪法的“基本情况”——现行宪法的演变流程、诞生时间、修改情况；现行宪法典的框架体系；宪法学教材的结构体系，以及宪法典与宪法学教材之间关系等基本问题，乃其前提概要、背景铺垫。

一、中华人民共和国宪法的发展历程

(1)“宪法发展”：自中华人民共和国成立以来我国共有四部宪法——“五四宪法”“七五宪法”“七八宪法”及“八二宪法”(“全面”修改)，分别于 1954 年、1975 年、1978 年及 1982 年通过施行。需注意的是，中华人民共

和国成立以来，我国唯一通过制定产生的宪法，即“五四宪法”。随后，每后一部宪法皆是对前一部宪法的“全面修改”，修改完成后，前一部宪法不再适用。这也是为何我国的制宪机构为“第一届全国人民代表大会第一次会议”的原因。

（2）“现行宪法制定时间”：1982 年 12 月 4 日，由第五届全国人大第五次会议通过的宪法被称为“八二宪法”。

（3）“现行宪法修订”：自其实施以来，经历 1988 年、1993 年、1999 年、2004 年、2018 年五次“部分”修改，通过了 52 条宪法修改案。前四次修订共通过了 31 条宪法修正案，第五次修订则通过了 21 条，共 52 条。具体如图 3-1 和图 3-2 所示。

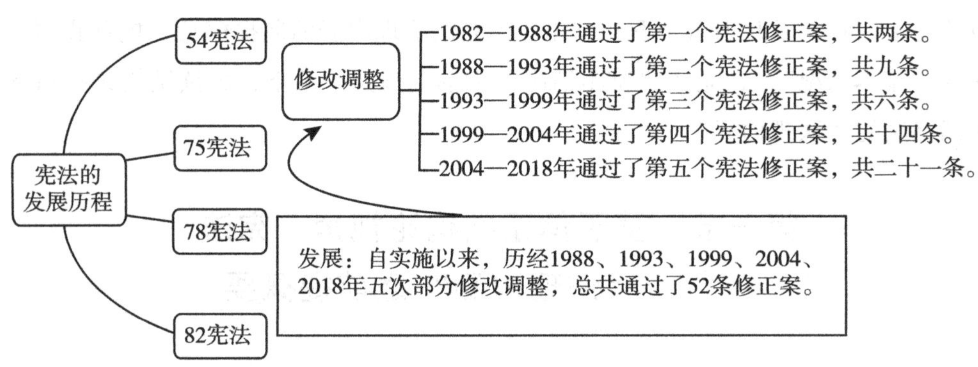

图 3-1　宪法发展历程图

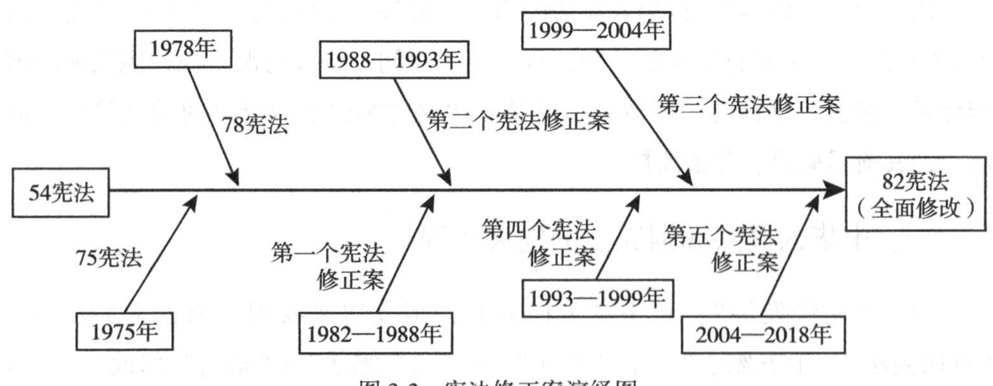

图 3-2　宪法修正案演绎图

（4）细节问题：

①根据第一部宪法制定时间，每年的12月4日为中华人民共和国“宪法日”。

②现有宪法文本与宪法修正案的效力问题：同等效力。

③2018年宪法修改后共有法条：143条。

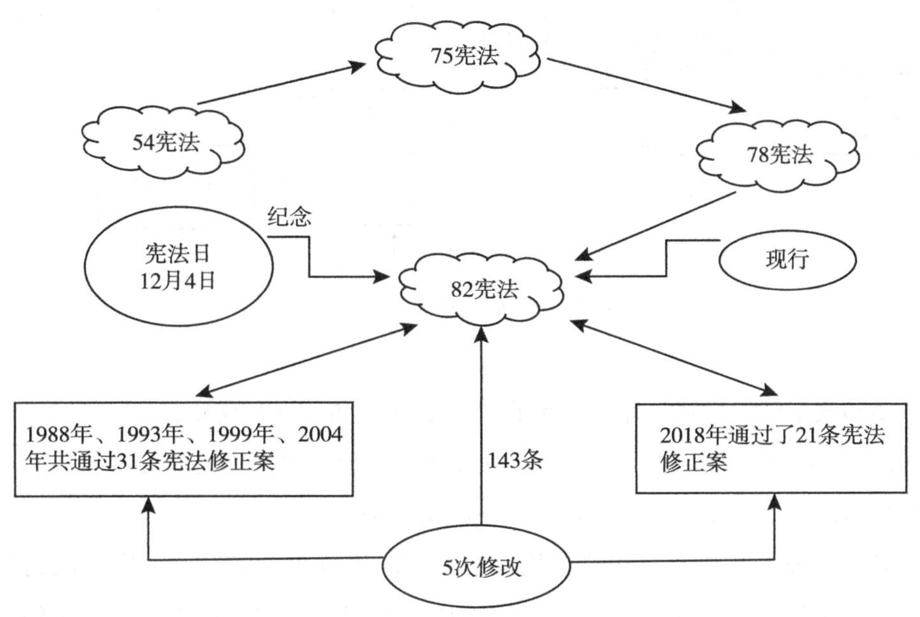

图3-3 宪法发展历程图（细节图）

（5）2018年修宪与以往修宪的区别之思。如图3-4显示，除“具体内容”修改上的区别外，显性区别有三：一则，修宪“时间”问题。现行宪法历经五次修改，前四次修改的间隔期为4—6年，这似乎已经成为一种“规律”，甚或一种宪法惯例。在第五次宪法修改时，规律被“中断”、惯例被“打破”，即第五次修宪与第四次之间间隔了14年之久。二则，修宪“规模”问题。时间的“巨大”间隔预示了此次修宪的规模必然是庞大的——前四次修宪共通过了31条修正案，而第五次修宪则通过了21条修正案，几乎为前四次修宪成果的2/3。三则，修宪“内容”的重要度问题。此次修宪通过的21条宪法修正案中，有近一半是关于宪法的核心内容：“国家权力配置体系”的问题，即监察体制改革。单

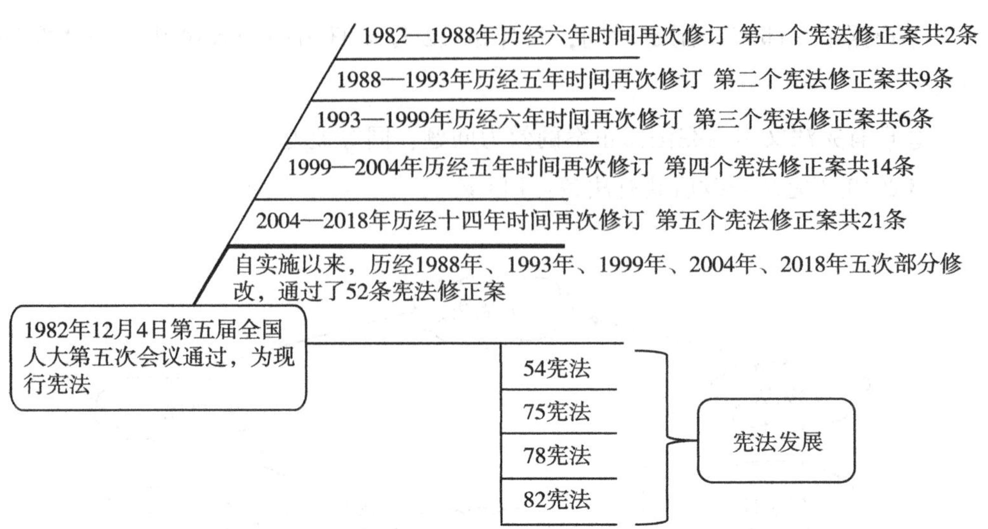

图 3-4　宪法发展历程演绎图（细节图）

此举动和数量已然注定，此次修宪的“不平凡”和其重要意义。

同学 1：“八二宪法”已经历经 40 多年，为什么此次仍是部分修改，而不是进行全面修改或直接废除后重新制定一部新宪法呢？

老师：理由有很多。如林来梵教授所言，我国现行宪法是中华人民共和国成立以来最好的一部宪法，如“八二宪法”的肉身是四部宪法中最丰满的——“五四宪法”有 106 条，“七五宪法”是“四人帮”时期制定的，其硬生生地将宪法条文“浓缩”为 30 条，且有些条文，如基本权利条款就将几条整合为 1 条。“七八宪法”要“拨乱反正”，在条文上翻了倍，变成了 60 条。但是“八二宪法”则是 138 条（现 143 条），而且外加了 31 条（现 52 条）的修正案，所以这个“体态”应该是比较丰满的。董和平教授也谈道，“八二宪法”实施以来，成就巨大，如人民的生存权和发展权得到了基本保障，且相比于 35 年前，我国民主政治呈现稳步发展。宪法的几次修改也在推动着我国宪政制度的进步……

而在笔者看来，“八二宪法”的诞生，其价值和意义相较于肉身的丰满、制度的进步，它的存在更代表着或其本身即是一种“历史印迹”——它有着深刻的时代背景和一份深沉的、不应忘却的“历史回忆”，是对“历史的总结和反思”，对“经验、教训”的时刻铭记和回忆……所以，他离我们的“经历”不能够太遥远，这样不近不远的距离刚刚好。抬头即可回首，踏步亦可前进。曾几何时，每次看到这部宪法都会有一种无言的感情。今天讲来，猛然间才惊觉这种特殊的感情，原来就是因为它的“过去”、它的“回忆”。不错，它是一部转型时期的宪法，但也是一部“历史的”宪法。它是它，是今天的它，但它所代表的又不仅仅是今天的它。从它的身上，我们看到了“过去”，也看到了“未来”。看，未来的它在向我们招手，也在向过去致敬……

同学2：中华人民共和国是1949年成立的，为何成立之初未制定宪法，而是待到1954年，中华人民共和国第一部宪法才诞生？

老师：对此原因，有很多讨论，如图3-5所示。

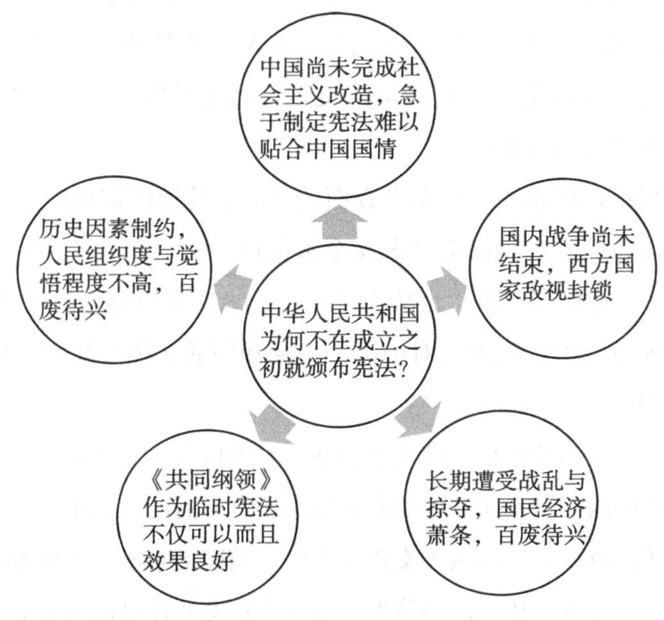

图3-5　中华人民共和国成立之初未立宪的原因解释

一则，笔者认为，最主要的原因与当时中国社会的“主要矛盾”有关，而彼时的“主要矛盾”又堪为“时代之觞”，或“时代之觞”的一种延续。回顾历史，中国自1840年鸦片战争—1912年清朝灭亡—1937年日本全面侵华—1945年抗日战胜利—1949年国共内战。可以说，中国一百多年间“未离”战火。战火纷扰既给中国千年文明蒙上了一层屈辱，亦给中国人民带来了深重苦难——摧毁的文物已无法复原、掠夺的财物已被据为所有……仅此“物”上的“灾难”带给中国的损失已难以估算，更遑论灾难加诸“中国人”身上的，因战火、因贫困、因天灾、因饥饿……死者不计其数，贫困更是社会的普遍现象。故，中华人民共和国成立之初，迫切需要解决的首要问题和主要矛盾即是中国“人民”的温饱，即让中国人“活着”且“有尊严地活着”。在这一主要目标之下，进行土地改革、恢复国家经济成为中华人民共和国成立之初的首要任务。而这一基本任务，既是我党胜利的保障，也是其革命的根本目标。在此目标之下，可能一切皆要暂时让位，其中便包括“宪法的制定”。但从宪法的立法初衷而言，两者并不矛盾，甚至殊途同归。确实，“保障人之为人所应当享有之权利——人权、人的尊严”乃宪法的核心主旨，但这一前提是“人”要活着——能活着、真活着，这就是中华人民共和国成立初期1954年之前所为之目标。如中国古语云，“仓廪实而知礼节，衣食足而知荣辱”。

二则，政权稳定问题或者说军事方面的原因，此原因需说明一下：中华人民共和国刚刚成立，其实仍然面临着未完全解决的“内忧外患”：内忧，乃国民党“蜗居”台湾，且时刻叫嚣着“反攻大陆”，“直接”威胁着新生政权；外患乃是以美帝为首的西方资本主义国家对中华人民共和国的敌视与封锁。中华人民共和国可谓举步维艰。

三则，有一个原因待商榷，即未定宪法乃是因国人的文化水平、整体素质还有待提升，即现阶段的国民素质还未能满足宪法制定所需的文化水平。对此观点，笔者略有不同看法。首先，何谓国人文化水平？何谓国民素质？判断标准为何？是以国民受教育水平为标准，还是以经济发展水平为标准？还是两者兼顾？若从世界范围来看，在既有的成文宪法国家中，无论是大陆法系国家还是英美法系国家，整体而言，无论以何种标准作为判断依据，一国国民文化水平参差不齐乃是一种常态，整齐划一才是非常态。虽然，可能有的国家对最低限度的文化水平有要求，但是不要忽视了国民的“学习能力”与“学习意愿”，虽然现有状况无法立刻改变，但学习的环境和氛围是可变的。当然，若要以一国经济实力或综合国力来判定“文化水平”虽有一定道理，但绝不是真理。因此，此原因可能是宪法未定的影响因素，但也仅限于可能，直接说因缘于此就有些言过其实了。

四则，值得注意的是，虽然我国到 1954 年才制定了中华人民共和国第一部宪法，但是在中华人民共和国成立之初，即 1949 年我国第一届政协会议便制定了《中国人民政治协商会议共同纲领》，《共同纲领》在彼时即承担和发挥着“临时宪法”的作用与功能。作为精华，我们“五四宪法”在制定时亦以其为蓝本，在此基础上进行制定、修改并完善。

二、宪法学教材的体系结构

综上，通过在对“已有且优秀的”宪法学教材进行比较研究的基础上，笔者“比对”现有宪法教材框架体系，进行了“演绎式”梳理与“归纳式”总结。一方面，宪法“演绎式”体系主要包括：导论层面——宪法学基本原理；第一章——宪法基本原理；第二章——宪法的历史发展；第三章——国家性质与国家形式；第四章——国家基本制度；第五章——公民的基本权利与义务；第六章——选举制度；第七章——国家机构；第八章——宪法实施的监督。另一方面，宪法“归纳式”体系，基于上述演绎结构，宪法体系结构可归纳如下：第一，宪法理论层面——导论至第二章；第二，宪法文本层面：第三章——第七章；第三，宪法实践层面——第八章。具体体系结构如图 3-6 和 3-7 所示。

学生：老师，宪法理论层面包括导论与第一章，即宪法学与宪法的基本原理是可以理解的，为什么第二章宪法的历史发展也放于理论部分呢？

老师：原因诸多，在此仅谈一点。宪法的历史与发展不仅仅是陈述宪法的“过去”，它的背后所承载的或所背负的乃是一份“时间分量与历史重量”的集合体，而在之“集合”肩上更有着一份令人难以忘却也不应忘却的“文化重量”。三重“重量”叠加于一起，总要多说一些、多谈一些。确实，它不是西方法源意义上的“纯理论”内容，反而事实因素多一些、中国特色多一些。“五四宪法”“七五宪法”“七八宪法”，包括“八二宪法”，中国每一部宪法都有自己的“故事”和“印迹”。从中华人民共和国成立时的第一部宪法——繁花锦簇、美好之宪，至“文革”时期的“七五宪法”——文化之灾、乱象之果，到改革开放时期的“七八宪法”——复苏在望、改革之宪，直至今天的“八二宪法”——改革时代、希望之宪。如果这样细细地讲起来，将它放在“理论部分”

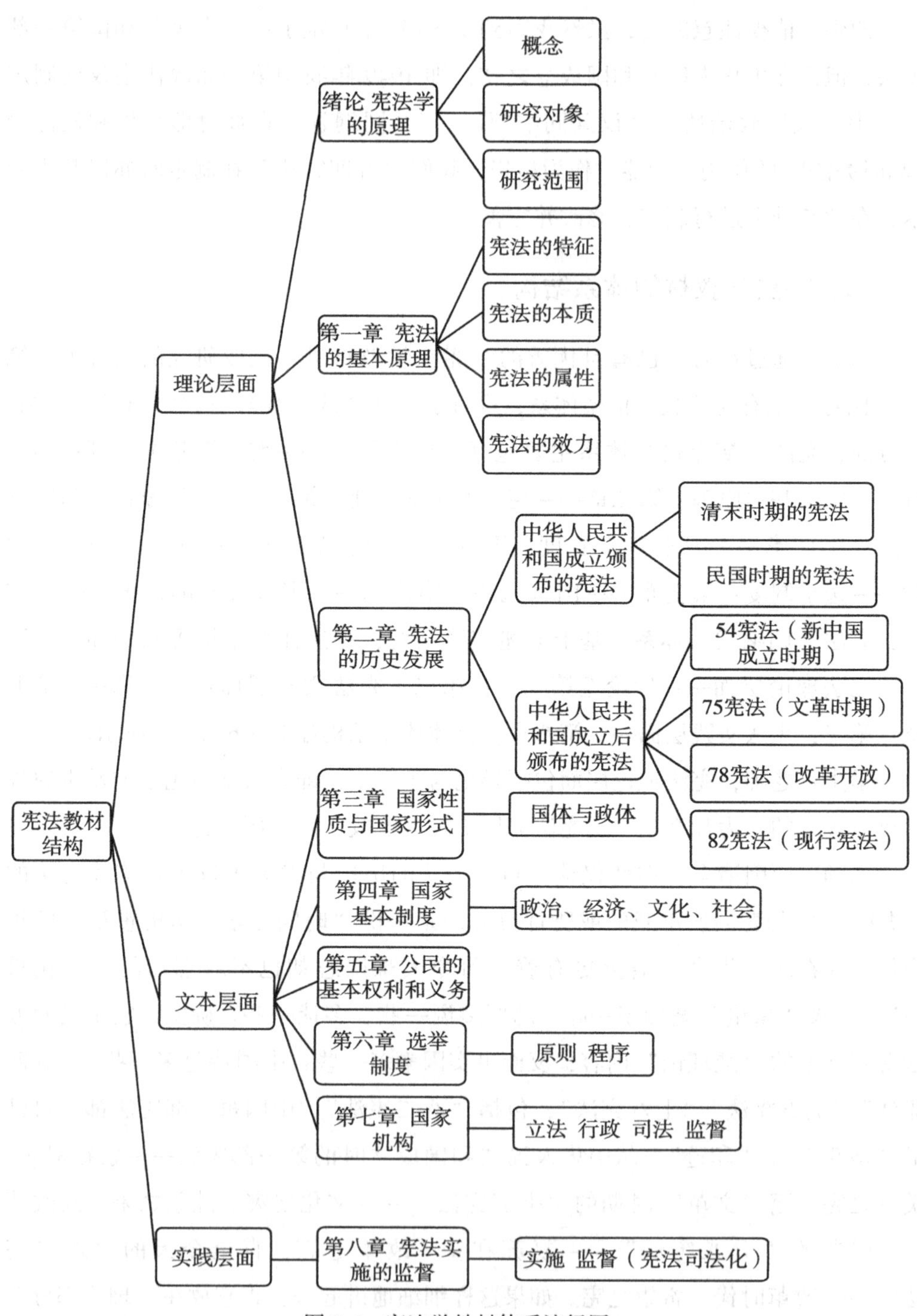

图 3-6　宪法学教材体系演绎图

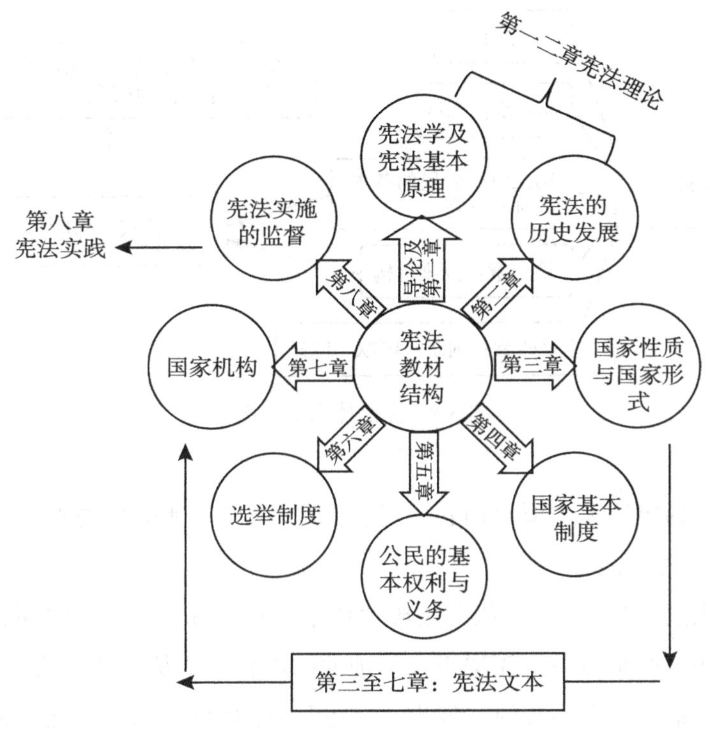

图 3-7 宪法学教材体系归纳图

实是委屈它了。此外，中国宪法的历史发展，无论中华人民共和国成立前或是成立后，所体现的乃是中国的一种文化之果与文化之实，此与宪法的西学之理论置于一处，即宪法原理、宪法法理侧重于西学，中国宪法的历史侧重于本土，两相结合，乃中西结合的一种体现与表达，彰显了一种本土与西学的融合与互通，是探讨宪法中国内涵的一种可行之思考路径。

三、宪法典的体系结构

1. 宪法典之“体系结构”

中国宪法典的体系结构共分为两大部分，第一部分为“序言”，第二部分则为“正文”，正文共有四部分组成，即第一章总纲、第二章公民的基本权利和义务、第三章国家机构、第四章国家标志，如图 3-8 所示。在此需注意一点，世界上有些国家的宪法结构还包括“附则”，如美国宪法即由序言、正文、附则三部

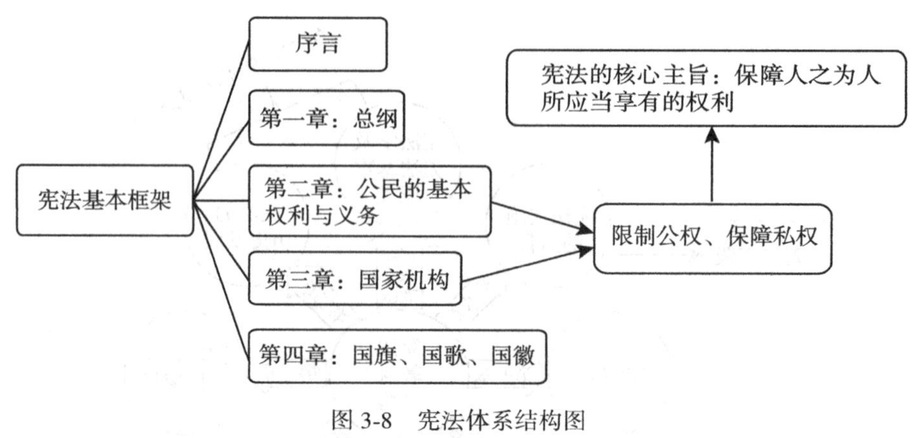

图 3-8　宪法体系结构图

分构成。而中国宪法无此项“内容”，这是中国区别于他国宪法体系的一点特点。

2. 宪法典之“内容”

第一，宪法“序言”。①从宪法典“体系结构”来看，“宪法序言”乃宪法典之开篇，同时亦是写在“宪法正文”前面的内容。②从宪法序言“自身内容”来看，其既包括对已有事实的“发现、描述”，亦有对“未来”愿景的“期望和表达”。前者如“我们取得了新民主主义革命的伟大胜利，建立了中华人民共和国……中华人民共和国成立以后，我国社会逐步实现了由新民主主义到社会主义的过渡”。后者如“中国各族人民将继续在中国共产党领导下……发展社会主义市场经济、发展社会主义民主，健全社会主义法治，贯彻新发展理念……”③从宪法序言的“价值定位”而言，宪法序言乃是对宪法“前世今生”的表达，如上所言。归结言曰，如宪法序言尾篇言，“宪法以法律的形式确认了中国各族人民奋斗的成果，规定了国家的根本制度和根本任务，是国家的根本大法，具有最高的法律效力”。可以说，宪法序言“前世今生”的定位已然决定宪法序言的存在乃是对宪法精神与宪法内容的一种“承前启后”或“承古启今”的概括性表达。

第二，第一章“总纲”。透过宪法第一章总纲，包括总纲会有如下发现：中国几大制度——政治制度、经济制度、文化制度与社会制度的合宪性依据即源于“宪法”。换言之，宪法层面的顶层设计是各大制度诞生、维系和发展的法律前提。如图 3-9 所示。

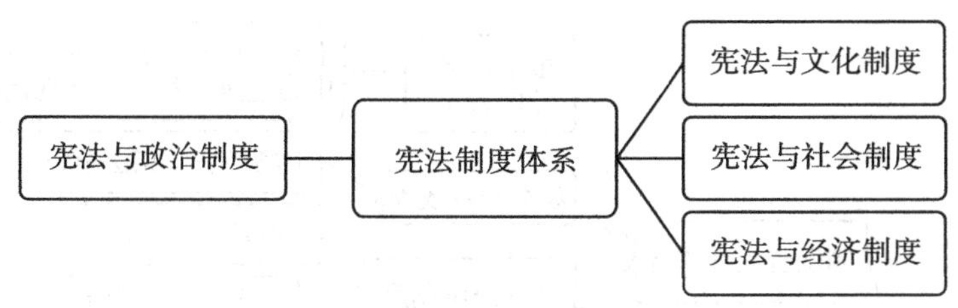

图 3-9　宪法制度体系结构图

具体来看：

（1）经济制度。我国基本经济政策、基本经济制度、基本分配制度的合宪性来源表现在，宪法“序言”首先规定了我国的根本任务，即沿着中国特色社会主义道路，集中力量进行社会主义现代化建设。即“在党的领导下，坚持改革开放，不断完善社会主义的各项制度，发展社会主义市场经济，发展社会主义民主，健全社会主义法治，贯彻新发展理论，逐步实现现代化之目标”。在此大方针之下，我国《宪法》第十五条规定了我国基本经济政策，即“国家实行社会主义市场经济。国家加强经济立法，完善宏观调控”。第六条规定了国家的基本经济制度和分配制度：国家在社会主义初级阶段，坚持公有制为主体，多种所有制经济共同发展；坚持按劳分配为主体，多种分配方式并存。

经济模式创新——在现有公有制为主体的基本经济制度之下，宪法鼓励和支持“多种所有制经济共同发展”。自改革开放以来，中国的经济发展欣欣向荣，经济模式的创新更是令世界瞩目。如生态经济、绿色经济、共享经济的诞生和发展，不仅提高了老百姓的生活质量与生活品质，更是在无形中实现了经济与人、经济与自然的和谐相处。

（2）政治制度。宪法作为限制公权、保障私权的根本大法，是一切政治制度、人权保障的脉系所在。换言之，我国政治制度的合宪性来源主要表现在：

①国体：《宪法》第一条规定，中华人民共和国是工人阶级领导的、以工农联盟为基础的人民民主专政的社会主义国家。此规定内涵有二：首先，中国是社会主义国家；其次，中国是“人民民主专政”的社会主义国家，此乃中国区别于世界其他社会主义国家的典型特征。

②政体：《宪法》第二条规定，中华人民共和国的一切权力属于人民。人民

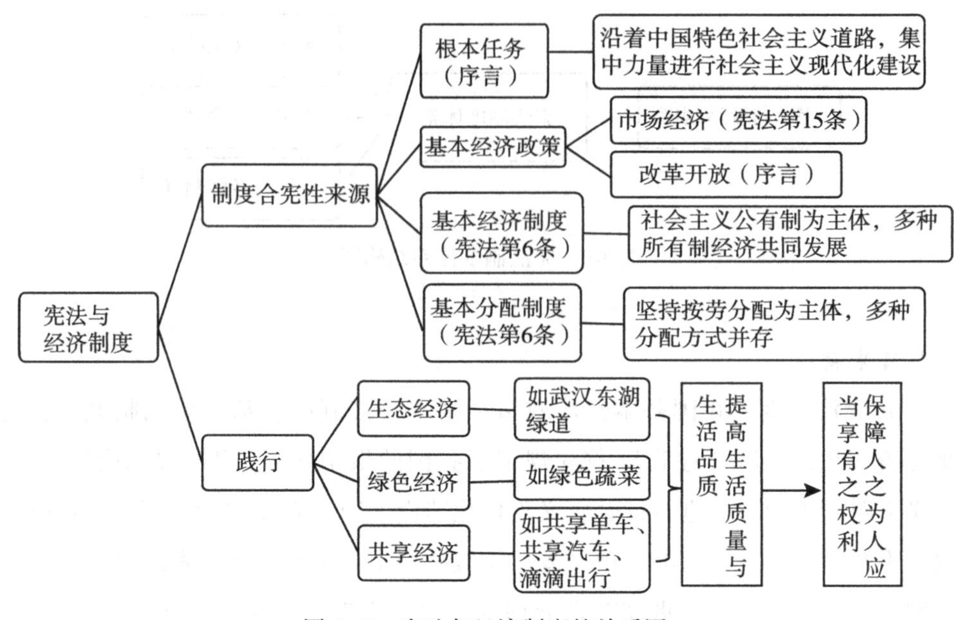

图 3-10　宪法与经济制度的关系图

行使国家权力的机关是全国人民代表大会和地方各级人民代表大会。人民依照法律规定，通过各种途径和形式，管理国家事务，管理经济和文化事业，管理社会事务。此规定内涵有三：首先，重申了“国体”的内容，强调中国的国家主人乃“人民”；其次，“践行”国体的内容，即人民代表大会制度乃是“人民”的代表组成的代议机关，代表人民行使国家权力；最后，人民代表大会制度的政体样态，既是一种民主意志的表达，亦是一种契约精神的体现。

③法治：《宪法》第五条规定，中华人民共和国实行依法治国，建设社会主义法治国家。国家维护社会主义法制的统一和尊严。一切法律、行政法规和地方性法规都不得同宪法相抵触。一切国家机关和武装力量、各政党和各社会团体、各企业事业组织都必须遵守宪法和法律。一切违反宪法和法律的行为，必须予以追究。任何组织或者个人都不得有超越宪法和法律的特权。

法治中国的国家定位早已于宪法中明确规定，在当下“改革时代”的背景下，中国自十八大、十八届三中全会、十八届四中全会至十九大、十九届四中全会、二十大以来，宪政改革、法治改革及其配套法律制度的修改、完善从未间断，仅2018年制定或修订的配套性“法律”“行政法规”即有若干部。典型代表如2018年“宪法修改”及《中华人民共和国国家监察法》的出台、《中华人民共和国国家勋章和国家荣誉称号法》颁布，《中华人民共和国人民法院组织法》《中华人民共和国人民检察院组织法》的修订，国务院《快递暂行条例》的通过及公布，以及至2020年出台、2021年施行的《民法典》，等等。换言之，社会主义初级阶段的定位、改革大时代的中国舞台为我国法治建设提供了各种机遇与可能。在这种诸多机遇和可能中，宪政中国、法治中国的建设虽然充满挑战，但更迎来了充满希望的“新时代”。

④政党制度：宪法序言的规定，体现了共产党领导的多党合作和政治协商制度。

中国政党制度自有其特点，既非一党制、两党制，也非多党合作制，而是中国共产党领导下的多党合作制度。

⑤国家结构形式：国家结构形式，作为调整国家整体与各组成部分间关系的形式，主要包括单一制和联邦制（复合制）。中国属于前者。

众所周知，中国是一个统一的多民族国家，单一制国家结构形式的宪法规定已然证明，历史的选择也是中国人民的选择。今天的中国虽仍处于“初级阶段”，宪法亦是“过渡时期之宪法”。但是，我们的崛起、我们的奋斗即证明这是“最好的时代”。但是，即使在如斯之“最好时代”，危机依然潜伏。历史已然证明，即使盛世依然充满危机，但在盛世危机下，我们所能做的、应该做的即是在危机未发时，我们需居安思危，但待危机爆发，中华文明之文化人格依然会如泰山般，屹立不倒。

⑥基层民主自治制度：包括居委会与村委会。作为基层群众自治组织，居委会与村委会的定性乃“群众性自治组织”，而非基层国家机构，即非属于国家行政系统，非国家行政机构。

⑦国家机构：纵向而言，分为中央国家机构和地方国家机构；横向而言，分为立法机构、司法机构、行政机构和监察机构。

⑧公民基本权利与义务：在此将公民基本权利与义务纳入政治制度部分，出于如下两方面考量：一方面，从宪法立法初衷而言，限制公权、保障私权乃宪法精髓的“一事两面”，两者密不可分的关联性显而易见；另一方面，从公民基本

权利自身定位而言，作为公民参政议政的保障，公民基本权利本身即具有显性的政治特质。宪法与政治制度的关系如图 3-11 所示。

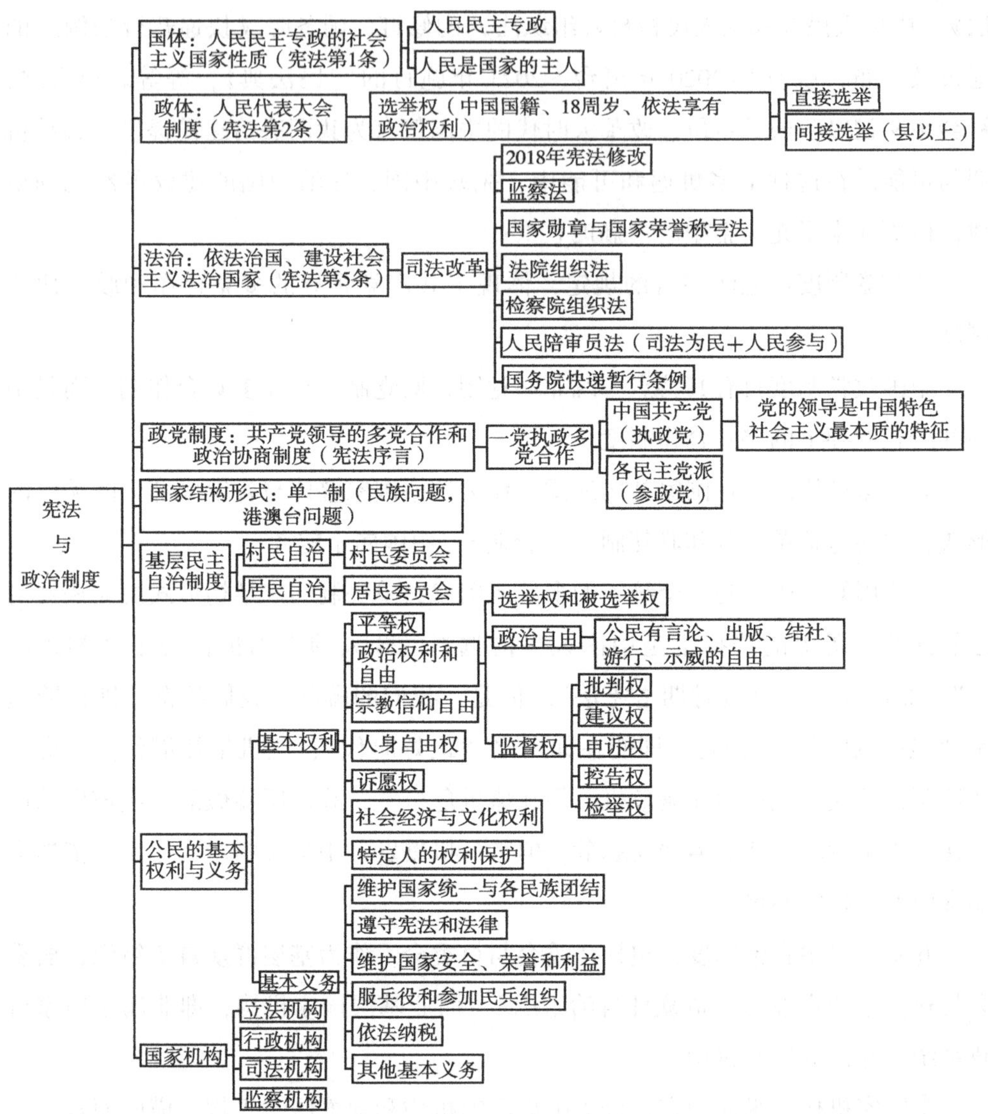

图 3-11 宪法与政治制度的关系图

（3）文化制度。所谓文化，《辞源》的解释是，“指人类社会历史发展过程中所创造的全部物质财富和精神财富，也特指社会意识形态”。张岱年、程宜山先生对“文化”内涵作了进一步诠释，他们指出文化主要包含三个层次：第一层是思想、意识、观念等。思想意识中最重要的有两个方面：一是价值观念，二是思维方式。第二层是文物，即表现文化的实物，它既包括像哲学家的著作、文艺家的文学艺术作品一类的“物”，也包括科学技术物化形态的“物”，即人工改造过的物质。第三层是制度、风俗，是哲学观点凝结的条例、规矩等。① 在笔者看来，“文化三层次”，自下而上，层层相系、层层深入、层层减法，且互为背书，关联性显见。而我们此处所谈的文化制度虽属第三层“制度层面”，但也并不仅限于第三层。换言之，其乃“三层制度”之集合体。如刘茂林教授所言，“文化制度中的文化，系指在观念文化的指导下所从事的文化活动及其所形成的社会关系，包括教育、科学、文艺、卫生体育、宗教等内容”。所谓文化制度，就是国家制定和认可的规范有关文化活动、调整文化领域社会关系的法律、政策的总和，主要包括教育制度、科技制度、医疗卫生制度、文艺政策、宗教制度及新闻出版制度和其他文化事业的管理制度。②

宪法规定的内容及依据：第十九条规定，国家发展社会主义的教育事业，提高全国人民的科学文化水平。国家举办各种学校，普及初等义务教育，发展中等教育、职业教育和高等教育，并且发展学前教育。国家发展各种教育设施，扫除文盲，对工人、农民、国家工作人员和其他劳动者进行政治、文化、科学、技术、业务的教育，鼓励自学成才。第二十一条规定，国家发展医疗卫生事业，发展现代医药和我国传统医药，鼓励和支持农村集体经济组织、国家企业事业组织和街道组织举办各种医疗卫生设施，开展群众性的卫生活动，保护人民健康。国家发展体育事业，开展群众性的体育活动，增强人民体质。第二十二条规定，国家发展为人民服务、为社会主义服务的文学艺术事业、新闻广播电视事业、出版发行事业、图书馆博物馆文化馆和其他文化事业，开展群众性的文化活动。国家保护名胜古迹、珍贵文物和其他重要历史文化遗产。第二十三条规定，国家培养为社会主义服务的各种专业人才，扩大知识分子的队伍，创造条件，充分发挥他们在社会主义现代化建设中的作用。第六十七条规定，全国人大常委会有权规定

① 张岱年、程宜生：《中国文化与文化论争》，中国人民大学出版社 1990 年版，第 4 页。

② 刘茂林：《中国宪法导论》，北京大学出版社 2005 年版，第 249 页。

和决定授予国家的勋章和荣誉称号。

相关实例及问题：

①积极方面：

国家加大医疗方面投入，提高医疗保障，解决老百姓“看病难”“报销低”问题。国家在2020年新冠肺炎疫情暴发期间，积极调动全国资源，对医疗前线进行驰援。

国家支持和发展全民体育事业，政府加大对泳池、足球场等公共设施投入，举行多场大型体育活动；学校中进行体质健康测试，提高在校生身体素质能力。

2019年共和国勋章、国家荣誉称号的颁授。通过树起标杆、立起旗帜，培育和弘扬社会主义核心价值观，增强中国特色社会主义事业凝聚力和感召力，更好地激励全国各族人民不忘初心，牢记使命，开拓进取，奋发有为，为决胜全面建成小康社会、夺取新时代中国特色社会主义伟大胜利、实现中华民族伟大复兴的中国梦不懈奋斗。同时也对广大青少年道德品质的发展具有积极的促进作用。通过典型的示范作用，使得青少年在模仿的过程中树立正确的人生观，世界观，价值观，提升自己，从而达到教育的意义。①

②问题层面：

教育方面问题：A. 幼儿教育问题（起点教育）：家长逢节送礼现象；幼儿园家庭情况大调查；大连幼儿园开学九条园规。B. 小学义务教育：农村教学资源整合问题；城乡教育资源分配问题（教师交流轮岗制度）。C. 中学教育：教育品质与教育量化问题；中学教育与大学教育的衔接问题。D. 大学教育：高考地域歧视、城乡公平问题；大学教育课程改革问题，等等，皆是我国目前教育领域急待解决的问题。

医疗方面问题：2020年新冠疫情暴发，中国医疗资源分配不公、分配不合理问题显现；相关防疫法律法规滞后及匹配制度建设不健全、不规范；住院难、报销低，等等。

影视文化方面问题：宫斗剧、“娘炮”文化、网络“神剧”等充斥眼球——

① 参见 http://www.xinhuanet.com//mrdx/2019-09/18/c_138400764.htm。

我们的文化审美是否被逼到死角？网络文化给予了受众者“无限”选择，但受众群体几乎丧失了选择权，原因何在？宪法与文化制度的关系如图 3-12 所示。

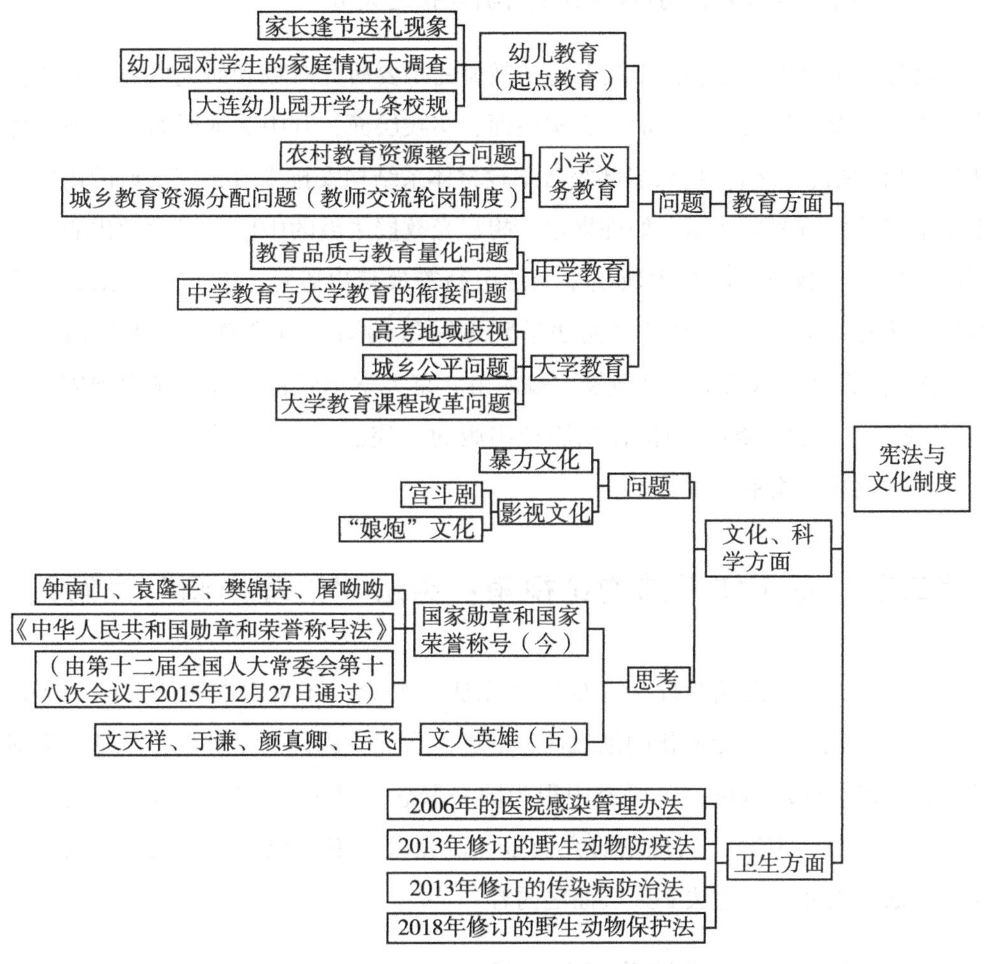

图 3-12　宪法与文化制度的关系图

（4）社会制度。社会制度，通常即指关系并调整一国“国计民生”等根本问题的制度总和。

宪法规定内容及依据体现在：第十三条规定，公民合法的私有财产不受侵犯，国家依法保护公民的私有财产权和继承权；第十四条规定，国家建立健全同经济发展水平相适应的社会保障制度；第二十五条规定，国家推行计划生育，使人口增长同经济和社会发展计划相适应；第三十三条规定，国家尊重和保障人权。

四、宪法典与宪法学教材的结构体系之关联

通过上文分析，宪法典全篇乃宪法教材的重要研究对象和研究内容。具体而言，宪法学教材包括理论层面、文本层面、实践层面，其中文本层面几近被“宪法典”所囊括、占据，且从多部宪法学教材体系结构安排来看，宪法典的内容占据了很多教材的多半篇幅，如许崇德、胡锦光教授主编的中国人民大学出版社出版的《宪法》教材，周叶中教授主编的由高等教育出版社、北京大学出版社出版的《宪法》教材，由国家《宪法学》编写组编写、高等教育出版社出版的《宪法学》教材，以及刘茂林教授主编的由北京大学出版社出版的《中国宪法导论》，张千帆教授主编的由法律出版社出版的《宪法学》，等等。总之，宪法典与宪法学教材的关系显而易见。

第二节 基于体系结构论视角：宪法“法理内涵”之解读

需注意的是，无论是此标题处的“宪法”概念，还是本书所谈及的“宪法学”概念，笔者未作专业化的细致区分。即两者无论内涵还是外延，包括研究对象上文中未做区别对待，于研究中视为同一概念：“宪法学”等同于“宪法”。因为，文中的“宪法”从理论研究而言，研究对象不仅包括宪法文本本身，还包括宪法理论部分与宪法实践层面之内容。

一、宪法学概念推演路径及结论

宪法概念之法理定位，即是从宪法学自身理论出发来探讨宪法内涵。其中，宪法学“研究对象”的思索与确认系既为宪法内涵探讨的关键点，亦是宪法概念推演路径的重要“参照系”。

1. 从法理学中“法学”概念推演宪法内涵定位

张文显教授的《法理学》将法学概念作了如下界定：所谓“法学”，是研究法、法律现象、法律问题的学问或理论知识体系，是一门关于社会共同生活的人

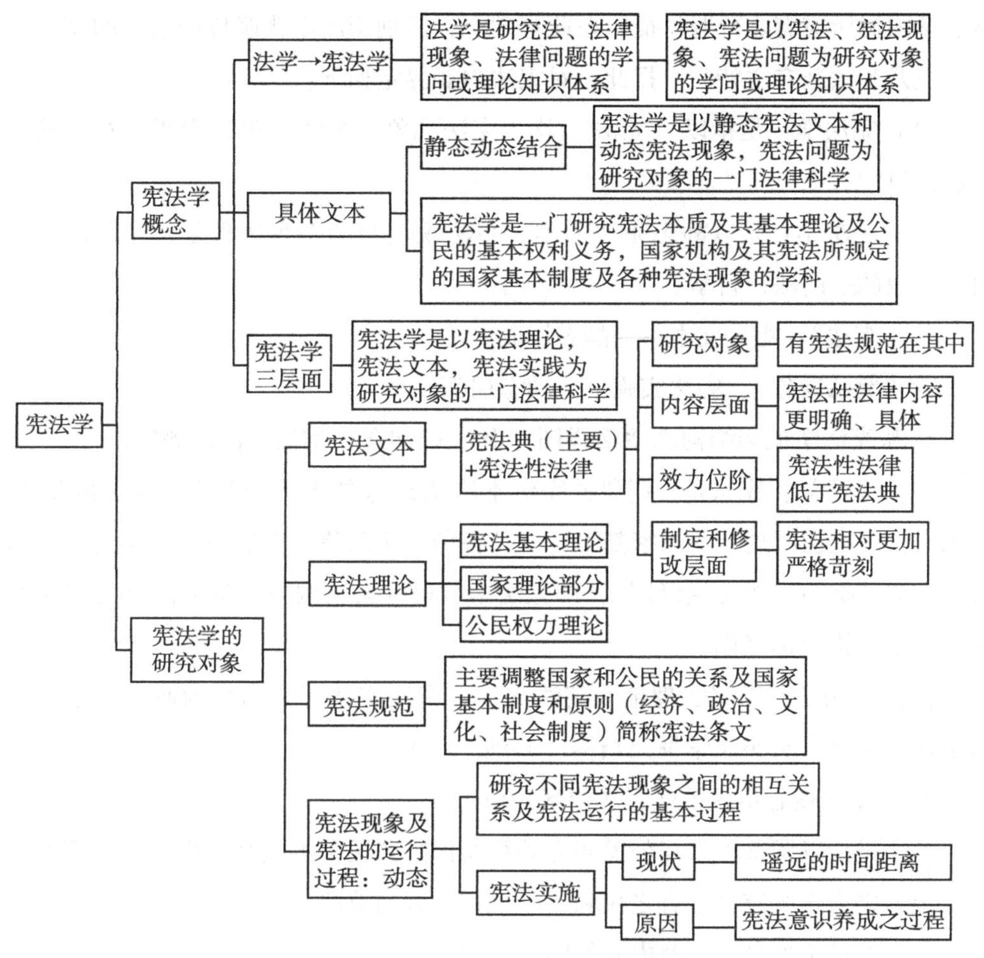

图 3-13　宪法法理内涵解读图

文社会科学。①

在笔者看来，从法学概念之研究对象出发，第一个"法"可理解为——"静态层面"之法律文本、法律规范；"法律现象、法律问题"——可理解为"动态层面"之法律。换言之，法学概念的另一种诠释为研究静态层面之法律文本、法律规范，动态层面之法律现象、法律问题的学问或理论知识体系，是一门关于社会共同生活的人文社会科学。

① 参见张文显：《法理学》，高等教育出版社2007年版，第1页。

宪法学作为法学理论范畴的一个分支，从法的特质而言，宪法概念首先应具备法学内涵所应有之普遍特征，在此基础上，区别于法学普遍特征之外的宪法自身特点乃宪法独有之特质。据此，对宪法内涵界定如下：

（1）宪法学：是指以“宪法”及“宪法现象、宪法问题”为研究对象的一门法律科学。

（2）宪法学：是以静态宪法文本、宪法规范与动态宪法现象、宪法问题为研究对象的一门法律科学。

①“宪法”：宪法文本——静态层面。

②“宪法现象”：宪法实施——动态层面。

2. 从宪法学框架结构之“演绎图”和“归纳图”推演宪法内涵定位

（1）宪法学：宪法是一门研究宪法本质及其基本理论、公民基本权利义务、国家机构及宪法所规定的国家基本制度及各种宪法现象、宪法问题的学科。此概念的推演依据乃“宪法演绎图”，即宪法学教材框架结构各个章节内容（参见宪法学框架结构“演绎图”）。

（2）宪法学：以宪法理论、宪法文本、宪法实践三大内容为研究对象的一门法律科学（参见宪法学框架结构“归纳图”）。

3. 从宪法核心本质推演宪法内涵定位

宪法是指以调整国家与公民间之关系及保障公民基本权利之根本法，即宪法乃规定人之为人所应当享有之权利——人权、人的尊严。

整体的思维推导逻辑及内容如图 3-14 所示。

二、宪法学的研究对象

根据宪法学教材体系的“演绎图”，我们推演出了宪法学教材体系的“归纳图式”——导论及第二章为“宪法理论”层面；第三章至第七章为“宪法文本”层面；第八章为“宪法实践”层面。

通过宪法学教材体系的“归纳图”式，宪法学的研究对象已经一目了然。具体而言，宪法学研究对象必然包括上述三大层面之内容，具体如图 3-16 所示。

1. 宪法文本：主要包括宪法典与宪法性法律

宪法典与宪法性法律的关联与区别：

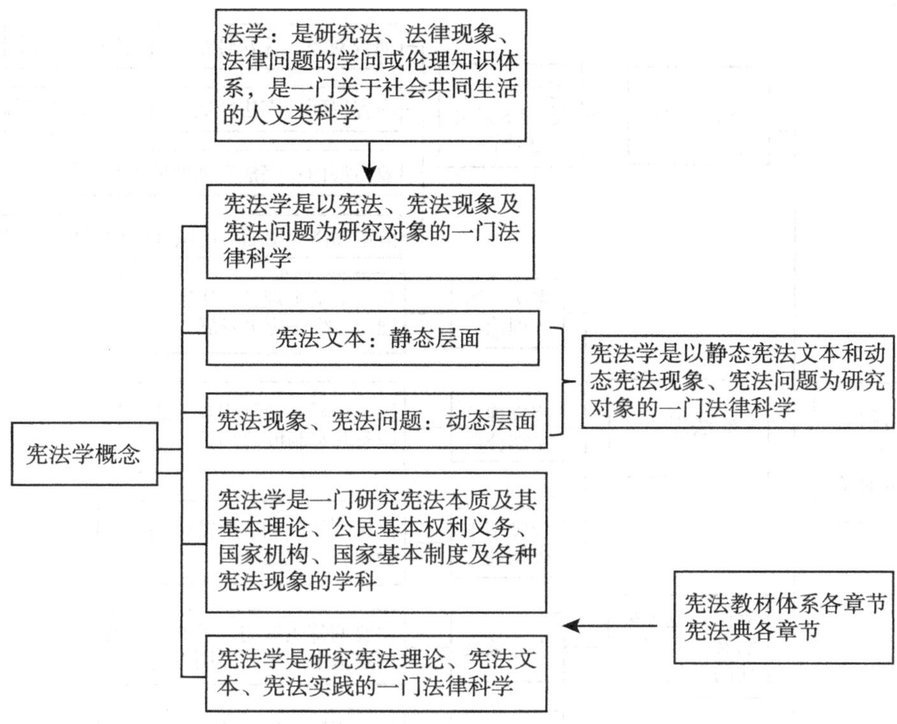

图 3-14 宪法学概念解读图

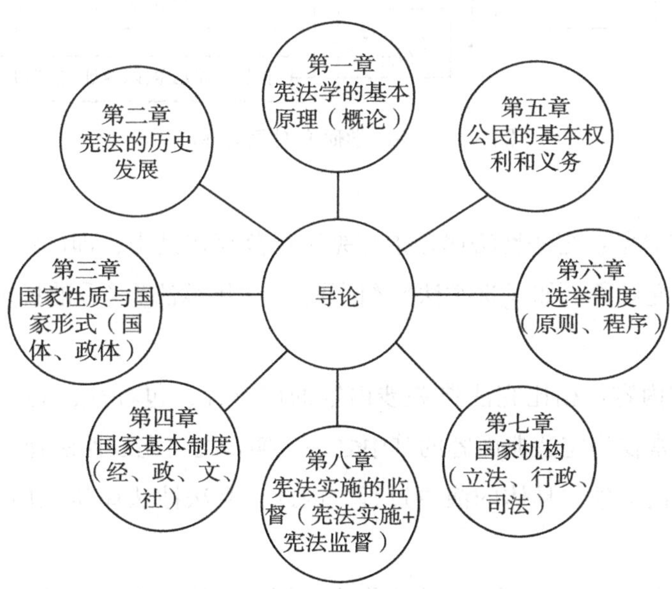

图 3-15 宪法学教材体系演绎图

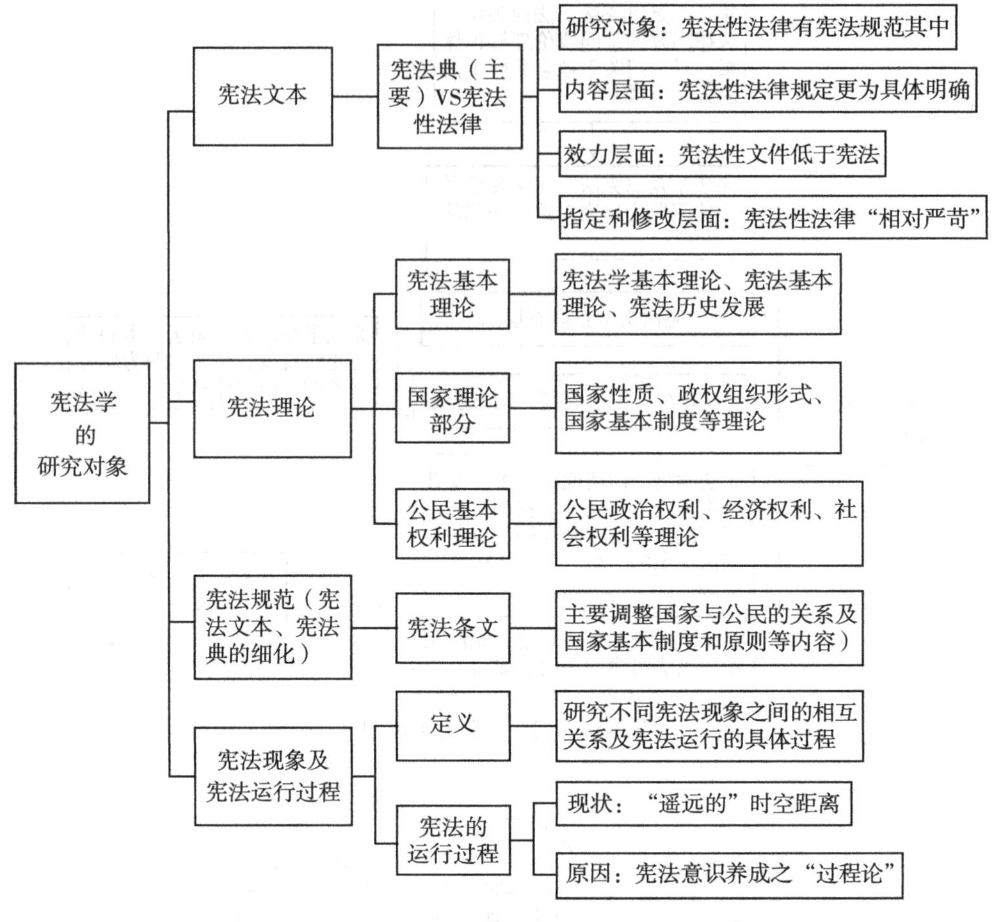

图 3-16　宪法学研究对象演绎图

(1) 研究对象：宪法性法律是指有宪法规范存在其中，即围绕“宪法文本”之内容为其研究对象。如《选举法》《国旗法》《国歌法》《香港特别行政区基本法》等。

(2) 研究内容：相比宪法典关涉内容的广泛性、包容性，宪法性法律所研究之内容，通常仅为宪法典内容的其中之一。换言之，宪法性法律乃是宪法典由宏观到微观、由抽象到具体的演进过程。因此，宪法性法律研究内容相对明确、具体。

(3) 效力位阶：一方面，宪法典作为中国法律体系中的“顶级贵族”，根本法、母法之地位毋庸置疑，故从宪法典的自身定位而言，宪法性法律在效力位阶上低于宪法典；另一方面，从制定主体而言，制宪权的主体乃“人民”，而宪法性法律的制定主体乃“全国人大及其常委会”。制定主体的从属性即已决定宪法典之效力高于宪法性法律。

宪法性法律作为由全国人大及其常委会制定的“基本法”，并不同于由该主体制定的如民法、刑法、诉讼法等“基本法”。根本原因在于，宪法性法律是以“宪法文本”中之内容为研究对象，围绕宪法、紧依宪法。而其他类型之基本法与宪法有关联性，但在性质上可能更偏向于间接性关联。换言之，两者虽同为基本法，但无论在内容上还是与宪法的直接关联度上，两者皆有一定区别。

（4）制定与修改程序：宪法典的制定与修改程序一般需要 2/3 以上的多数，而宪法性法律的制定和修改通常需 1/2，即过半数即可。故，宪法性法律的制定和修改程序并不如宪法典那般严格与苛刻。

2. 宪法理论

根据宪法学教材体系之“演绎图”显示，宪法理论一般包括“纯理论部分”，如导论部分的宪法学理论、第一章的宪法理论。除此之外，宪法文本中的核心内容，如公民权利部分、国家机构部分两大部分，无论从宪法典的定位安排，还是宪法教材的体系排布，无疑都属于重要的宪法理论。

此处“宪法文本”和“宪法理论”虽是依据宪法教材的体系结构进行的分类，但宪法文本与宪法理论在学术上并无严格分野——现有宪法文本中很多深厚且成熟的论点，即属于宪法理论部分，如公民权利理论、国家机构理论中的许多优秀论点；同时，宪法理论亦是围绕着宪法文本中的内容而展开理论研究，成果来源于文本、深度亦高于文本。当然，在某种情况下，有些宪法理论研究也可能突破原有“宪法文本”而“走进”宪法典，如现实宪法中的“同工同酬”，即由理论上升为成文宪法，再如罢工权、迁徙权等权利正待走向公民基本权利，等等。

3. 宪法规范

宪法规范作为宪法学研究对象，在宪法教材体系的演绎图、归纳图式中虽无直接明确，但是宪法文本的存在即已表明“宪法规范”于此中的“无中之有”。

从宪法典结构而言，宪法是由一定数量的规范组成，如现行宪法即由 143 条宪法规范组成。故，通俗而言，宪法规范即可称为宪法条文；从宪法典调整内容而言，如定义诠释，宪法规范是指调整国家与公民间之关系，以及保障公民基本权利之定位的人权保障法。

4. 宪法实践

宪法实践，可称为宪法运行过程中之“宪法现象、宪法问题”，如宪法司法化问题等。

三、宪法学的特征

宪法学的特征如图 3-17 所示。

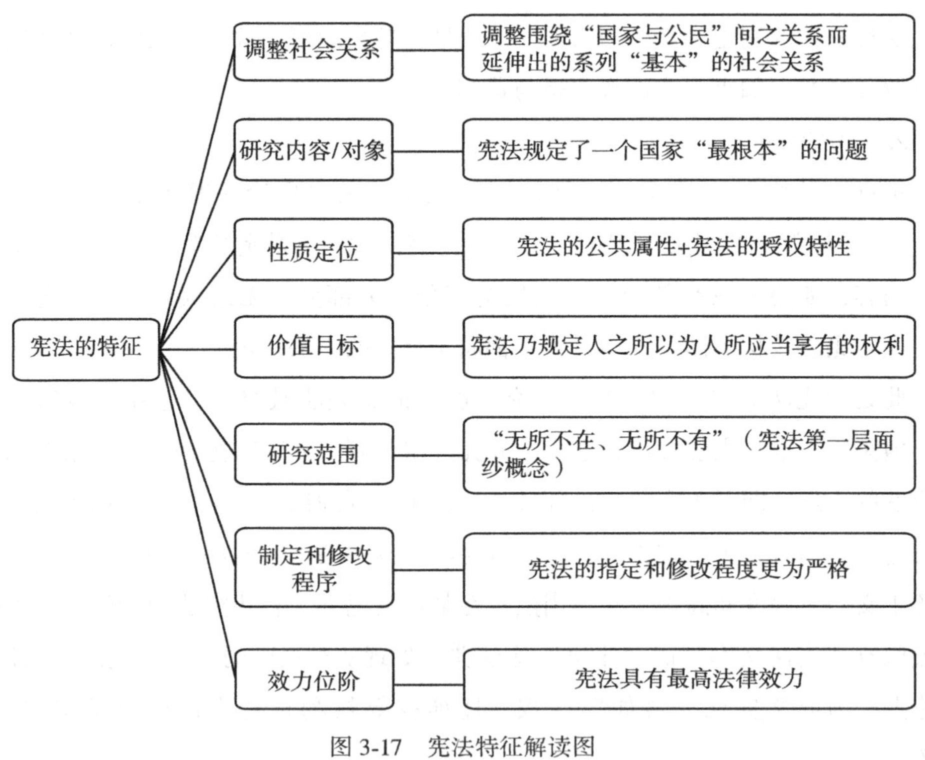

图 3-17　宪法特征解读图

1. 宪法调整之社会关系：围绕国家统治体制与公民基本权利间之关系而延伸出的系列“基本”社会关系

根据宪法典体系结构的排布，公民基本权利与国家机构的篇幅占据了整部宪法典的 2/3，其中公民基本权利条款所代表的乃“人权条款”，而“国家机构”

及由此延伸而至的国家权力配置体系及匹配性制度建设乃宪法之“组织条款”。

从入宪的时间渊源而言，根据契约论精神及宪法民主、宪政理念之要求，以国家机构条款为代表的组织条款在宪法制定诞生之始，便是作为固原性条款而存在，即属于宪法的固有组成部分，自始存在，与宪法典相伴相生。如世界历史言之，宪法作为近现代文明之产物，原始社会、奴隶社会，乃至封建社会都设置有公共权力、国家机构等国家权力配置下产生的“组织”，但彼时期并未有“宪法”的诞生和运转。故，宪法这一制宪文明产物诞生之前，“国家机构”即已存在。宪法诞生后，通过“组织条款”的设置而对国家机构的存在进行宪法确认。从中国历史言之，1954 年中国第一部宪法诞生。彼时中华人民共和国早已成立，1949 年之时国家机构已然“设立”并“运转”着，宪法制定之始便将这一现象加以“描述”写入宪法，且一般不会轻易变动。“所谓固原性”亦可从此层面理解。“人权条款”作为一个发展中的“变化”条款，非宪法的固原组成部分。当在宪法制定时，若某些人权条款“成熟”，那入宪便是瓜熟蒂落之事，如人人生而平等之平等权、同工同酬之劳动权。但是仍有一些发展中的“人权”，待“时机”成熟才可能进入宪法中，如罢工权、迁徙权。整体而言，“人权”乃作为一个发展中的概念而存在。以中国为例，“五四宪法”共 106 条，其中，第三章以“专章”形式（第八十五—九十九条）、“列举”样态规定了公民的基本权利；“七五宪法”共 30 条，其中，人权条款不仅大幅缩减，且义务在前，权利在后；“七八宪法”共 60 条，其中，我国公民基本权利条款得以扩大，并以列举式样态规定于第四十四至五十四条；“八二宪法”共 143 条，公民基本权利条款得到大幅提高，以列举式的样态规定在宪法第三十三至五十一条——不仅权利样态最丰富，且在宪法体系结构排序上，将“公民基本权利”置于“国家机构”之前。“公民权利”的重要性显著提高，“发展性”不断显现。

从宪法的终极价值而言，组织条款与人权条款的价值追求殊途同归，即人权条款以明确的宪法条文列举公民的基本权利，不仅是明示、宣示，更是要求公民践行自己的权利、保护自己的权利，并据此树立正确的权利观。组织条款，则是通过要求公权机关依法行使职权，不得超越法律边界，以及通过为其设置尊重权利之义务等方式来达到人权保障之目的。

2. 研究内容：宪法规定了一个国家“最根本”的问题

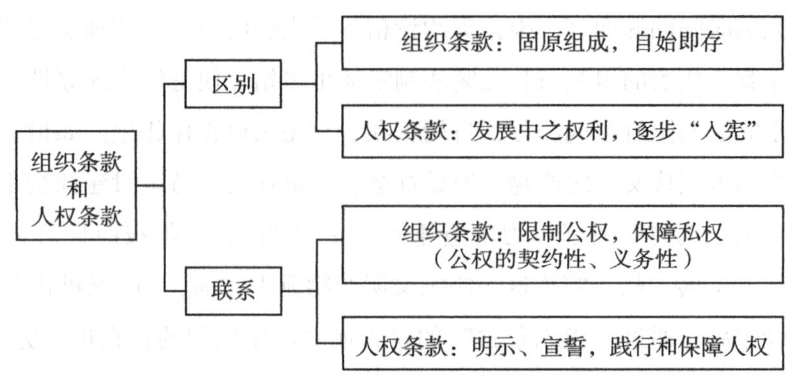

图3-18 组织条款与人权条款的关系图

宪法典围绕国家与公民间之关系描述了一国的根本制度，如宪法“总纲”中所关涉的政治制度、经济制度、文化制度和社会制度等。政治制度层面，宪法第一条、第二条分别规定了我国之“国体”“政体”，第五条规定了我国的“法治原则”。经济制度层面，宪法第十五条规定了我国的“基本经济政策”，第六条规定了我国的“基本经济制度和分配制度”。社会制度层面，宪法第十三条规定了我国“公民合法私有财产不受侵犯”，第十四条规定了我国“社会保障制度”。文化制度层面，宪法第十九条规定“国家发展社会主义教育事业”，第二十条规定“国家发展科学事业”，第二十一条规定“国家发展医疗卫生体育事业”；第二十二条规定“国家发展文学艺术及其他文化事业”；第二十四条规定“加强思想道德建设”等。据此，围绕四大制度而展开的一系列社会关系中，“基本性”“根本性”显而易见。

3. 性质定位：宪法的公权属性及宪法的授权性

（1）宪法的公权属性，乃是由宪法所调整的基本社会关系（围绕国家统治体制与公民间之关系），以及宪法的研究对象等内容共同决定的。即从宪法规定国家机构的组成，其权利与义务划分，国家和公民关系等基本问题中，推演出此结论。

（2）宪法的授权性，主要表现在两方面。一则宪法制定时的授权性。制宪权享有者乃人民，即由人民授权特定机关制定宪法；二则宪法权利享有主体权利特性中的授权性而非义务性，即对公民提供基本权利之保障、对政府施加尊重权利的义务等方式，以保障公民的基本权利。

4. 终极价值目标：宪法乃规定人之为人所应当享有之权利

（1）数量：“宪法典”框架体系分布显示，“公民基本权利”与“国家机关”几近占据总篇幅的近 2/3。而两者的终究价值追求即在于保障人权或人的尊严。

（2）质量：通过宪法与法律（刑法正当防卫制度）相比较，正当防卫制度立法初衷乃在于保护防卫人的合法权益。相比于法律所保护的特定主体或某类群体的合法权益，宪法的立意更加高远、保护主体范畴更加广泛。如宝马男案中，宪法所保护的不仅是“电动车男”的权益，还包括“宝马男”之利益，即宪法不仅保护受害者、原告之权益，还会保护犯罪嫌疑人乃至罪犯的基本人权。换言之，宪法的终极价值追求乃在于保障人之为人所应当享有之权利，即人权、人的尊严。

5. 研究范围：宪法“无所不在、无处不有”

通过宪法典上述特点分析，如宪法调整的社会关系、研究对象等，可以说，宪法研究范围触及社会生活各个领域、各个方面，政治的、经济的、文化的、社会的……无所不在、无所不有，且通过宪法概念第一层面纱的比较探讨、推演得之，道德乃宪法的价值基础，法律则是对宪法内容的具体化、明确化与直接适用。故，法律将宪法内涵之道德价值予以弘扬、传播。而其他法律，如行政法规、地方性法规、部门规章、地方政府规章亦是对宪法和法律化的具体化，即“依据宪法（法律、行政法规）”制定本法。故，作为宪法和法律延续的“其他法律”，亦是对宪法“道德性”“民族性”的表达、传播和弘扬。据此，通过“法律”① 的传播，宪法内涵的道德精神得以传扬。“道德”内涵（动词）之精神通过宪法“漫延”于“法律”，无形中共致力于“宪法与法律”的“中西合璧、古今双用”的现代化法治改革目标。

6. 制定和修改程序：宪法的制定和修改程序更为严格

（1）宪法制定程序。

①制定程序：宪法制定一般要求成立一个专门、特定机构。如美国 1787 年宪法制定，就是由各州推行的代表在费城召集的“制宪会议”所起草；法国 1791 年宪法制定，即是由原来三级会议中的第三等级组成的“制宪议会”；中国

① 此处法律，取法律之广义内涵，即不仅包括基本法还包括其他法律法规。

“五四宪法”的制定，成立了以毛泽东为主席，朱德、宋庆龄等委员组成的“宪法起草委员会”。一般情况下，普通法律的制定由常设的立法机关负责，无须成立专门机构。如行政法规制定即由国务院辖属部门负责、地方法规则由地方人大的专门机构负责、地方规章则由地方政府的专门构负责等。

②宪法草案通过程序：一般要求制宪机关成员的2/3以上或3/4以上多数同意。而法律的通过一般只要求代议机关的议员或者代表过半数同意即可。

（2）宪法修改程序。

①提起主体：特定机关提出，如根据宪法第六十四条规定，中国宪法修改需要由全国人大常委会或1/5以上的全国人大代表提议。法律的提案主体比较广泛，一般有权向立法机关提出法律草案的主体均可提议修改法律。

②修宪通过程序：如根据《宪法》第六十四条规定，中国宪法修改由全国人大以全体代表的2/3以上的多数通过。法律和其他议案由全国人民代表大会以全体代表的过半数通过。

7. 效力位阶层面：宪法具有最高法律效力

法律效力，指法律借助于国家权力所具有的强制性、约束力及保障力。其中，从法律后果分析，法律效力着重强调法律的强制力与约束力；从目标定位而言，法律效力则强调法律的终极保障力，即保障公民权利的终极目标追求。基于此，宪法效力可解释为宪法所具有的强制性、约束力与保障力。通常，宪法的保障力指向宪法的立宪初衷与立宪目的，宪法的强制力和约束力则指向违反宪法的法律后果。而从宪法的运行与作用机理而言，宪法直接指向对象、作用对象是“法律”，尤其是法律中的“基本法”，并通过法律进而影响并作用于“私主体”，对普通公民发挥效力。可见，在路径上，宪法的法律效力乃通过宪法与法律间之关系得以表达。具体表现在以下两方面。

（1）宪法是普通法律制定的基础和依据。

①宪法研究内容的“根本性”。我国围绕国家与公民间之关系而延伸出系列基本制度。如经济建设，我国宪法所规定的基本经济政策、基本经济制度、基本分配制度等。政治建设如国体、政体、政党制度等；社会制度建设如社会保障制度、计划生育等。文化制度建设如教育事业、科学事业、医疗卫生体育事业等。相比于“法律”规定的“一般、某一方面的问题”，宪法规定内容的“基本、根

本”显而易见。

②宪法调整社会关系的“基本性”。通过对宪法研究内容的分析，推演出宪法所调整的社会关系乃是国家生活中最基本的社会关系，典型的如“国家统治体制与公民基本权利”间之关系。如上所言，宪法所调整的经济关系乃基本经济关系，如所有制关系、分配关系等。而民法、经济法，包括商法等关涉经济关系的法律，相较于宪法，则更显微观具体，即在遵循宪法所调整的基本经济关系的指导下，对发生在生产、分配、交换、消费等各个过程中的一般经济关系进行的调整。再如对公民权利的保护上，宪法所保护的乃是公民的基本权利，而民法则是保障平等民事主体，如自然人、法人和非法人组织之间的人身关系与财产关系。刑法如其正当防卫制度，保护的是防卫人“类电动车男”的合法权益。因而，相比于其他法律，宪法所保护和调整的社会关系尽显“基本性、根本性”。

③宪法内容呈现方式的“纲领性”。宪法研究内容的“根本性”和宪法调整社会关系的“基本性”，以及因两者的“根本、基本属性”致使内容规定方式呈现出“纲领性、原则化”倾向。如《宪法》第三十三条规定，“国家尊重和保障人权”。其他法律因是对宪法内容的具体化、间接适用，故法律所规定之内容相对明确、具体。如《刑法》第七十二条规定，“对于被判处拘役、三年以下有期徒刑的犯罪分子，同时符合下列条件的，可以宣告缓刑，对其中不满十八周岁的人、怀孕的妇女和已满七十五周岁的人，应当宣告缓刑”。

（2）与宪法相抵触的法律无效。

①宪法是其他法律立法依据和立法基础，没有宪法依据和宪法授权，则不能制定法律。根据《宪法》第二条规定，“中华人民共和国的一切权力属于人民。人民行使国家权力的机关是全国人民代表大会和地方各级人民代表大会”。在中国，制宪权享有主体乃“人民”，法律的制定主体乃人民代议之机关“全国人大及其常委会”。在制定法律过程中，依据宪法制定法律成为该法律合宪、合法与否的重要标准。如《刑法》第一条规定，为了惩罚犯罪，保护人民，根据宪法，结合我国同犯罪作斗争的具体经验及实际情况，制定本法。

②法律不得与宪法精神、指导思想、基本原则和规范相抵触，否则无效或部分无效。宪法精神，指宪法的终极价值追求，即宪法乃规定人之为人所应当享有之权利。实然，国家权力与公民权利的衡平性追求乃国家政治的永恒话题，但无

论是权力政治还是权利政治，从当今世界各国的宪政实践可知，最终定位与其终极追求皆在于“人”，以人为本、服务于人。

宪法的指导思想，作为一种意识形态领域的思想引领，宪法指导思想包括马克思列宁主义、毛泽东思想、邓小平理论、“三个代表”重要思想、科学发展观、习近平新时代中国特色社会主义思想（宪法“序言”）。

宪法基本原则，作为对宪法精神的具体化和细化，在我国主要包括坚持中国共产党的领导原则（第一条）、一切权力属于人民原则（第二条）、尊重和保障人权原则（第三十三条）、民主集中制原则（第三条）、权力监督原则（第四十一条）、法治原则（第五条），包括本书所言之“德治原则”。

根据我国《宪法》明确规定，“一切法律、行政法规和地方性法规都不得同宪法相抵触”“全国人大常委会有权撤销与宪法相抵触的行政法规和地方性法规”。

③宪法是一切国家机关、社会团体和公民的最高行为准则。宪法最高法律效力的直接表现，乃其他法律对宪法的直接适用和具体化。相较于此，宪法作为一切国家机关、社会团体和公民的最高行为准则，乃宪法最高法律效力的间接表现，即通过立法、执法、守法三方面来检验法律的合宪性与否。而此处的“法律”不仅指立法机关制定的静态法律文本，还包括对法律的动态践行——执法机关、守法主体的执法和守法活动。如根据《宪法》第五条规定，国家维护社会主义法制的统一和尊严。一切法律、行政法规和地方性法规都不得同宪法相抵触。一切国家机关和武装力量、各政党和各社会团体、各企业事业组织都必须遵守宪法和法律。一切违反宪法和法律的行为，必须予以追究。任何组织或者个人都不得有超越宪法和法律的特权。

四、宪法学研究对象之拓展

宪法学研究对象除却“宪法文本、宪法理论、宪法实践”此种“传统表达”方式外，还有另外一种理论样态，或者说是在此基础上的一种不同“理论尝试”——刘茂林老师根据一国宪法的存在形式，将宪法分为三类：成文宪法、现实宪法及观念宪法，具体如图 3-19 所示。

1. 成文宪法

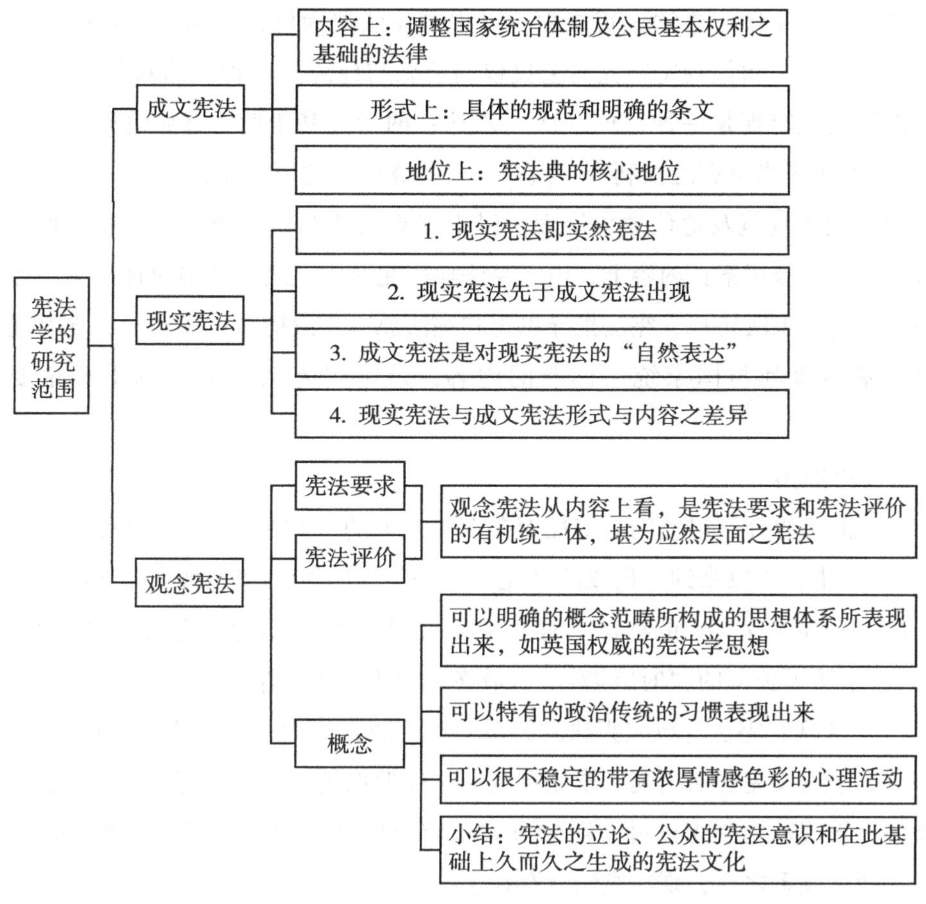

图 3-19　宪法学的研究范围

以文本形式、可触摸且可感知样态而存在的“成文宪法”，主要包括宪法典和宪法性法律。特点如下：

（1）成文宪法之“外观”：如刘茂林教授所言，无论成文宪法是以统一法典形式表现出来，还是以其他形式散见于规范性法律文件之中，都能以具体的规范和明确的条文为我们所感知。①“外观感受”有文本样态，可触摸、可感知。

（2）调整社会关系层面：从宪法“具体研究内容、调整的社会关系”及其背后的实质意义而言，宪法是调整国家（国家统治体制）及公民（公民基本权

① 刘茂林：《中国宪法导论》，北京大学出版社 2005 年版，第 21 页。

利）间之关系，以及围绕此关系而“衍生”出的其他一系列基本社会关系。

（3）宪法本质、立法主旨层面：以中国宪法典为例，中国宪法典中“公民基本权利”的“单篇规定”是对公民权利承认与保障的一种“直接描述”；“国家机构”的规定则是一种“曲线式”表达；两者立基于此，并始终服务于宪法“人之为人所应当享有之权利——人权、人的尊严”之核心主旨。

（4）内容规范及地位效力层面：以中国宪法典为例，形式上，宪法典包括现行宪法及其修正案；内容上，由于宪法典以宪法规范之形式最全面、最集中地记载和体现了宪法精神、宪法指导思想和宪法原则。故历部中国宪法，尤其是关涉公民基本权利与国家统治体制的内容，乃中国宪法研究范围中最重要的内容。①

2. 现实宪法

以时间为媒介、以空间为寄托而存在于当下的“现实宪法”，又称“实然宪法”，主要指长久以来约定俗成的“宪法惯例”“宪法习惯”。特点如下：

（1）现实宪法存在的特定“时空因素”。现实宪法作为“宪法惯例”“宪法习惯”，经历了长久的“时空磨合”，最终被“人”“接纳”并“习惯”。

（2）从现实宪法与成文宪法的关系而言，通常作为一种“现实风俗”，现实宪法会先于成文宪法而出现。毕竟在制宪这种近现代治国方式还未出现之前，在人类还不知晓运用制宪这种文明的方式来调整以“国家与公民”为核心的一系列基本社会关系之前，现实宪法就存在了。

（3）即使至近现代“制宪”这种文明治国方式的产生、成熟，很大程度上亦是成文宪法对现实宪法的一种确认与描述。

以中国为例：从古代而言，崇尚人与人、人与自然和谐相处乃中国文化有史以来之传统。如马小红教授所言，以农为本的中国人从自然中感受到的是万世不易的四时变化规律与万物相生相克的和谐之美。从中国古代法中人们不难寻找到效法自然的踪影。“稳定与和谐”是大自然给中国人的最直接也是最重要的启示，也是中国传统法所竭力追求的目标。② 换言之，中国之礼德文化与崇尚人与自然和谐相处，与柔而和的自然观密切相关，包括传统法文化。如中国古代立法

① 刘茂林：《中国宪法导论》，北京大学出版社2005年版，第21页。
② 马小红：《礼与法：法的历史连接》，北京大学出版社2017年版，第386页。

的自然观表现于三个方面，即以自然为法的立法指导思想，与礼乐和谐一致的法律体系以及仿效五行而设的象刑、五刑之制。这一传统自然观在今天依然发挥着无形的影响力——在人与自然和谐相处层面，具体表现在中国宪法典“序言”第七自然段“社会文明、生态文明”，以及与此相匹配的“文明和谐美丽”社会主义目标的入宪；在人与人和谐相处层面，具体表现在《宪法》“序言”第十一自然段“和谐”民族关系的定位上。

从今天看之，中华人民共和国自 1949 年成立、1954 年中华人民共和国第一部社会主义宪法的诞生——五年的间隔期，中国却无一部正式宪法，但是彼时的中国，国家早已有之，国家各机构已然在发挥作用。同时，公民的基本权利，如人权，包括平等权、劳动权、受教育权等其他一系列基本权利，“我们”是始终享有并获得保障的。笔者认为，除了彼时的《共同纲领》在发挥着临时宪法的作用外，还有一种“无形之手”在规定、调整和保护着我们的基本社会关系——现实宪法。

当然，2018 年 3 月 11 日下午，十三届全国人大一次会议第三次全体会议经投票表决，通过了《中华人民共和国宪法修正案》。其中“监察机构”“监察委员会”的入宪乃此次修宪的重头戏。监察权从原有的“行政权”中剥离出来，独立成制。这是时代的需要，更是法治中国的要求。一切缘有因果，却又以遵循“自然”为本，顺而成“制”。如刘茂林教授所言，即使人类发明了“制宪”这种近代文明方式，在很大程度上也是对现存的现实宪法的描述、确认，只不过此种描述含有大量此种关系应是怎样的新内容。①

3. 观念宪法

观念宪法以“应然、理想宪法”之内涵为指引方向，以“宪法思想、宪法观念”为传播和表达媒介，以“宪法要求”与“宪法评价”为观念内涵之评价体系。观念宪法通常表现为宪法理论、公众的宪法意识和在此基础上生成的宪法文化。如权威的宪法学思想，特有的政治传统和习惯，公众不稳定或带有浓厚情感色彩的心理活动。可以说，作为终极评价标准而存在的观念宪法，在内容上是宪法要求与宪法评价的有机统一体。②

① 刘茂林：《中国宪法导论》，北京大学出版社 2005 年版，第 21 页。
② 刘茂林：《中国宪法导论》，北京大学出版社 2005 年版，第 22 页。

4. 三者间之关系

（1）在研究范畴论上，作为一种具有评价体系、应然层面的“人之理想”，纯思想领域之内容，观念宪法的内涵与外延最广。从宪法的意识形态及其所反映的阶级特性而言，刘茂林教授指出，观念宪法具体包括上升为成文宪法意志、未上升为成文宪法意志，以及两者在意识形态领域中的矛盾冲突等。① 其次是现实宪法，作为实然层面的宪法指导，其通过宪法习惯、宪法惯例作用于国家统治体制与公民权利间之关系，并在观念宪法之应然层面宪法的指引和形塑下展开活动。包括成文宪法，观念宪法对两者的影响都是巨大的。再者，基于对现实宪法的认知和理解，我们提出宪法成文化的要求，成文宪法自此诞生。当然，在领会和掌握成文宪法的条文和含义的基础上，参照宪法要求而对成文宪法进行的评价，看其是否符合应然层面之宪法要求。可以说，从此内涵与“经历”而言，成文宪法中关涉的国家与公民间之关系领域的范畴最窄。三者的关系如图3-20所示。

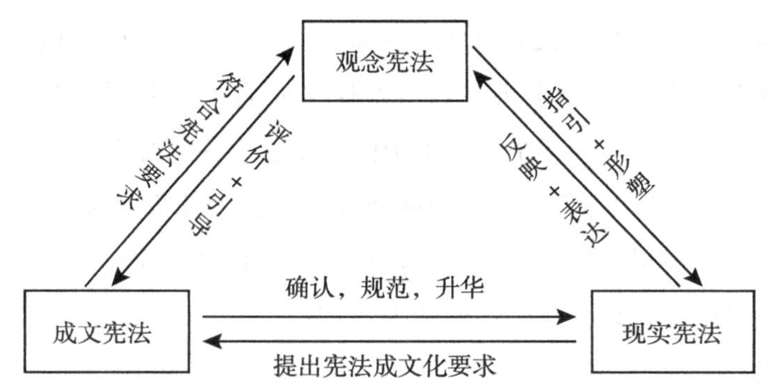

图3-20　观念宪法、现实宪法、成文宪法的关系图

（2）若从产生时间而言，笔者认为，现实宪法早于观念宪法、成文宪法。原因在于，观念宪法的产生需要一个认知过程，如公众的宪政意识，宪法理念的萌芽、产生和成熟，虽然不同阶段认知程度可能不一，但共同之处乃在于皆有思想层面之“要求”或“行为”之付诸。即使是最低层次之宪政思想萌芽，甚至未知，如今之偏远地区。当地公众下意识的或无意识的行为，如他们对于自身生

① 刘茂林：《中国宪法导论》，北京大学出版社2005年版，第22页。

命权、健康权、劳动权的“要求”及“行为”付诸现实时，此时公众可能还未认识到此乃观念宪法“应当”之权利，甚或成文宪法“规定”之权利，但却知晓此乃“身为人、作为人应当享有之权利”。不知所因，却视为当然。所以，现实宪法在实践中发挥作用的时候，可能人民对“宪法”的理性认知还未完全“形成”，成熟阶段更谈不上。或是人民心中已有“宪法观念”乃至“观念宪法”之雏形，并于无意识中践行，但真正于认知层面知晓此乃“宪法意识”“宪政理念”层面的内容，可能还是需要时间的经久酝酿。

第四章　宪法原理中国化的一体两翼：从实体理论到程序理论

宪法原理中国化的一体两翼、兼容互摄：从实体理论到程序理论。实体理论层面，集中包括针对宪法的本质、宪法的分类和渊源、宪法的效力等内容的分析；程序理论层面，包括宪法制定、解释与修改等内容的解读。具体如图 4-1 所示。

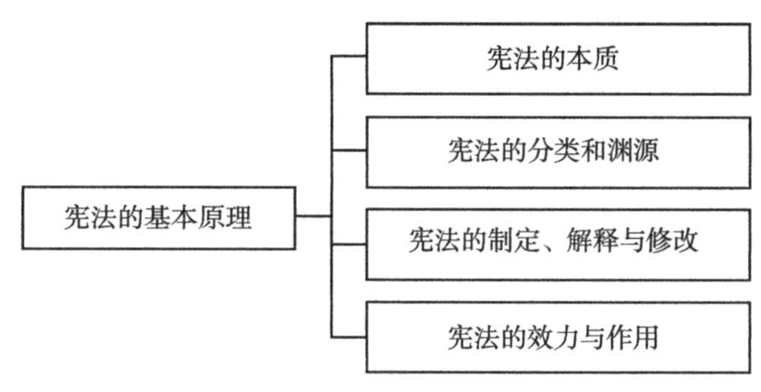

图 4-1　宪法的基本原理结构图

第一节　宪法原理中国化之实体理论

一、宪法的本质

古希腊，智者学派的法律思想，尤其是苏格拉底以前的哲学家都以自然为研究对象，研究“宇宙的本原是什么”。自苏格拉底之后，希腊哲学家们开始注意人类自己的心灵，主张“哲学应当成为人学”。如苏格拉底指出，如果说宇宙是一个有条理、有目的的大系统，那么，人们要认识它，就必须从研究人的理性开始，即从研究人的语言和思维规律开始。① 自此之后，至古希腊后期、罗马前期斯多葛学派的思想家们即在“自然”的概念之中，在物质世界上加上了一个道德世界。他们把这个名词的范畴加以扩展，使它不仅包括一个有形的宇宙，而且还囊括了人类的思想、惯例和希望。② 如思想家芝诺提出，“按照自然而生活”就是“按照德性而生活”，顺应自然的生活就是有德性的生活。③ 而自然法的追求与目标，即是一种有良善的生活。其中，善良是指道德，公平即指正义。据此，笔者认为，在后世法哲学流派及思想的发展演绎中，包括古典自然法学派、分析法学派、历史法学派及社会法学派等，研究人类世界、研究人类自身已然成为一种共识，而自然法则成为“自然世界”与“人类社会”的有机连接，自然法即理性法——通过人类理性认识自然现象，寻觅自然规律，进而生成自然法。故，自然法也称为理性法，即由自然法来支配人类世界，实质即为由人类理性来支配人类社会。如梅因所言，在物质世界中加入了一个道德世界，而这一道德世界即蕴含了一个民族的思想、惯例和希望，其区别于自然世界，又与其相通、不可分割。故而，因自然法的媒介作用，实现了自然界与人类社会的无缝连接。实然，物质世界中的道德世界，蕴含着一个民族的思想、习惯、传统和希望，因而，如芝诺所言，按照自然法而生活就是按照德性而生活，实际就是按照一个民族的习惯和传统而生活，在此中以延续一个民族的物理生命，进而滋养一个民族的精神灵魂，以形成该民族独特的精神德性与制度德性。

西方的法文化场域，坚守的乃自然法与人定法的二元论关系论，即“不在场者决定在场者”。所谓“不在场者”即指自然法，“在场者”指人定法。就两者的关系言，譬如罗马法学家所言，自然法是自然界一切动物的法律，④ 是自然界万事万物都遵循的法则，其非人类所特有，它高于任何一个特定国家的实在法，

① 徐爱国、李桂林：《西方法律思想史》，北京出版社 2014 年版，第 11 页。

② ［英］梅因：《古代法》，沈景一译，商务印书馆 1959 年版，第 31 页。

③ 徐爱国、李桂林：《西方法律思想史》，北京出版社 2014 年版，第 14 页。

④ ［古罗马］查士丁尼：《法学总论——法学阶梯》，张企泰译，商务印书馆 1989 年版，第 6 页。

具有普遍性和永恒性。① 于制度而言，作为社会契约论的创立者，古希腊哲学家伊壁鸠鲁指出，国家是人们为了保护自己的安全在相互约定的基础上形成的，国家是社会契约的产物。与其国家观相适应，他认为，法律也同样是人们相互约定的产物。② 而这一国家起源论与法律观一直影响到今天。在今天，所谓契约，已然不仅是在私法领域，平等主体之间所签订的协议、订立的契约。同样，在公法领域，尤其是在国家权力配置层面亦为一种契约精神的体现，如上所言。而宪法作为权力配置的重要成果载体与表征，作为规则之治的顶层法律规范、制度之尊，必然会受到自然法思想的根本影响。看似“不在场”，实然却从未离开。换言之，判断人定法善、恶之标准，要看其在多大程度上符合自然法。可见，一国之制度与其民族精神的深度连接表现在，一国制度唯有被赋予了本民族的精神特质，才会真正地扎根于该国，才会充分地发挥出制度优势，达致制度设立之初衷。而此之民族精神、思想、习惯和传统，即是制度的本质。宪法作为一国的顶层制度设计尤为如此。

所谓“宪法的本质”，乃宪法所具有的内在特质，是宪法区别于其他事物的典型特征。宪法作为近现代制宪文明之产物，除具有“世界宪法”的普适性特质外，中国宪法还具有自身的价值评判体系与方法论标准，即“中国宪法”的自身特质——“道德性”与“民族性”，即中国宪法所具有的精神特质。

- ❖ 宪法的价值基础：道德根源（道德性）
- ❖ 宪法的价值表达：民族风骨（民族性）

} 宪法的中国特质

- ❖ 宪法的民主形态：宪法是民主制度化、法律化的基本形式
- ❖ 宪法的阶级实质：宪法是各种政治力量对比关系的集中体现

} 宪法的世界特质

作为近现代文明社会之产物，宪法以尊重人性之价值和人之尊严为价值依归，以追求民主、宪政、平等为价值样态。具体而言，从宪法本质属性出发，宪法乃规定国家与公民间之关系及保障公民基本权利之根本大法，即宪法乃规定人

① 参见徐爱国、李桂林：《西方法律思想史》，北京出版社 2014 年版，第 41 页。

② 徐爱国、李桂林：《西方法律思想史》，北京出版社 2014 年版，第 13~14 页。

之为人所应当享有之权利，人权或人的尊严。道德，作为另一种价值信仰，乃在于追求人性之美、人性之善，即以追求一切美好事物为终极所在。可见，价值取向方面宪法与道德殊途同归。

（一）宪法的中国特质：道德性与民族性

习近平总书记指出：核心价值观作为一个民族赖以维系的精神纽带、灵魂链接，是一个国家共同的思想道德基础。一国如果没有共同的核心价值观，一个民族、一个国家便会魂无定所、行无依归。① “社会主义核心价值观”于党的十八大被正式提出，在笔者看来，其十二个面向可用八字概括：中西合璧、古今涵化。即社会主义核心价值观作为对中国传统文化的创新性承继与发展之表征，一方面集古之“礼义文化”“德性精神”于一体，另一方面，其于发展中深度连接了法治中国建设所必需的核心要素。可以说，“社会主义核心价值观是中国优秀传统道德精华与时代精神相结合的产物，而其中德法相济、两厢并举是社会主义国家治国理政的本质要求”。②

2018 年 3 月 11 日，十三届全国人大一次会议通过了对现行宪法的第五次修正。在此次宪法修改中，社会主义核心价值观“入宪”，即《宪法》第二十四条规定，国家通过普及理想教育、道德教育、文化教育、纪律和法制教育，通过在城乡不同范围的群众中制定和执行各种守则、公约，加强社会主义精神文明的建设。国家倡导社会主义核心价值观，提倡爱祖国、爱人民、爱劳动、爱科学、爱社会主义的公德……可见，社会主义核心价值观入宪是社会主义精神文明建设的内在要求。③

社会主义核心价值观的入宪，其中的“中国元素”已然表明宪法与道德在价值观上的“同一性”。除此之外，从今之宪法的“规定”观之——第一，宪法的一般性规定。首先，思想层面，宪法“序言”第七自然段“新发展理念”的贯彻，以及与此相匹配的“富强民主文明和谐美丽”之现代化建设目标的确定。其次，公民“守法”层面。第五十三条关于“中华人民共和国公民必须遵守宪

① 《新中国宪法历程与社会主义核心价值观入宪》，载《光明日报》2018 年 9 月 13 日。
② 《新中国宪法历程与社会主义核心价值观入宪》，载《光明日报》2018 年 9 月 13 日。
③ 《新中国宪法历程与社会主义核心价值观入宪》，载《光明日报》2018 年 9 月 13 日。

法和法律……遵守公共秩序，尊重社会公德”的规定。第二，宪法特定领域的规定。首先，民族关系领域，“序言”第十一自然段“平等团结互助和谐的社会主义”民族关系的确立。其次，文化遗产保护领域，《宪法》第二十二条对中国名胜古迹、珍贵文物和其他重要历史文化遗产的国家级别的保护性规定。最后，生态环境保护领域，《宪法》第二十六条“和谐”生态环境理念的规定，如国家保护和改善生活环境和生态环境，防治污染和其他公害。国家组织和鼓励植树造林，保护林木，等等。追根溯源，我们均能在中国的传统优秀文化中寻觅到“宪法条文”背后的“精神源头”。可以说，将“礼义文化”“道德精神”作为中国宪法的渊源之一乃是无可争议、毋庸置疑之事实。如江国华教授亦曾言，“道德作为一般性的普遍规则，作为宪法的价值基础，是宪法必须遵循的低度法则，最终道德法则构成宪法存在的合法性标准”。①

实然，在社会主义核心价值观入宪成法之前，或者自进入现代化，我国“礼德文化”所处之外在环境虽然发生巨变，但正如上文所言，“礼德文化”之内在机理并未失去，礼义的某些内涵在今天虽已成为“糟粕、历史”，但其中诸多内容早已成为“普世价值”，成为一国之“国家标志”。如谈礼治必言中国，相比于西方，中国“礼治”更体恤弱者，更关爱人民，更注重人的精神需求，更能缓和社会矛盾并使社会各个阶层融洽相处。如果人类社会的生活以健康的“幸福”而不是以“发展”为最终目的，礼治的生命力就永远不会消失。② 美国著名的中国问题研究专家费正清指出，中国传统的孝道、三代同堂、和睦相处等文化特征预示了社会发展的方向，“将被历史证明是对的”。社会越发展，世界各民族间接触越频繁，民族的传统便越引人注目。礼教毕竟是中华民族传统的结晶，它将会在不断地更新改造中获得新生。③ 换言之，礼义之理想乃在于对人的信任和关怀，在于对人的尊重和关怀，在于追求人性之美、人性之善，在于追求一切美好的事物，在于追求以礼调和而不是压制人性——体现的是大同世界之理想，

① 江国华：《宪法的道德之维——兼论宪法的普遍低度道德法则》，载《华东政法学院学报》2003年第6期。

② 马小红：《礼与法：法的历史连接》，北京大学出版社2017年版，第456页。

③ 马小红：《礼与法：法的历史连接》，北京大学出版社2017年版，第220页。

以及“独夫民贼可诛”的民本思想和观念。① 诚如法国思想家伏尔泰所言，中国人没有使任何一种精神艺术臻于完美，但是他们尽情地享受着他们所熟悉的东西。总之，他们是按照人性的需求享受着幸福的。② 不仅中国，即使是世界上的其他国家，传统之光总会于无形无意中照耀进人的生活，即使在最黑暗的时候，传统的光亮总会有那么一束、两束……的温暖摄入人心。如德国著名哲学家马克斯·韦伯，即当众齐呼“中世纪是黑暗的世纪”“中世纪是西欧资本主义现代化的死敌和障碍”。但他也指出，中世纪教会的所作所为并非都是西欧资本主义的历史包袱，恰恰相反，教会准许甚至组织的多种行业协会、技术组织，为西欧资本主义的迅速兴起和发展积累了经验。宗教改革则是西欧社会近代化的先导和动力，新教伦理更被韦伯称为“资本主义精神”的构成要素，等等。③

随着时代的发展，礼德文化在承继和反思中默默地适应着当下中国。或者说，礼义精神、道德内涵从未于中国中断。进入 21 世纪，国家主要领导人即相继提出弘扬礼德精神、创新道德规范之主张，如 1982 年党十二次代表大会召开时，领导人即将彼时期党和国家的重要任务（三项中的两项）确立为党风和社会风气的建设——围绕此，努力建设高度的社会主义精神文明④……2006 年胡锦涛提出的“八荣八耻”：围绕热爱祖国、团结互助、诚实守信等精神树立中国的社会主义荣辱观；2017 年习近平总书记于十九大会议上提出的“社会主义核心价值观”：围绕爱国、敬业、诚信、友善等理念共同构成我国的社会主义核心价值体系。实然，无论是“八荣八耻”，还是社会主义核心价值观，其中所确立的行为规范与行为准则可谓皆为我国公民所应当遵守的基本道德规范。可见，传统“礼义思想、礼仪文化”的与时俱进不仅在经久的传承中从未中断，且至今天，

① 汉“新儒学”的奠基人董仲舒在阐释儒学的自然观、政治观、价值观时，对先秦儒学多有改造，这种改造一半是为了使儒学更能适应时势，一半也是为了投汉武帝之所好，特点在于实践性加强。但笔者认为先秦儒学设立之初衷仍在。参加马小红：《礼与法：法的历史连接》，北京大学出版社 2017 年版，第 456~457 页。

② ［法］伏尔泰：《风俗论》（下册），谢戊（WU）申等译，商务印书馆 1997 年版，第 461 页。

③ 万俊人：《如何看待我们自身的传统文化?》，载搜狐网，https：//www. sohu. com/a/298288564_120056687，2022 年 5 月 17 日访问。

④ 贺照田：《破坏规则的人为何理直气壮：当代中国的精神迷思》，载金刺猬网，http：//www. jinciwei. cn/h456237. html，2022 年 2 月 11 日访问。

已然由国家层面的政策支持上升至宪法高度，获得了一国顶级法治的支撑。

综上，传统文化之精髓——礼义文化、德治思想早已通过“明文、明示，甚至宣示”的方式呈现于公众。实然，无论中国或是西方，法与道德、法与良善、法与正义皆密不可分。如江国华教授所言，“善或正义乃法之永恒不变的追求，法的道德评价乃人的一种本性使然，是人的一种本能的认同感与追寻感，这时的法就意味着与人们所共行共信的道德，或者人之内心规则、观念规则达成默契，‘法虽不严而自威’。从此意义上，正义、良善乃一切法的道德基础，因而也是宪法的道德基础”。① 实然，古希腊哲学家亚里士多德曾言，“城邦（国家）乃是以促进正义与善德为目的的共同体，其中，法律是实现国家与公民之善的条件”。② 在他看来，“要使事物合于正义（公平），须有毫无偏私的权衡，法律则恰恰正是这样一个中道的权衡。作为一种中道的权衡，法律乃理性与正义的集合体，是促进正义与善德的永久制度”。③ 古罗马法学家塞尔苏斯指出“法律是善良公正的艺术”。④《查士丁尼学说汇纂》序言对法律的定义为“善良是指道德，公平就是指正义”。⑤ 可见，“道德、良善、正义”于宪法、法律中的地位毋庸置疑。

据此，与其说“道德规定于宪法典中”，不如说道德即是宪法应有之内涵与价值。简言之，中国宪法的本质属性乃立基于中国宪法的价值基础——道德性、民族性，表现为强调以（礼义）道德、良善、正义为基础的社会主义核心价值观。可以说，于中国而言，此时的“礼义精神、道德内涵”已融合于宪法规范中，通过有形的规范形态与无形的精神引领，成就了中国宪法内蕴之文化基础。反之，若中国宪法不具备此类文化内涵，那便是一个空洞的存在，或者说只具备宪法的“世界特质”，那便无法区分中国宪法不同于他国宪法的典型特征。虽然，民族的不一定是世界的，但是民族的一定是自有的，如中国传统之礼义、礼

① 江国华：《宪法的道德之维——兼论宪法的普遍低度道德法则》，载《华东政法学院学报》2003 年第 6 期。

② 徐爱国、李桂林：《西方法律思想史》，北京出版社 2014 年版，第 26 页。

③ ［古希腊］亚里士多德：《政治学》，吴寿彭译，商务印书馆 1965 年版，第 169、138 页。

④ 徐爱国、李桂林：《西方法律思想史》，北京出版社 2014 年版，第 40 页。

⑤ 徐爱国、李桂林：《西方法律思想史》，北京出版社 2014 年版，第 40 页。

仪演变至今天的社会主义核心价值观。这一历程，于发展中创新、于传承凝聚，奠定了一国创造力之根源，成为一国规则之治实现的重要精神支撑。宪法与道德的关系如图 4-2 所示。

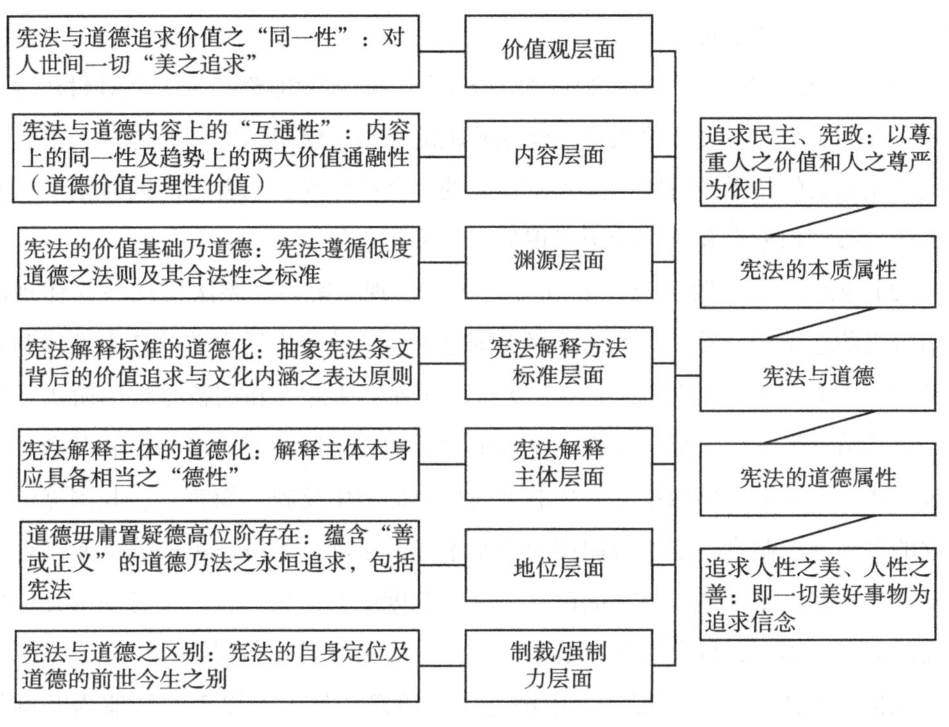

图 4-2　宪法与道德的关系图

（二）宪法的世界特性：民主性、阶级性

1. 宪法外观层面：宪法的民主特性

宪法文本：“人民主权观念”的形成和普及是宪法产生的基础。在当代世界，不管人民主权观念形成、普及与否，世界大多数国家宪法都规定了主权在民原则，此与一国之国体、政体休戚相关，亦与制宪权密切相连，也暗指制宪权“可能”在“人民”手中。

宪法实践：如果说一部宪法，其存在和运行的前提是“民主事实”的存在，而后于宪法“文本”层面上全然贯穿着该观念和精神——宪政“实践”中亦努力朝此迈进、完善，即乃一部好宪法。同时，也保证了文本民主的落地，即将人民主权原则通过各类民主制度“实践化”。

2. 宪法实质层面：宪法的阶级性

宪法的阶级性，是指各种政治力量对比关系的集中体现，强调的是意识形态领域的斗争。具体表现在：

（1）宪法是阶级斗争的产物：“阶级斗争”的内涵即资产阶级反对封建地主阶级、无产阶级反对资产阶级与封建主阶级的斗争。就中国的国共内战来说，中国共产党代表的是无产阶级，国民党代表的是资产阶级，二者之间的斗争实质乃是无产阶级意识形态和资产阶级意识形态领域的斗争。

（2）宪法是统治阶级意志和利益的集中体现：第一，宪法所反映和体现的统治阶级的意志和利益，是统治阶级在国家生活和社会生活中涉及各个领域和方面的“整体意志和利益”，而非某一方面。这种整体意志和利益是统治阶级系统化了的政治、经济、军事、宗教、伦理道德、文化、法制等诸多方面利益和意志的统一体，而非某个领域中某一项制度与内容的集中反映。简言之，我国宪法所确立的各项基本制度，如经济制度中的基本经济制度、经济政策、分配制度等的确立，政治制度中国体、政体的确立，社会制度中科、教、文、卫各项国计民生制度的规定，等等，皆是服务于统治阶级——人民的意志和利益。

根据《宪法》第一条规定，中国是工人阶级领导的、以工农联盟为基础的人民民主专政的社会主义国家。第二条规定，中华人民共和国的一切权力属于人民。据此推论，中国的国家主人乃“人民”。宪法所调整的社会关系乃围绕国家与公民这一基本关系而展开的系列社会关系，而其他一切制度，包括政治制度、经济制度、文化制度和社会制度乃均围绕于此，并服务于此。如《宪法》第二章乃公民基本权利义务篇，即人权篇。作为一种“发展中”的权利，人权条款以列举式的、直接明确且具体的条文为我们所感知，目的在于要求公民知权、明权、用权，最终实现人权保障；《宪法》第三章是对国家机构的规定。作为宪法典中的组织条款，自始即存的固原性条款，通过限制公权力的间接方式，以实现人权保障。简言之，无论人权条款还是组织条款，两者均服务于人权保障这一终极目标的实现。

第二，从阶级结构上看，宪法是统治阶级内部各个阶级、阶层利益和意志的集中反映，而非其中一个或某几个阶级利益和意志的代表和反映。在中国，根据《宪法》第一条、第二条之规定，人民是国家的主人，其中“人民内部”又包括工人、农民、知识分子等多个不同的阶级或阶层，如中华人民共和国是工人阶级领导的、以工农联盟为基础的人民民主专政的社会主义国家。而宪法即是统治阶级内部所有阶级或阶层利益和意志的集中反映。

（3）宪法随着阶级力量对比关系的变化而变化：即指宪法中国家各阶级力量对比关系不同程度的变化，而导致宪法文本的相应修改。具体包括宪法的“质变”与“量变”，其中“量变”又有程度之差。具体而言：

第一，“质变”：当阶级力量对比关系发生“质变”，即原有“意识形态”被打破、被颠覆——必然导致不同类型的宪法出现。例如张学良东北易帜，国民政府至此获得了形式上的统一，国民政府制定了民国宪法。例如1931年的《中华民国训政时期约法》、1936年的《中华民国宪法草案》及1946年的《中华民国宪法》皆属于资本主义类型的宪法；至1949年，中华人民共和国成立，“五四宪法”诞生，作为中华人民共和国第一部社会主义类型的宪法，相比于资本主义宪法，当属质变。包括此之后的“七五宪法”“七八宪法”及现行“八二宪法”，与“五四宪法”一般，相较于资本主义类型的宪法，当属一种质变。

第二，“量变”：阶级斗争力量对比关系的变化虽然加强或减弱了统治阶级力量，但不足以改变统治阶级内部的阶级结构，即宪政体制。对此量变，因程度深浅之异，分为两种形态。一则，宪法的全面修改。此形态因量变程度较深，现行宪法已无法适应社会需求，而需对现行宪法予以全面修改。如中华人民共和国成立后的“五四宪法”“七五宪法”“七八宪法”及现行“八二宪法”即属此种量变，但本质层面，乃属于统治阶级内部的结构调整，宪政体制未改变。二则，宪法的部分修改。此阶段，宪法的变化往往以宪法的部分修改方式进行，通过调整（现行）宪法的某些内容、规定以适应阶级力量的对比关系变化。如我国的“八二宪法”，由中华人民共和国第五届全国人民代表大会第五次会议于1982年12月4日正式通过并颁布，此后历经了1988年、1993年、1999年、2004年、2018年共五次修订。

（三）宪法本质的未来预期

概括而言，宪法本质属性中的两大特质，在价值追求上终将会融为一体。

（1）终极价值追求：第一，宪法的中国特质。中华民族以“和谐”礼义之理想乃在于对人的信任和关怀，在于对人的尊重和关怀，在于追求人性之美、人性之善，在于追求一切美好的事物，在于追求以礼调和而不是压制人性；第二，宪法的世界特质。以民主、宪政、自由、平等为基本内涵的近代宪法，以尊重人之价值与人之尊严为价值依归。从价值观的最终追求而言，两者有着极强的契合度。

（2）终极价值实现路径：古之礼义精神，包括以“德”为核心的礼仪制度皆非僵化、停滞之物，作为一种拥有中国特质的“礼、德”文化，“宪法内蕴之道德价值不可避免地要与理性价值相结合，而宪法的道德思维是助就这种结合的内在因素、宪法的制度设计是助推此种链接的外围保障”。① 如彰显“中西文化价值合璧”之“社会主义核心价值观”，其“入宪生法”，内生而成之规则特质，即在某种程度上表明，所谓“接轨”已然在发展中。譬如公正，在追求实体公正的传统诉讼文化中，我们认可并接纳“程序公正”的引入。② 且从现实执法、司法实践观之，注重实体公正与程序公正已然成为行政机关与司法机关的重要的执法追求与裁判衡量标准。

二、宪法的分类

此处所谈宪法的分类，基于宪法的传统分类视角，主要包括成文宪法与不成文宪法，刚性宪法与柔性宪法，民定宪法、钦定宪法、协定宪法，以及近代宪法与现代宪法几大类。通过宪法传统的分类解读，进一步强化对宪法内涵之解读。

（一）成文宪法与不成文宪法

分类标准为：根据是否具有统一的法典形式，宪法可分为成文宪法与不成文宪法（统一的法典形式为分类标准，而非“文件”形式）。

成文宪法：指有关国家统治体制与公民基本权利关系的调整由统一法典形式的宪法予以调整。代表国家主要为大陆法系国家，如中国、法国、德国。

---

① 参见江国华：《宪法的道德之维——兼论宪法的普遍低度道德法则》，载《华东政法学院学报》2003 年第 6 期。

② 此处，包括上文所言之程序公正，并非希望程序公正取代实体公正，而是两者的真正融合。

不成文宪法：指有关国家统治体制与公民基本权利关系的调整，因无统一的法典形式而散见于普通法律、习惯与惯例的传统中。代表国家主要为英美法系国家，如英国、美国。

成文宪法与不成文宪法的分类标准并非绝对，亦无绝对。如美国 1787 年宪法乃世界上最早的成文宪法，但美国则属于不成文宪法的典型代表国家。实然，无论是成文宪法，还是不成文宪法，就其未来发展趋势来看，两者的分野必然会缩小。换言之，成文宪法的优点，如稳定、简洁、明了、确定等，势必会弥补不成文宪法稳定性不足，内容不够直接、明确等缺点。同样，不成文宪法的优点，如因灵活、富有弹性，适用性较强，势必会在较大程度弥补成文宪法过于稳定、僵硬，修改不易，适用性差等缺陷。

概言之，未来的世界各国，兼具成文宪法与不成文宪法两类法律形态势必会成为一种趋势。如中国，即使拥有成文宪法典，但我国司法机关的指导性案例，包括最高法院与最高检察院定期所发布的指导性案例，却是在不断地发展与丰富的。虽然从法律性质而言，我国司法机关发布的指导性案例非调整有关国家与公民间之关系的内容，非调整基本的社会关系，但从根源而言，此与我国的宪政体制、宪法监督制度等有直接关系。因此，严格意义上，中国还未有宪法指导性案例，上述指导性案例乃有关法律的指导性案例，即我国最高法院、最高检察院发布的指导性案例乃具有相当于“法律”的属性与特质。再如美国，既有成文的宪法典，亦有庞大的自成体系的宪法惯例、宪法判例，可谓兼有了成文宪法与不成文宪法的优点，避开了两者的不足。加之，美国拥有先立宪后建国之法治传统，以及各项改革中必有法律依据之改革前提，如“罗斯福新政”中，《全国工业复兴法》出台后对工业的复兴与调整，《社会保障法》通过后，建立起了有法可依之社会保障体系，等等，共同成就了美国今天的法治社会样态。而在此中，成文法律与不成文法律兼具的完善法律体系成为一种内生助力，以其持续性的能量推动着美国“法治”的发展与完善。

（二）刚性宪法与柔性宪法

分类标准为：根据是否具有严格的修改程序，宪法可分为刚性宪法与柔性宪法。

刚性宪法：指具有严格修改程序的宪法。

柔性宪法：指宪法的修改与其他法律的修改程序一般。

成文宪法是否均为刚性宪法？不成为宪法是否均为柔性宪法？不成文宪法的修改程序相较于成文宪法，修改频率与程度是否一定频繁？

（1）成文宪法不一定皆是刚性宪法。如智利、秘鲁、1848 年的意大利宪法等虽为成文宪法，但皆为柔性宪法。

（2）不成文宪法一般皆为柔性宪法。

（3）宪法的修改，无论成文宪法还是不成文宪法，主要取决于政治共同体中各阶级间的力量，即各主要政治力量间对比关系的变化，而非仅看宪法所规定的修改程序。修宪程序，只有在宪法修改决定作出后依据的具体的修改程序。因此，不成文宪法的修改程序相较于成文宪法，修改频率与程度不一定频繁，修改程序非修宪之决定影响因素。

（三）民定宪法、钦定宪法、协定宪法

分类标准为：根据制定主体或制宪机关的不同属性，宪法可分为民定宪法、钦定宪法、协定宪法。

民定宪法：在奉行主权在民原则的指导下，由人民或人民选举产生的代议机关制定和通过的宪法。

钦定宪法：由君主或君主名义自上而下制定与产生的宪法。

协定宪法：由人民与君主协商制定与产生的宪法。

实然，从当今世界宪法的发展趋势来看，主流的宪法类型乃民定宪法，即制宪主体为人民或人民代议机关通过的宪法，所谓的钦定宪法已然成为一种历史类型。钦定宪法，包括协定宪法所呈现的意义更大程度乃是历史价值。故，此种分类依据与类型呈现于当今世界的影响力渐趋弱化。

（四）近代宪法与现代宪法

根据发展的不同历史阶段，宪法可分为近代宪法与现代宪法。

近代宪法：主要指资本主义类型的宪法。

现代宪法：既包括资本主义类型的宪法，又包括社会主义类型的宪法。

1. 近代宪法诞生的背景及特点

近代宪法的诞生实是反封建的产物，无论是西方欧洲诸国，还是近代中国，宪法的诞生皆是此重要产物。欧洲诸多国家与中国，皆经历了漫长的封建社会，尤其是封建社会后期，阶级矛盾分化，民众生活苦不堪言。在此背景下，资产阶级为争取其利益与诉求奋起反抗：第一，政治上，以反封建为目标，通过人民主权原则的确立，通过中央权力分立、地方自治等国家横向权力与纵向权力的重新配置，最终实现资产阶级保障人权之终极革命目标。换言之，通过权力的重新配置，分化封建专制王权，确立主权在民、主权服务于民之原则，以达到对人权的切实保障。第二，经济上，同政治上一般，封建专制的深沉压迫使人们迫切需要呼吸，故经济上之主张匹配于政治目标。核心追求即要求自由、摆脱专制，通过主张自由放任的经济模式，避免对社会经济生活的过多干预，仅维护最低限度的社会安全与国家秩序即可。第三，公民权利上，政治上、经济上的诉求落实与否，以是否体现于公民权利上为终极验证标准，亦再次验证了近代资产阶级改革的终极目标，即公民权利上，要求保障公民自由，公民自由主要包括与自由放任的经济模式相适应的政治自由、经济自由、精神自由与人身自由等。在路径上，通过反对国家的过多干预，达到切实保障公民自由之目标。

资产阶级革命的目标定位与追求，最终以根本法的形式确立于宪法文本中，成为国家运行的根本指导原则。而无论是资产阶级革命追求，还是其入宪之理念，核心特点即是“自由”，甚至可称之为“绝对自由”。这既是封建社会压抑人性过深之必然结果，也体现了资产阶级的局限性，为新一轮的阶级斗争及其产物——现代宪法的产生与出现奠定了历史性的根基。

2. 现代宪法诞生的背景及特点

以1929年美国经济危机为例，1929年夏天，美国经济，包括美国整个社会还是欣欣向荣，一片歌舞升平。直至同年9月，美国财政部长还在信誓旦旦地向民众保证，这一繁荣景象将在美国继续下去。但是到1929年10月，美国金融界似瞬间崩溃般，股票一夜之间由5000多亿美元化为乌有。美国经济危机爆发，迅速席卷整个美国乃至全世界。在通货紧缩的危机下，美国各行业货物堆积，因存货堆积，众多企业商品销售不出去，货款无法偿还、工人工资无法支付，如此一来，致使银行面临倒闭的困境，工人面临失业的风险。而伴随银行倒闭，企业因资金严重受限，同样会面临种种困难，包括如上所言，无法支付工人工资，致使工人失业，企业倒闭，商店关门，等等，可谓形成一种恶性循环。在这种情况下，经营者只能将大量的货物，如牛奶、粮食、棉花等当众倾倒、焚烧等，且屡见不鲜。据数据显示，这场经济危机使美国 86000 家企业破产，5500 家银行倒闭，全国金融界陷入窒息，千百万美国人多年积蓄付诸东流。① 同时，美国 GNP 由危机爆发时的 1044 亿美元急降至 1933 年的 742 亿美元，失业人数由不足 150 万猛升到 1700 万以上，占整个劳动大军的 1/4 还多，美国整体经济水平可谓倒退至 1913 年。②

美国经济危机下，时任总统胡佛采取了诸多举措，但因仍坚持“自由放任的经济模式与一贯政策”，致使诸多政策收效甚微。继任总统罗斯福上台后，在坚持“自由竞争资本主义”原则下的“市场经济”之模式，采取了诸多新政举措。如通过整顿银行业，以恢复银行信用；通过颁布《全国工业复兴法》对工业予以调整，该法明确要求各工业企业制定本行业的公平经营规章，确定各企业的生产规模、价格水平、市场分配、工资标准和工作日时数等，防止出现盲目竞争引起的生产过剩等。在该法中，政府有形之手已然进入工业领域，通过加强政府对资本主义工业生产的宏观调控，即控制与调节予以实现工业复兴，缓和阶级矛盾；通过颁布《社会保障法》，建立社会保障体系，建立确保退休工人的养老金，失业者的保险金，残疾人的补助金，临时困难人员的救济金等规范制度；通过大力兴建公共工程，提供就业机会、提高民众的就业率。对此，一方面可刺激消费与生产，另一方面可缓和阶级矛盾，减轻经济危机带来的综合压力。

透过美国经济危机及罗斯福新政，现代宪法所具有的特点则由此显现。第一，政治上，宪法理论引入“福利国家”的理念，主张国家应在一定程度上积极介入社会经济生活等各个领域；第二，经济上，在自由竞争的资本主义经济下，反对财产权的绝对保护，主张财产权的社会义务与社会责任，即主张经济活动的秩序应最大可能地保障每个人能够有尊严地生活着；第三，社会权上，强调

---

① 《美国历史上的黑色星期四有多厉害？一夜损失五千亿美元》，载快资讯网，https：//www.360kuai.com/pc/9900ab13000619f02？cota=3&kuai_so=1&sign=360_57c3bbd1&refer_scene=so_1，2022 年 7 月 4 日访问。

② 《1929，美国为何发生经济大萧条?》，载腾讯网，https：//new.qq.com/rain/a/20200902A04KNI00，2022 年 7 月 12 日访问。

对社会弱者的保护，如老年人、未成年人、妇女、残疾人等，此一方面体现福利国家之理念，另一方面彰显与“扩充”了平等权的内涵；第四，宪法自身层面，强调宪法的规范层面价值，即着重于宪法在司法领域中的解释与运用，而非仅关注宪法的政治功能。上述新政内容，在后续发展中，不仅成为世界当代各国宪法文本的当然内容，亦被各国作为施政理念运用于国家执政活动中，并因其入宪而被历史深刻铭记。实然，其源于各国执政实践之经验，亦在经验的累积中升华为一国之宪政理念，进而指导国家活动，由理念、价值转化为现实行为，体现了一种辩证循环的宪政观。至今天，当今世界，国家宏观调控或福利国家的理念因之入宪，早已深入人心。如中国，2020 年新冠疫情暴发，彼时，中国自中央至各地方、自上而下举全国之力以救助，即体现了福利国家的理念与精义。换言之，国家有形之手与市场无形之手的多重价值与意义，在现代国家及现代宪法学中得到了完美的诠释。

可见，现代宪法的诞生可谓是对近代宪法缺陷与不足的弥补，或可直言，社会主义国家面对资本主义社会所爆发出来的危机，扬长避短，学其精华，剔其糟粕，并将这一结果，体现于一国根本法——“宪法”中。

3. 近代宪法向现代宪法过渡之标志：1918 年的苏俄宪法与 1919 年的魏玛宪法

综合近现代宪法之特点，此两部宪法实是具有社会主义性质的宪法，自此之后，社会主义类型的宪法不断问世，与资本主义宪法并行于当今世界。这也同时说明，社会主义性质的宪法在诞生之初必然要经历一个发展、丰富与完善期，至 1929 年美国经济危机之后，社会主义性质的宪法才逐渐强大。虽然资本主义宪法与社会主义宪法，因经济基础、意识形态的差异，本质不同，但在目标追求上，笔者认为，追求人性之美、人性之善，保障人权、服务于民乃两者的共同愿望。

三、宪法的渊源

谈宪法的渊源，我们仍从法理学——“法的渊源”之理路予以推论、研究，所谓法的渊源主要指法的来源，通常由三大基本要素构成，分别为资源性要素、进路性要素和动因性要素。我们以制作蛋糕为例来解读法之渊源的三大构成要素。具体而言：

（一）法理视角：法的渊源

1. 资源性要素

制作蛋糕需要什么原料呢，通常包括面粉、酵母、水、鸡蛋、白糖、奶油，等等。法的生成亦如制作蛋糕一般，首先需要系列原料，此即所谓法之诞生所需的第一要素，也可称之为主要要素——资源性要素。所谓“资源性要素”主要指法是基于何种原料形成的。一般而言，法的原料主要有习惯、判例、先前法（继承）、外来法（移植），基于道德（社义核心价值观）、宗教戒律、政策、决策（监察法）、学说之类等。举例而言：

（1）道德：道德体现了一种文化传承，但“传承”至当代，亦有保持与更新。社会主义核心价值观，作为当代德之内涵及其结构体系之表达，于2018年宪法修改时正式入宪。道德，作为人之内心的一种行为准则，一种观念规则，甚或现实规则，待时机成熟后，自然会成为一种成文规则，如2018年的入宪，2021年最高人民法院印发的《关于深入推进社会主义核心价值观融入裁判文书释法说理的指导意见》等，皆说明道德亦乃法律生成的另一重要资源。

（2）先前法、外来法：从法理学视角研究，先前法可称为“法的继承”，外来法可称为“法的移植”。两者作为法的生成原料，具体表现在：

①“先前法”作为法律的生成原料，举例而言：如自清末近代立宪改革以来，我国诞生了诸多宪法性文件、宪法性法律乃至宪法文本。如作为清末立宪产物的1908年的《钦定宪法大纲》、1911年的《重大信条十九条》。至民国时期，南京临时政府时期的两部代表性宪法，分别为1911年的《中华民国临时政府组织大纲》、1912年的《中华民国临时约法》；北洋军政府时期出台了三部具有代表性的宪法，分别为1913年的《中华民国宪法草案》、1914年的《中华民国约法》及1923年的《中华民国宪法》；南京国民政府时期的三部代表性宪法为1931年的《中华民国训政时期约法》、1936年《中华民国宪法草案》、1947年公布的《中华民国宪法》。上述宪法，尤其是民国时期的八部宪法，承继性极为明显，表现在：譬如当代宪法所具有的实质要件与形式要件，这一时期的宪法经历了从无到有的过程，且在不断地承继与发展中日益强化与完善。如实质要件中，

国家机构与公民基本权利的完善；形式要件中，宪法的制定、修改、解释等系列程序性要件的不断完备。如孙中山先生的宪政理念与宪政思想几乎贯穿于整个民国时期的宪法中，尤其是其五权宪法之理念，在 1947 年的《中华民国宪法》中更是以专章的形式予以逐一列举。再如南京国民政府时期的三部宪法性文件皆规定了地方权限、中央与地方的关系，尤其是 1947 年的《中华民国宪法》对此内容的规定更为具体、完善，可谓在承继的基础上，弥补了南京临时政府、北洋军政府时期宪法性文件的不足。

②“外来法”作为法律的生成原料，举例而言：严格意义上，中国古代确实有“法律”，尤其是“刑事法律”方面相当丰富与完备，但相较于当今法律体系而言，两者虽皆为规范体系，但实非一体。自近代清末立宪运动始，现代意义上的法律体系，于中国逐渐完备，自顶层设计的国家根本大法宪法，至民法典、刑法、行政法、三大诉讼法等，无论实体法还是程序法，我们在移植之外，不断中国化，至今天，得以形成了完备的具有中国特色的法律体系。

（3）政策：基于政策生成法律，以我国监察体制改革的路径选择为例来看。①监察体制改革始于 2016 年 10 月 27 日，党的十八届六中全会提出：各级党委应当支持和保证同级人大、政府、监察机关、司法机关等对国家机关及公职人员依法进行监督。②同日，中共第十八届中央委员会第六次会议通过《中国共产党党内监督条例》也作了同样规定。这是党的文件和党内法规首次将“监察机关”与人大、政府、司法机关一同并列提及，并首次提出监察机关这一现行宪法规定的国家机构之外的主体、政府、监察机关、司法机关等对国家机关及公职人员依法进行监督。③2016 年 11 月 7 日，中共中央办公厅印发《关于在北京市、山西省、浙江省开展国家监察体制改革试点方案》，部署在上述三省市设立各级监察委员会。从性质而言，前三项演绎路径属于典型的国家政策、决策。④2016 年 12 月 25 日，通过《全国人民代表大会常务委员会关于在北京市、山西省、浙江省开展国家监察体制改革试点工作的决定》——国家监察体制改革由党的意志、党内决策转化为国家意志和法律规定。至此，监察体制改革由政策、决策因立法机关全国人大常委会的《决定》，而正式具有了法律特质。⑤2017 年 5 月 2 日，中国人大发布了全国人大常委会 2017 年立法工作计划——行政监察法修改为国家监察法，同年 6 月提请全国人大常委会会议初次审议。⑥2017 年 11 月 7 日，

《中华人民共和国国家监察法（草案）》在中国人大网首次公布，向社会公开征求意见。⑦2017 年 12 月 22 日，监察法草案提请十二届全国人大常委会第三十一次会议二审。⑧2018 年 3 月 11 日，第十三届全国人民代表大会第一次会议通过《中华人民共和国宪法修正案》。⑨2018 年 3 月 20 日，第十三届全国人民代表大会第一次会议通过《中华人民共和国国家监察法》。

可见，自 2016 年《决定》的法律出台，改革在试点地区、局部区域先行展开。随后，2018 年《宪法修正案》《中华人民共和国国家监察法》的相继出台，改革于全国范围内铺开。而从改革最初探究，无论是 2016 年《决定》的出台，还是 2018 年的《宪法修正案》《中华人民共和国国家监察法》的出台皆确保了改革的有法可依，尤其是监察体制改革于全国范围内铺开后，改革便具备了顶层设计之宪法层面的依据。但基于改革最初发源起始，至中端发展到全面铺开的全过程路径看，“政策”为起始—改革试点时期的“法律”出台—修宪、修法后之改革的全国内铺开。据此，可推论出，2018 年《宪法修正案》《中华人民共和国国家监察法》的出台，此两部法律的诞生，其原料即是国家于 2016 年始所作出的政策与决策。此外，《中华人民共和国国家监察法》的出台乃在《中华人民共和国行政监察》的基础上修订的，可以说，《中华人民共和国行政监察法》作为先前法，乃《中华人民共和国国家监察法》的重要渊源。

（4）习惯、判例：习惯和判例，作为法律生成的原料，主要存在于英美法系国家。如美国，包括成文宪法、宪法性法律、宪法判例、宪法惯例等在内，共同构成了美国的宪法，发挥着宪法配置国家权力及强规范约束之作用。这一作用，直接影响着美国的宪政发展及其法治进程。如美国经典判例“马伯里诉麦迪逊案”，该案不仅确立了法官有解释宪法的权力、法官有解释法律的权力，且赋予法官有不适用违宪法律的权力。借由此，确立了美国司法机关解释宪法的解释体制。同时，确保了美国的规则之治，如政党问题、党派问题的法律化、宪法化等。此外，促使美国三权分立的权力配置模式由形式走向实质，予以真正落地，且在长久的发展中，无论是美国的三权分立体制，还是司法解释体制，经由此宪法判例的实质确立、发展，被全国民众内心所接受、认可，并在不断的时空演绎中，演变成为美国的一项重要宪法惯例。

此外，某些学说，如“同工同酬”等观点，亦乃生成法律的重要资源要素之一。

2. 进路性要素

制作蛋糕的原料准备好后，便要开始动手制作，制作蛋糕的过程即为蛋糕生成之“进路”。所谓进路性要素，指法基于何种途径形成。目前，主要有立法、司法、行政之径，此外，还有基于国际条约之类途径形成法律的。具体而言：

在资源性进路的分析中，法律生成的诸多原料，无论政策、决策，还是道德、先前法与外来法、习惯和判例等，其生成法律自然要对上述原料进行“加工”。第一，立法途径。如政策、决策，经由后续立法，生成了《中华人民共和国国家监察法》，并进入《宪法》文本中，如道德，2018 年的社会主义核心价值观的入宪即是通过宪法修改进入宪法文本中。第二，行政途径。行政途径亦可以行政立法形式促进法律的生成，如中国。中国的立法体系模式乃“统一基础上的分层级制”，即立法机关在人大主导下的多种立法主体与立法样态并存之体制，其中行政机关立法亦为主要的形态之一。在中国，行政机关，如国务院，各省级地方人民政府，以及省、自治区的人民政府所在地的市，经济特区所在地的市，国务院已经批准的较大的市的人民政府皆享有立法权。第三，司法途径。主要存在于英美法系国家，如宪法判例、法律判例的生成，在司法解释体制、司法监督体制的美国，则由司法机关通过司法方式生成法律。第四，国际条约。即指在国际交往中，国与国之间基于利益需求，就某一事项中各自的权利义务所缔结的书面协议。协议签订成功，签约者国家则必须予以遵守，此时的国际条约即具有了“法律”属性。如美国《宪法》第六条规定，合众国已经缔结和即将缔结的一切条约，皆为合众国的最高法律，每个州的法官都应受其约束；德国《基本法》第二十五条规定，国际公约的一般原则是联邦法律的组成部分，它们的地位优于法律，并直接创制联邦境内居民的权利和义务。在中国，通常情况下，我国会将国际条约中所承担的义务转化为国内立法而予以适用，或者在法律适用中优先适用国际条约。即使国家宪法中未有明确规定的，但遵守和奉行已签订的国际条约已然是一项通行的国际准则。

3. 动因性要素

为什么要制作蛋糕，在这个过程中，既要准备一系列原料，又要经过繁复的加工。在课堂提问中，最常见的答案，是因为“想吃”，所以才做。“想吃”即是答案，即为动力。法律的生成，亦如此般，因为国家需要、民众需要、社会需要等迫切的、需求性的原因，所以才基于资源性要素，通过进路性要素，生成成文法律，进而服务于国家民众与社会之需。据此，所谓“动因性要素”，指法是基于何种动力、基于何种原因形成的，是基于日常社会生活、社会发展的需要，还是基于一国经济、政治、文化、历史之类的内外在作用，因其之影响而形成的。

（二）法理视角：法的形式

所谓法的形式，主要是指法的外部存在形态，或法的具体样态，概称为法的外观。简言之，即法由何种国家机关制定、认可，具有何种表现形式。当代中国，法的形式有宪法、法律、行政法规、地方性法规、部门规章、地方政府规章、自治法规、国际条约等。可见，法的形式的集合体即为法律体系，或立法体系。

综上所言，“法的渊源”并非“法的形式”，两者不可同日而语。所谓“法的渊源”，主要指法的来源，即法由何种原料，基于何种途径，出于何种动因而生成。其中“资源性要素”乃法的渊源的首位要素。任何法律的生成，并非有了“原料”、符合社会需求等，就必然能够成功生成。换言之，法律的成功诞生是一个综合作用之结果，既包括法之渊源的三大要素的集合体，亦囊括了立法的整体环境状况。如关于我国“0—3岁”托育事业的地方立法中，现有的政策资源，自中央至地方已然十分全面、明确，如《国务院办公厅关于促进3岁以下婴幼儿照护服务发展的指导意见》《国家卫生健康委关于印发托育机构设置标准（试行）和托育机构管理规范（试行）的通知》《国家卫生健康委关于印发托育机构保育指导大纲（试行）的通知》《关于印发托育机构登记和备案办法（试行）的通知》，以及《武汉市人民政府办公厅关于加强3岁以下婴幼儿照护服务工作的通知》《武汉市卫生健康委关于做好托育机构备案和管理工作的通知》，等等。且现实需求性资源，即动因性要素也已然十分迫切，如“中南财经政法大学人口与健康研究中心课题组”针对“武汉市0—3岁婴幼儿家庭托育需求调查研究”已然显示，托育机构的市场需求是十分旺盛且迫切的。但目前，如武汉市或其他各地的托育立法仍未颁行。

可见，“法的渊源”即为法的半成品、预备库，是未然的法和可能的法。而“法的形式”，则为法的既成品，是已然的法和现实的法。就两者的关系而言，“法的渊源”乃“法的形式”的必经之途，“法的形式”的结果确立离不开“法的渊源”这一过程，其中，“法的渊源”注重“过程”，“法的形式”强调“结果”，两者的关联即为“过程—结果”之别。

（三）法理视角：宪法的渊源

宪法的渊源，主要包括宪法典、宪法性法律、宪法惯例、宪法判例、宪法解释、国际条约。

第一，宪法典：即以书面形式、法典样态呈现的宪法文本。因此最集中地反映了国家统治体制与公民权利之间的关系。世界上第一部成文宪法典为美国的《1787年宪法》，又称《美利坚合众国宪法》；欧洲大陆第一成文宪法典为法国的《1791年宪法》，又称《法兰西合众国宪法》。

第二，宪法性法律：一般有宪法规范存在其中，研究的内容为宪法典的其中一项内容或某一方面的问题。以中国为例，中国的宪法性法律有：《组织法》《选举法》《集会游行示威法》《国旗法》《民族区域自治法》《香港特别行政区基本法》《澳门特别行政区基本法》等。

第三，宪法惯例：从字面而言，“惯例”指习惯和传统，“宪法惯例”即指有关宪法的习惯与传统，与宪法具有同等效力。具体而言：①内容上，宪法惯例规范的内容与调整对象乃国家的根本问题与基本的社会关系。②性质上，因不具有司法上的适用性，也不由国家强制力保障实施，故违反宪法惯例不构成违宪。③效力上，基于宪法惯例的性质，违反宪法惯例的制裁后果通常体现于政治道德层面，而非法律层面的强制力约束。举例而言：如自中华人民共和国成立后，中国历次修宪，历届国家领导人的执政理念与执政方针皆会在宪法修改时予以体现，如毛泽东思想、邓小平理论、“三个代表”重要思想，以及2018年修宪时的科学发展观、习近平新时代中国特色社会主义思想的入宪。再如每年三月份，为便于参政议政，全国人大会议同全国政协会议几乎同时举行。实然，宪法惯例虽为一种在长期政治生活实践中经久适用的习惯与传统，但并非一成不变，不可打破。如美国总统连任宪法文本中并无规定，美国第一任总统华盛顿创立了连任一次的惯例，但自后继总统罗斯福上台后，因美国经济危机等原因，其连任四届，打破总统连任一届的宪法惯例。此即说明宪法惯例亦可能因适应国家发展新情况、新态势，而面临被废弃、被打破，宪法惯例被重新创造的情况。

第四，宪法判例：宪法判例乃英美法系国家特有的一种法律渊源。具体而言：①内容上，宪法判例调整的乃国家根本问题。②主体上，宪法判例乃法院的判决，即由司法机关作出。③效力上，宪法判例具有普遍约束力，即最高法院及上级法院的判决能被其他法院援引，以作为审理同类案件的“法律”依据。

需注意的是，中国作为大陆法系国家，宪法判例非我国的宪法渊源。有学生认为，中国最高法院与最高检察院定期发布的指导性案例为中国式的宪法判例，但严格意义上，作为立法机关解释体制的国家，我国最高法院与最高检察院所发布的指导性案例实非“宪法判例”：一则，内容上，非有关宪法领域的指导性案例；二则，适用上，指导性案例本身有特定的适用领域与适用情形；三则，性质上，从字面含义分析，“指导”二字的意涵已然决定其非“法律”，即指导性案例并不具有强制约束力，与具有普遍约束力的宪法判例不能等同。

第五，宪法解释：宪法解释作为宪法的重要组成部分，与宪法具有同等的法律效力。中国的宪法解释机关为全国人大及其常委会，即立法机关的解释体制。

第六，国际条约：见诸“进路性要素”分析部分。

四、宪法的效力

欲谈宪法之效力，仍借助于法理学中“法律效力”之概念予以引入，所谓法律效力，指法律所具有的强制力和约束力，在一个法律体系中，由于立法机关的不同，法律规定的内容和调整的社会关系不同，法律效力亦不同。推论而言，宪法的效力实乃宪法所具有的强制力和约束力。

通常而言，宪法的效力分为两大类。一为宪法的直接适用力，又称宪法的直接强制力与制裁力，指宪法直接指向、直接作用之对象乃“法律”，而非“人”。具体指宪法在我国法律体系中所具有的最高法律效力，简称宪法的纵向效力。二为宪法的间接适用力，又称宪法的横向效力，指宪法通过“法律”之形式而间接作用于“人”，具体包括公民、法人、组织或国家机关等公主体与私主体。具体指宪法在什么地方、对什么人、对什么事项以及在什么时间所具有的约束力，但具体效力的产生与落实乃通过法律“依据宪法”对宪法的明确与具体化而实现。

（一）宪法的纵向效力

宪法的直接适用，即宪法的纵向效力实乃宪法特征中的第七大特征，即宪法在多层级的法律体系中具有最高法律效力。所谓多层级的法律体系，以及不同法律层级之间的关系，根据《立法法》规定，阐述如下：

1. 宪法具有最高法律效力

2. 法律效力高于行政法规、地方性法规、规章

（1）行政法规的制定主体：国务院。

（2）地方性法规的制定主体：地方国家权力机关（由省、自治区、直辖市：省、自治区的人民政府所在地的市+经济特区所在地的市+国务院已经批准的较大的市+设区的市人民代表大会及其常务委员会）。

（3）规章：部门规章+地方政府规章。

①部门规章：由国务院下属各部委制定。根据《立法法》第八十条第一款规定，国务院各部、委员会、中国人民银行、审计署和具有行政管理职能的直属机构，可以根据法律和国务院的行政法规、决定、命令，在本部门的权限范围内，制定规章。

②地方政府规章：主要指省、自治区、直辖市政府+省、自治区政府所地的市政府+经济特区所在地的市政府制定的法律。根据《立法法》第八十二条第一款规定，“省、自治区、直辖市和设区的市、自治州的人民政府，可以根据法律、行政法规和本省、自治区、直辖市的地方性法规，制定规章”。

3. 行政法规效力高于地方性法规、规章

（1）行政法规的效力高于地方性法规。行政法规的制定主体乃国务院，国务院属于行政机关，地方性法规的制定主体乃地方国家权力机关，即地方人大及其常委会。根据我国宪法国家权力配置理论的规定，行政机关应当隶属于立法机关，但国务院与地方人大及其常委会、行政法规与地方性法规乃属于一般规定下之特殊情形。

从行政法规和地方性法规的“法律称谓”本身来看，同为“法规”，国务院

的行政法规“似乎”应当高于地方性法规，但此推论未免有些偏颇，说服力不强。实然，深层原因乃历史、文化之因。

第一，规定内容及适用范围。所谓行政法规是国务院为领导和管理国家各项行政工作，根据宪法和法律，并且按照《行政法规制定程序条例》的规定而制定的政治、经济、教育、科技、文化、外事等各类法规的总称；地方性法规：通常指由省、自治区、直辖市和设区的市人民代表大会及其常务委员会，根据本行政区域的具体情况和实际需要，在不与宪法、法律、行政法规相抵触的前提下制定，由大会主席团或者常务委员会用公告公布施行的文件。前者规定之内容不仅涉及领域广，且适用范畴遍布于全国，后者则只适用于特定区域，规定内容及适用范围具有明显的区域属性。

第二，中国乃单一制国家，地方权力乃中央授权。不同于联邦制国家的联邦与州之间的关系，即联邦各州享有较强的自治权。在单一制国家，地方“隶属”于中央，“依附”于中央，即地方不享有自治权。故，中央对地方依法可进行干预。

第三，地方立法权。改革开放前，我国立法权高度集于中央，即只有全国人大享有立法权，全国人大常委会没有严格意义上的立法权，地方人大及其常委会更是没有。直至 1979 年《地方组织法》才正式赋予“省级人大及其常委会地方立法权”——除制定法律的事项外，只要不与宪法、法律、行政法规相抵触，省级人大可以制定和颁布地方性法规。① 从此规定推论，地方性法规的制定必须遵循“行政法规”，不得与之相抵触。换言之，行政法规乃地方性法规的上位法。至 2015 年全国人大对立法法作出修改，赋予“所有设区的市地方立法权”——明确市区的市人大及其常委会可以对城乡建设与管理、环境保护、历史文化保护等方面的事项制定地方性法规。2018 年宪法修改，于第一百条第一款外正式增加第二款规定，“设区的市的人民代表大会和它们的常务委员会，在不同宪法、法律、行政法规和本省、自治区的地方性法规相抵触的前提下，可以依照法律规定制定地方性法规，报本省、自治区人民代表大会常务委员会批准后施行”。

（2）行政法规高于规章。行政法规高于规章，指行政法规高于部门规章和地方政府规章。具体而言：

---

① 参见《中华人民共和国地方各级人民代表大会和地方各级人民政府组织法》第七条。

第一，从立法属性而言，行政法规、部门规章、地方政府规章，统属于行政立法。此乃联系。

第二，从制定主体而言，三者间的关系体现于《宪法》第一百一十条第二款和《中华人民共和国地方各级人民代表大会和地方各级人民政府组织法》第五十五条第二款规定——“地方各级人民政府对上一级国家行政机关负责并报告工作。全国地方各级人民政府都是国务院统一领导下的国家行政机关，都服从国务院”。《中华人民共和国地方各级人民代表大会和地方各级人民政府组织法》第五十五条第二款规定，“全国地方各级人民政府都是国务院统一领导下的国家行政机关，都服从国务院”。国务院作为国家最高行政机关，其地位自然高于其下属各部委及地方政府。

第三，从调整社会关系而言，①行政法规，乃国务院根据宪法和法律制定的。根据《立法法》第三章第六十五条规定，“行政法规可就下列事项作出规定：（一）为执行法律的规定需要制定行政法规的事项；（二）宪法第八十九条规定的国务院行政管理职权的事项。即应当由全国人大及其常委会制定的事项，国务院根据全国人大及其常委会的授权决定先制定的行政法规”。②部门规章，根据《立法法》第八十条规定，部门规章规定的事项应当属于执行法律或国务院的行政法规、决定、命令的事项。没有法律或国务院的行政法规、决定、命令的依据，部门规章不得设定减损公民、法人和其他组织权利或增加其义务的规范，不得增加本部门的权力或减少本部门的法定职责。③地方政府规章。根据《立法法》第八十二条第二款规定，“地方政府规章可以就下列事项作出规定：（一）为执行法律、行政法规、地方性法规的规定需要制定规章的事项；（二）属于本行政区域的具体行政管理事项。设区的市、自治州的人民政府根据本条第一款、第二款制定地方政府规章，限于城乡建设与管理、环境保护、历史文化保护等方面的事项。已经制定的地方政府规章，涉及上述事项范围以外的，继续有效。……应当制定地方性法规但条件尚不成熟的，因行政管理迫切需要，可以先制定地方政府规章。……没有法律、行政法规、地方性法规的依据，地方政府规章不得设定减损公民、法人和其他组织权利或增加其义务的规范”。

综上，行政法规之效力自然要高于部门规章和地方政府规章。

4. 地方性法规效力高于本级和下级地方政府规章

第一，从制定主体间之关系而言，地方性法规的制定主体乃省、自治区、直辖市和设区的市人民代表大会及其常务委员会，以及设区的市的人民代表大会和它们的常务委员会。本级和下级地方政府规章的制定主体，如省级人大代表及其常委会的本级和下级地方政府规章的制定者乃省级人民政府和市人民政府。作为地方国家权力机关，其与地方政府的关系体现于《宪法》和《中华人民共和国地方各级人民代表大会和地方各级人民政府组织法》等相关法律中——《宪法》一百一十条第一款款规定，“地方各级人民政府对本级人民代表大会负责并报告工作。县级以上的地方各级人民政府在本级人民代表大会闭会期间，对本级人大省会负责并报告工作”。《中华人民共和国地方各级人民代表大会和地方各级人民政府组织法》第五十五条第一款规定，“地方各级人民政府对本级人民代表大会和上一级国家行政机关负责并报告工作。县级以上的地方各级人民政府在本级人民代表大会闭会期间，对本级人民代表大会常务委员会负责并报告工作”。

第二，从制定主体各自职权定位而言，根据《中华人民共和国地方各级人民代表大会和地方各级人民政府组织法》第八条规定，“县级以上的地方各级人民代表大会行使下列职权：（五）选举省长、副省长，自治区主席、副主席，市长、副市长，州长、副州长，县长、副县长，区长、副区长；（六）选举本级人民法院院长和人民检察院检察长；选出的人民检察院检察长，须报经上一级人民检察院检察长提请该级人民代表大会常务委员会批准；（九）听取和审查本级人民政府和人民法院、人民检察院的工作报告；（十一）撤销本级人民政府的不适当的决定和命令”。第九条规定，“乡、民族乡、镇的人大代表行使下列职权：（七）选举乡长、副乡长、镇长、副镇长；（八）听取和审查乡、民族乡、镇的人民政府的工作报告；（九）撤销乡、民族乡、镇的人民政府的不适当的决定和命令”。

第三，从规定内容及调整社会关系而言，根据《立法法》第七十二条规定，“省、自治区、直辖市的人民代表及其常委会根据本行政区域的具体情况和实际需要，在不同宪法、法律、行政法规相抵触的情况下，可制定地方性法规”“设区的市的人大及其常委会根据本市的具体情况和实际需要，在不同宪法、法律、行政法规和本省、自治区的地方性法规相抵触的前提下，可以对城乡建设与管理、环境保护、历史文化保护等方面的事项制定地方性法规”。而根据《立法法》第八十二条规定，地方政府规章乃为执行法律、行政法规、“地方性法规”的规定需要而制定规章的事项，且该事项属于本行政区域的具体行政管理事项。

综上所述，地方性法规的效力高于部门规章和地方政府规章。

5. 部门规章之间、部门规章与地方政府规章之间具有同等效力，在各自的权限范围内施行

第一，部门规章之间效力同等。如上所言，部门规章具体包括国务院各部、各委员会、中国人民银行、审计署和具有行政管理职能的直属机构。作为国务院下属的各部委，虽然权限不一、职责不同，但地位平等。

第二，部门规章与地方政府规章间效力同等。根据《立法法》第八十二条第一款规定：“省、自治区、直辖市和设区的市、自治州的人民政府，可以根据法律、行政法规和本省、自治区、直辖市的地方性法规，制定规章。”此处设区的市主要指省、自治区政府所在地的市政府+经济特区所在地的市政府享有规章制定权。一则，规定内容上，根据《立法法》规定，部门规章限于本部门权限，地方政府规章限于特定事项：城乡建设与管理、环境保护、历史文化保护等方面的事项。两者会因为在不同的管理权限内有各自的管理深度，再加之同属《立法法》里规定的规章。因此，地方尊重部门规章的普遍内容，但部门规章也应当尊重地方规章所需的地域性特点与地方性需求。二则，适用范围上，部门规章与地方规章在各自权限范围内施行，在所“施行地”具有各自领域的相同效力，互不侵犯，互不干扰，效力等同。如同刚性宪法与柔性宪法效力孰高孰低的问题，即是一个伪命题，因为两种类型的宪法在各自“适用国”“权力界”都具有最高的法律地位，如刚性宪法在中国之适用与柔性宪法在英国之适用效力一般，两者不具有可比较性。或者说，两者效力在各自适用国度、适用领域同等重要。

6. 地方性法规、规章之间不一致时的裁决

（1）同一机关制定的新的一般规定与旧的特别规定不一致时，由制定机关裁决。

（2）地方性法规与部门规章之间对同一事项的规定不一致，不能确定如何适用时，由国务院提出意见，国务院认为应当适用地方性法规的，应当决定在该地方适用地方性法规的规定；认为应当适用部门规章的，应当提请全国人民代表大会常务委员会裁决；这一规定实是立法权与行政权博弈之过程，行政权因其主

动、积极作为的特性使其在“立法纠纷裁决”中有一定的主动性，但最终行政权仍以立法权为基准。

（3）部门规章之间、部门规章与地方政府规章之间对同一事项的规定不一致时，由国务院裁决。

（4）根据授权制定法规与法律规定不一致，不能确定如何适用，由全国人民代表大会常务委员会裁决。此处，被授权制定的法规实然已具有“法律”之属性与效力。故，当与法律发生冲突时，则由共同制定（授权）的主体，全国人大常委会裁决。

（二）宪法的横向效力

宪法的间接适用，即指宪法的横向效力，此在宪法的第七大特征中亦可推演而来——宪法具有最高法律效力主要表现在以下两个方面，一则宪法是普通法律制定的基础和依据，此乃宪法的直接适用力；二则与宪法相抵触的法律无效，此乃宪法“直接适用力与间接适用力”，或“直接效力与间接效力”合一的体现。其中，宪法是一切国家机关、社会团体和公民的最高行为准则，是“宪法间接效力”的一种表达，即宪法间接作用于“人”的一种效力类型。或可称宪法的适用范围，具体指宪法在什么地方、对什么人、对什么事项及在什么时间具有法律约束力，即宪法的空间效力、时间效力、对人效力、对事效力。

宪法的空间效力，指宪法在什么地域范围内发生效力。通常宪法的空间效力以及于国家行使主权的全部空间，也就是一个国家的领土。如越南宪法专门规定了领土条款：第一条规定，“越南社会主义共和国是一个主权独立的统一国家，其范围涵盖越南本土、离岛、领海及领空。”我国宪法虽未对“领土”范围作出明文规定，但《中华人民共和国宪法》的效力及于中华人民共和国所有领土范围，以及国家主权的全部空间，包括领陆、领水（包括内水和领海）、领空。

宪法的时间效力，指宪法“生效时间”与“失效时间”的一种问题表达。通常，宪法的生效时间包括有四种情形：①在宪法文本中明确规定生效时间：如葡萄牙共和国宪法于1976年4月2日通过，但其第三百条规定，宪法于1976年4月25日生效。②自公布之日或公布期满时生效：如德国基本法规定，自基本法公布期满时生效。③自通过之日起生效：如我国采用全国人大代表通过之日起生效的方式。④自批准之日起生效：如美国宪法第七条规定，经九个州制宪会议的批准后即在批准宪法的各州生效。宪法的失效时间通常包括两类情形：明示失效与默示失效。①明示失效：指在新宪法中或以专门的法律废止之前的宪法。如芬兰共和国宪法。②默示失效：指之前的宪法随着新宪法的生效而自动失效，无须作任何宣告。

宪法的对人效力，指宪法对哪些主体“人”发生效力。具体包括公权力主体与私权利主体，后者如公民、法人或其他组织。

宪法的对事效力，指宪法对社会生活哪些领域、哪些事项发生效力。通常宪法只对“公共领域涉及国家权力”运行的事项发生效力。

宪法的对人效力与对事效力，实际上指向两大类主体，一为公权力机关，二为私权利主体。实然，一方面，宪法通过直接的国家权力配置，通过组织机构设置，将权力规制于法治框架下，确立了权力法定原则。故，对公权力机关而言，法无规定即禁止。此即为宪法在公权力领域发挥对人效力与对事效力的重要表达与体现。另一方面，宪法通过作用于法律，由法律作用于人。通过此种间接方式，实现宪法在私主体领域的对人效力与对事效力。换言之，宪法对私主体而言，当然具有保障力、约束力与强制力，只是目前发挥作用的方式因其“间接性”而不同于公权力主体。

第二节　宪法原理中国化之程序理论

宪法原理中国化一体两翼的另一翼为程序理论，主要集中于宪法的制定、解释、修改与监督等方面。但是，相比于宪法制定、解释、修改与监督的具体流程、走向，此处着重于解读上述诸程序事项的“理论面向”。包括基本概念的分析，尤其是解释体制的比较研究。

一、基本概念（中国）

（1）制定权享有者（制宪权主体）：人民。

（2）制宪机关：第一届全国人大第一次全体会议。

（3）宪法修改主体：根据我国宪法第六十二条第一款规定，“修改宪法”乃全国人民代表大会之职权。

（4）宪法解释主体：根据我国宪法第六十七条第一款规定，“全国人民代表大会常务委员会享有“解释宪法，监督宪法实施”的职权。

（5）宪法监督主体：根据我国宪法第六十二条第二款规定，全国人民代表大会享有“监督宪法的实施”的权利。根据宪法第六十七条第一款规定，全国人民代表大会常务委员会享有“监督宪法实施的权利”。

制宪权——宪法制定，指创制宪法的活动，简称制宪或立宪。宪法制定权，指宪法创制的权力，简称制宪权。从制宪权权力属性及本质而言，制宪权乃是一种“国家权力”，但不同于一般的“立法权、行政权、司法权”等普通国家权力。其存在乃是一种超越国家权力之上的、存在于国家权力之前的“始原的、创造性的”特殊国家权力。作为一种权力源起，制宪权是其他一般国家权力产生的基础与依据。简言之，制宪权作为国家权力的一种特殊表现形式，它是制宪权主体以根本法的形式将自己的根本意志和根本利益予以肯定，并按照一定原则确定具体的国家权力的范围和彼此间的相互关系，即制宪权能够不以国家权力的存在为条件，也不以任何实定法为根据，且作为一种始源性、国家权力的特殊表现形式，能够创造具体组织性的、一般性的国家权力，并确定国家权力彼此间的关联性。① 在中国，制宪权的享有主体，即制宪主体乃“人民”——“人民”将自己的根本意志与利益通过宪法的形式予以确认，如我国宪法第一条、第二条即明确规定，“中华人民共和国的一切权力属于人民”，“人民行使国家权力的机关是全国人民代表大会和地方各级人民代表大会”“人民依照法律规定，通过各种途径和形式，管理国家事务，管理经济和文化事业，管理社会事务”。此规定作为宪法的权源和灵魂贯穿于宪法全文。

制宪机关——制宪机关作为人民的代议机关，常诞生于一国建国初期的首部宪法，所以一般而言的“制宪机关”乃指一国第一部宪法诞生时的“通过”机关。在中国，则指第一届全国人大第一次全体会议。

宪法修改——从宪法理论层面而言，宪法修改与宪法解释作为相似概念，共同之处乃在于当宪法规范调整社会关系时出现歧义、发生争议时对宪法所进行的不同程度的诠释。区别之处在于“诠释”程度的深浅——出现歧义、争议，首

① 参见刘茂林：《中国宪法导论》，北京大学出版社 2005 年版，第 44~45 页。

先进行宪法解释，但若所涉宪法内容规模大、程度深且十分重要时，进行“宪法解释”后仍然无法调整社会关系时，则需要进行“宪法修改”。据此，“宪法修改主体”权限通常要“广于”、地位要“高于”宪法解释主体。故，全国人大乃宪法修改主体，全国人大常委会为宪法解释主体。

宪法解释——宪法解释，是指宪法解释之机关依据一定的标准或原则对宪法规范进行解释、说明，意在还原宪法精神、践行宪法原则，并协调宪法规范与社会实际的关系，以更好地调整社会关系。在我国宪法解释之主体，宪法文本第六十七条已有明确规定。作为全国人大常设机关的全国人大常委会享有宪法解释权，但全国人大却无此项职权。从理论研究视角而言，似乎“于理不合、于法无据”，与全国人大的定性不相一致。对此，笔者认为，基于理论研究视角，全国人大的宪法解释权，因匹配于全国人大的地位、性质与功能，而天然地享有此权力。

宪法监督——从宪法监督主体而言，全国人大及其常委会都享有该职权，此乃由全国人大及其常委会的性质、地位决定的。同时，从宪法监督行为本身而言，通过宪法解释，法律“合宪与否”乃宪法监督内涵之核心。据此，赋予全国人大及其常委会宪法监督职责，乃由两者权限定位及行为本身之性质共同决定的。

宪法制定程序——①设立制宪机关。②提出宪法草案。③通过宪法草案。④公布。

二、宪法解释机关和宪法解释体制

世界范围内，宪法解释机关和宪法解释体制分为三大类型，分别为立法机关解释体制、司法机关解释体制、专门机关解释体制。根据中国宪法规定，我国由全国人大常委会进行的宪法解释，乃属于典型的立法机关解释体制；根据美国著名案件“马伯里诉麦迪逊案”中情节——法官对《1789年司法条例》第十三条的解释、法官对《宪法》第三条的说明，以及法官决定不适用违宪法律的权力等，可推论出美国乃属于典型的“司法机关解释宪法之体制”。此外，奥地利（俄罗斯、德国、意大利、西班牙）设立了“宪法法院”、法国设立了“宪法委员会”之专门解释宪法的机关，故属于典型的“专门机关解释体制”。制度特点如表 4-1 所示。

表 4-1 **宪法解释制度对比表**

	立法机关 解释体制	司法机关 解释体制	专门机关 解释体制
解释主体	立法机关 （全国人大常委会）	司法机关 （普通法院）	专门机关 （宪法法院或宪法委员会）
解释机关代表国家	中国	美国	法国、奥地利、意大利、俄罗斯、韩国、西班牙、德国
解释方式	主动或被动（如根据授权制定法规与法律规定不一致，不能确定如何适用，由全国人民代表大会常务委员会裁决）	被动 （不告不理）	主动或被动 主动：宪法委员会在裁决权限争议时，对宪法进行解释 被动：宪法规定的特定主体请求；普通司法机关审案时遇有法律合宪与否的疑义；当事人穷尽法律救济向宪法法院诉讼
解释效力	普遍约束力	一般无普遍约束力，仅限于结合具体案件对宪法规定的含义进行解释，无权对宪法规定进行抽象解释，故只对审理中的某一具体案件产生法律效力	普遍约束力 解释主体的专门性、权威性、独立性
解释主体有无宪法依据或宪法授权	有 （中国宪法第六十七条规定）	有 （经宪法授权或宪法惯例认可的普通司法机关）	有 （依宪法或其他宪法性法律授权而专门成立的机关）

三、宪法修改

1. 宪法修改的必要性

宪法修改的必要性，一方面表现在宪法作为一种根本的社会规范，一种调整社会根本问题的基本规范，其兼具协调、规范、约束等职能。因此，宪法规范必须适应社会发展、国家改革需要，尤其是适应改革进程中当下中国的社会发展，以应对不断变化的社会情势、国际环境。另一方面宪法的修改乃宪法完善的重要途径，即宪法在适应社会情势中的自我调整、拾遗补阙，为宪法成就自我的重要理路。同时，伴随着宪法的不断完备，其必然能动地反作用于其所调整的根本社会关系，更充分地发挥其根本社会规则的价值与意义。

2. 宪法修改的边界、限度

宪法修改自有其边界与限度，有其不可触及的内容范畴，主要包括有：第一，宪法的基本精神。宪法作为一种限制公权的存在，保障人之为人所应当享有的基本权利乃其立宪之初衷。第二，宪法的根本原则。如坚持中国共产党的领导原则、一切权力属于人民原则、尊重和保障人权原则、民主集中制原则、权力监督和制约原则、法治原则。第三，宪法的指导思想。如马克思列宁主义、毛泽东思想、邓小平理论、“三个代表”重要思想、科学发展观、习近平新时代中国特色社会主义思想。第四，国家的根本政治制度，如国体、政体。第五，国家的领土完整。国家领土完整实质乃强调国家主权完整。

四、宪法监督

1. 宪法实施

所谓宪法实施，指对宪法的贯彻落实，即将文本宪法、宪法规范转化为具体社会关系中的人的行为。具体而言，宪法实施指国家机关，包括立法机关、司法机关、行政机关和监察机关等依据宪法规范作出宪法行为、落实宪法规定的活动。举例而言：

立法机关——根据《宪法》第六十二条规定，全国人大展开宪法修改、宪法监督，制定和修改基本法律，选举国家监察委员会主任、最高人民法院院长、最高人民检察院检察长等宪法行为；根据《宪法》第六十七条规定，全国人大常委会展开宪法解释、宪法监督，解释法律，在全国人大闭会期间，对全国人大制定的法律进行部分补充和修改，监督国务院、中央军事委员会、国家监察委员会、最高人民法院和最高人民检察院的工作等宪法行为。

行政机关——根据《宪法》第八十九条规定，国务院根据宪法和法律，规定行政措施，制定行政法规，发布决定和命令；规定中央和省、自治区、直辖市的国家行政机关的职权的具体划分；批准省、自治区、直辖市的区域划分，批准自治州、县、自治县、市的建置和区域划分等宪法行为。根据《宪法》第八十条规定，中华人民共和国主席根据全国人民代表大会的决定和全国人民代表大会常务委员会的决定，公布法律，任免国务院总理、副总理、国务委员、各部部长、各委员会主任、审计长、秘书长，授予国家的勋章和荣誉称号，发布特赦令，宣布进入紧急状态，宣布战争状态，发布动员令等宪法行为。

司法机关——根据《宪法》第一百三十条规定，人民法院审理案件，除法律规定的特别情况外，一律公开进行。第一百三十二条规定，最高人民法院监督地方各级人民法院和专门人民法院的审判工作，上级人民法院监督下级人民法院的审判工作。根据《宪法》第一百三十六条规定，人民检察院依照法律规定独立行使检察权，不受行政机关、社会团体和个人的干涉。第一百三十七条规定最高人民检察院领导地方各级人民检察院和专门人民检察院的工作，上级人民检察院领导下级人民检察院的工作。

监察机关——根据《宪法》第一百二十五条规定，国家监察委员会领导地方各级监察委员会的工作，上级监察委员会领导下级监察委员会的工作。第一百二十七条规定，监察委员会依照法律规定独立行使监察权，依法办理职务违法和职务犯罪案件等宪法行为。

2. 宪法监督

所谓宪法监督，从世界范围看，指专司宪法监督的国家机关，如立法机关、司法机关、专门机关监督机关依据法律程序对国家机关实施的宪法行为所做出的合宪与否的审查。主要包括立法机关监督制度、普通法院监督制度与专门机关监督制度。宪法监督制度的对比如表 4-2 所示。

表 4-2　　**宪法监督制度对比表**

	立法机关监督体制	司法机关监督体制	专门机关监督体制
监督主体	立法机关（全国人大及其常委会）	司法机关（普通法院）	专门机关（宪法法院或宪法委员会）
监督机关代表国家	中国	美国、日本、加拿大、澳大利亚	德国、奥地利、意大利、俄罗斯、韩国（宪法法院）；法国、黎巴嫩（宪法委员会）
监督程序	主动或被动 主动启动：备案审查、批准审查 被动启动：有权提起启动宪法监督程序要求、程序建议的主体有权向全国人大常委会提出书面审查要求	被动性、附带性（不告不理）	主动或被动 被动：宪法法院应特定机关和人员、应普遍法院或其他主体（公民）的请求，进行宪法审查 主动或被动：宪法委员会主动审查，或经由特定主体的请求展开审查
监督方式	事前审查、抽象审查、具体审查	事后审查、具体审查	宪法法院：事后审查、具体审查 宪法委员会：事前审查、抽象审查
监督内容	全国人大和全国人大常委会制定的法律；作出的具有法律效力的决定决议、行政法规、地方性法规、自治条例和单行条例、经济特区法规、司法解释 国家机关的具体行政行为	各级法院都有权对作为具体案件审理依据的“法律、行政命令”等展开合宪性审查	如宪法法院对法律、国际条约或行政命令等法律文件进行合宪性审查 宪法委员会还监督国家选举活动的合宪性，必要时接受总统的宪法性咨询

续表

	立法机关监督体制	司法机关监督体制	专门机关监督体制
监督效力	普遍约束力 由监督主体的权威性所决定	（美国）最高法院的宪法判例形成的原则或规则事实上具有高于立法机关通过的制定法的效力 最高法院的宪法判例确立的原则、规则一般不具有溯及既往的效力	普遍约束力 监督主体的专门性、权威性、独立性，使宪法法院所作出的判决和对宪法的解释对一切国家机关和公共团体都具有普遍约束力。宪法委员会的裁决亦具有普遍约束力
监督后果	不予批准 责令修改 撤销 改变	通常对被法院认定为违反宪法的有关条款或行政命令的有关内容，法院只能宣告不予适用，而不能宣告废除	如宪法委员会被宣告违宪的法律文件，不得予以公布，亦不得施行
监督主体有无宪法或法律授权	有 （见诸中国宪法第六十七条规定）	有 （经宪法授权或宪法惯例认可的普通司法机关）	有 （依宪法或其他宪法性法律授权而专门成立的机关）

第五章　宪法原理中国化的文化脉络：“被决定之匙”的因习传承

宪法原理中国化的文化脉络、因习传承，实是“被决定之匙”的古今之变、沉淀更新。该章通过对中华人民共和国成立前后各阶段之宪法文本的“结构与形式内容”分析，探讨宪法演进中的“文化传承”特点。具言之，中国宪法发展史包括两大部分，一为中华人民共和国成立以前的宪法演变，二为中华人民共和国成立之后的宪法演变。作为近代宪法的重要组成部分，前一阶段的宪法在不断发展、演变中渐趋符合近代宪法所具有的“文本特征”“形式内涵”。这一时期的宪法主要包括两大阶段，第一阶段乃彼时期中国宪法的萌芽期：“清末近代立宪运动及其成果，包括“戊戌变法运动”及“清末预备立宪”，以及由此运动产生的《钦定宪法大纲》及《重大信条十九信条》（下文简称《十九信条》）等立宪产物。第二阶段乃近代中国宪法的发展期：民国宪法的演变。此阶段共分为三个时期：第一，南京临时政府时期的宪法“初创期”；第二，北洋军政府时期的宪法“承继期”；第三，南京国民政府时期的宪法“发展期”。

后一阶段乃中华人民共和国成立之后的宪法演进，在某种程度上乃是对现代宪法的“表达”，即符合现代宪法所具有的实质要件和形式要件。这一时期的“宪法”共有五部：第一，《中国人民政治协商会议共同纲领》；第二，1954 年《宪法》；第三，1975 年《宪法》；第四，1978 年《宪法》；第五，1982 年《宪法》。五部社会主义类型的宪法，虽是不同时期的产物，但彼此间具有明显的“承继性”，包括宪法本质属性上的承继性——人民主权原则、人民民主专政的宪法实质；宪法文本体系框架上的承继性——“国家机构”“公民权利”之宪法核心内容的规定；宪法文本外在形式上的继承性——民主制度化、法律化的基本形式。

就中华人民共和国成立前、后宪法演变及其间成果的关联性而言，因意识形态等各方面的差异，两大时期的宪法在"本质属性""政治属性"间的关联性上几乎是断层式的。但是，近现代宪法所应具有的"文本层面"的特征——宪法的实质要件、形式要件，前、后两阶段都有规定。具体而言，第一，实质要件层面：一为国家机构（国家权力）；二为公民（人民）权利和义务的规定。第二，形式层面（程序层面）：宪法制定、修改和解释等程序性的规定。

第一节　中华人民共和国成立前的宪法

中华人民共和国成立之前，中国宪法主要历经两大时期，一为清末近代宪法的出现，二为民国时期宪法的演变。具体而言：

一、清末近代宪法的出现

清末近代宪法的出现，起源于维新思想的产生与传播，历经戊戌变法、预备立宪等活动，诞生了具备近代宪法内涵与特质的《钦定宪法大纲》与《十九信条》。

（一）维新思想的产生与传播

维新思想作为清末立宪的重要指导思想，有诸多代表人物和经典论著问世。最早一批代表人物如龚自珍、林则徐、魏源。作为睁眼看世界的第一人，林则徐于广州主事期间，亲自主持，组织翻译团队。首先，把外国人针对中国的言论翻译成《华事夷言》，以作为中国官方的"参考信息"；其次，为了解西方各国的军事、政治、经济情报，将由英商主办的《广州周报》翻译成《澳门新闻报》；最后，为了解西方的历史、地理、政治等情形，组织翻译了英国人慕瑞的《世界地理大全》，编纂成为《四洲志》，成为我国近代第一部较为系统介绍西方地理的书。此外，还通过翻译瑞士法学家瓦特尔的《国际法》，以维护中国主权。①

① 周叶中、江国华：《中国近代人物宪制思想评论》，中国政法大学出版社2015年版，第31页。

这一时期的主流思想，包括三位代表人物均主张“师夷长技以制夷”，该主张由魏源于《海国图志》正式明确提出——“为以夷攻夷而作，为以夷款夷而作，为师夷长技以制夷而作”。即通过学习西方的“船坚炮利”，先进技艺，来抵御、抵抗西方列强的侵略。并通过介绍西方的宪政民主制度，主张在中国试行民主议政，广开言路。① 亦如龚自珍所言，“一祖之法无不敝，千夫之议无不靡”。以“变法图强、变革图强”之精神抵御外侮，维持清政府之统治已然势不可挡。但因此阶段“器物变法”的特性，故又称为“变器阶段”。可以说，在清王朝尔虞我诈、文恬武嬉的日复一日中，在众人皆醉“我”独醒、逃无可逃的“衰世”中，这种光辉的、真正的爱国主义思想，首次发出了“向西方学习”的呼声与呐喊，并成为今后改良运动、革命运动的重要思想源头。

相比于“器物变法”阶段，随后出现的代表人物及其主张进一步深化，隐有触及“变政”之势。代表人物，如冯桂芬、王韬、薛福成、马建中和郑观应——冯桂芬主张，“法苟不善，虽古先，吾斥之；法苟善，虽蛮陌，吾师之”。简言之，冯桂芬认为虽“古今异时亦异势”，但“圣人之法可新用，循复古而为创新”，即恢复古制之目的在于创新。如建立基层政治民主，主张“官吏民选”；改革古代陈诗，以兴政治言论自由；凭借宗法制以实现社区保障，建立社会保障体制。② 同时，在对外关系中，主张“鉴诸国而师夷狄”。③ 王韬主张，“君民共政，并治天下”的“重民、富民、教民”之思想，即极具资本主义时代气息的新民本思想——“重民”：通过开放言路、政事公开，以尊重百姓问政的权利；“富民”：通过发展民间工商业，即近代资本主义的办法，达到“民生足，国势张”之目的。④ 而其民本思想虽非完整意义的近代资产阶级之民本思想，但是却为之后中国民本的近现代化发展奠定了坚实基础。如严复所主张的“鼓民力、开

① 周叶中、江国华：《中国近代人物宪制思想评论》，中国政法大学出版社 2015 年版，第 278 页。

② 周叶中、江国华：《中国近代人物宪制思想评论》，中国政法大学出版社 2015 年版，第 81~85 页。

③ 周叶中、江国华：《中国近代人物宪制思想评论》，中国政法大学出版社 2015 年版，第 87 页。

④ 周叶中、江国华：《中国近代人物宪制思想评论》，中国政法大学出版社 2015 年版，第 79、99、174 页。

民智、新民德"，梁启超的"民权兴则国权立"，孙中山的"三民主义"都是从王韬的民本思想之基础上发展演变而来的。① 同时，王韬还主张，"徒变器物"不足以富强中国，故"今欲与泰西并驾齐驱，则莫如以自治为先"，即只有深层次的政治变革，挽回民心，才能真正使中国与西方并驾齐驱。②

维新思想发展至后期，已从"变器"至"变政"阶段渐趋走向"变法"。代表人物有郑观应、康有为、梁启超、谭嗣同、严复。郑观应在经过几十年的社会实践后，深刻认识到中国君主专制对工商业发展的束缚，故直接指出，"中国必须改革政治制度，如通过立宪法、设议院，即改君主专制为君主立宪制"。如其在著作《盛世危言后篇·自序》中所述，"欲攘外，亟须自强；欲自强，必先致富；欲致富，必首在振工商；欲振工商，必先讲求学校，速立宪法，尊重道德，改良政治"。③ 并进一步指出，"变法应立宪，否则如树之无根"，即"立宪者乃变法之根柢也"，且"非立宪不能固民心，非民心固不能长治久安"。④ 作为中国提出"设议院"的第一人，他要求广办报纸，要求官吏和议员必须实行公举，要求大力裁撤机构、淘汰冗员等政治改革，以保证广大国民有参政议政、共同参与国家治理之权利。⑤ 康有为的主张更进一步，他坚持"人人生而平等，追求人之个性解放"，坚持以实现"君主立宪"为根本，提出"定宪法、以宪治国""设议院、开国会""国家机构运行之官制改革实行三权分立"等政治主张。⑥ 梁启超则提出了不同于康有为之主张——"开明专制"，即"今日之中国，与其

① 周叶中、江国华：《中国近代人物宪制思想评论》，中国政法大学出版社 2015 年版，第 103 页。

② 周叶中、江国华：《中国近代人物宪制思想评论》，中国政法大学出版社 2015 年版，第 103~104 页。

③ 周叶中、江国华：《中国近代人物宪制思想评论》，中国政法大学出版社 2015 年版，第 177 页。

④ （清）郑观应：《郑观应·上顺德邓宫保书》，上海人民出版社 1982 年版。参见周叶中、江国华：《中国近代人物宪制思想评论》，中国政法大学出版社 2015 年版，第 177 页。

⑤ 周叶中、江国华：《中国近代人物宪制思想评论》，中国政法大学出版社 2015 年版，第 178~181 页。

⑥ 周叶中、江国华：《中国近代人物宪制思想评论》，中国政法大学出版社 2015 年版，第 178~181 页。

共和，不如君主立宪；与其君主立宪，又不如开明专制”之论断，① 且主张“设议院、开国会以兴民权”等。谭嗣同所主张之“民主思想”，不同于龚自珍、魏源从“今文经学”角度诠释之“民主思想”“民本主义”，也不同于康有为、梁启超所主张的有所保留的“民主思想”，谭嗣同的民主思想主要表现在对封建君主专制的彻底否定，对封建名礼纲常的彻底批判，以及对自由、平等、兴民权的强烈追求。② 严复的立宪主张，则明确指出，国体、政体与自由是宪政的前提和基础；宪政以宪法、以立宪为起点，以权力分立、分权为内核，以人权保障、人之尊严为目的，以法治、规则为保障手段，以渐进式的改革为宪政实现之路径选择。③

（二）戊戌变法及预备立宪

1. 戊戌变法

1898 年 1 月 28 日，康有为第六次上书，提出维新变法的政治纲领，建议效法日本推行新政。同年 6 月，光绪帝颁布“明定国是”诏书，宣布变法。9 月 21 日，慈禧囚禁光绪——百日维新结束（103 天）。

戊戌变法之“变法举措”主要表现在四大方面：第一，经济方面：设农工商总局，发展工商业；设立矿务总局，修铁路开采矿产；改革财政，编制国家预算。第二，政治方面：改革行政机构；裁冗员；提倡官民上书言事。第三，军事方面：裁减军队，训练海陆军；推行保甲制度。第四，文化方面：改革科举，废八股；设学堂，学习西学；设书局，翻译外国新书；准许自由设报馆、学会；派留学生出国。

戊戌变法，作为清王朝“自上而下”展开之变革。变法措施涉及领域、关

① 梁启超对“开明”作了如下定义：发表其权力于形式以束缚人一部分之自由者，谓之制。据此定义，更进而研究其所发表之形式，则良焉者谓之开明制，不良焉者谓之野蛮制。由专断而以良的形式发表其权力，谓之开明专制。参见梁启超：《开明专制论》，载梁启超：《饮冰室合集·文集》（第 17 卷），中华书局 1989 年版，第 14 页。

② 周叶中、江国华：《中国近代人物宪制思想评论》，中国政法大学出版社 2015 年版，第 309 页。

③ 周叶中、江国华：《中国近代人物宪制思想评论》，中国政法大学出版社 2015 年版，第 161 页。

涉范围极广。从内容本身可见，无论是经济领域的设工商总局、矿务总局，政治领域的改革行政机构、裁撤冗员，还是军事方面的保甲制度之推行，文化方面的改科举、设学堂、设书局，派遣留学生等，主要是从现有制度本身进行改良、展开变革。换言之，“戊戌变法”一未明确提及设议会、定宪法之明确主张，二未明确树立制度变法背后的法治精神，更未触动清王朝封建统治之根本。犹如“法制”与“法治”之别，此次变法仅停留于“法制”层面，未深入“法治”之根本。但无法否认，“有法可依”之“法制”阶段乃实现“法治”的必经之路。戊戌变法虽然失败，但变法之内容实是一场前所未有、无法忽视的社会大变革，虽未直接提出设议会、定宪法，虽未明确宣扬法治、宪政之理念，但是却将宪法问题、宪政理念历史性地推上了中国社会变革之大舞台，中国宪政运动史之先河的地位，重要性显而易见。

2. 预备立宪及《钦定宪法大纲》

“预备立宪”作为清王朝“主动”“自愿”而为之改革，实乃“内外因”多重因素刺激下之结果。内因方面，“戊戌变法”的失败，中国危机进一步加深。伴随“义和团运动”的失败及《辛丑条约》的签订，中国民族危亡进一步加剧，清王朝统治摇摇欲坠，濒临悬崖。外因层面，1904—1905 年的“日俄大战”深深地刺激了整个中华民族、中国人民，包括清王朝。同为被迫打开国门的日本，却在变法之后，以“弹丸”小国打败了庞大且强大之俄国。至此，清政府看到了“变法、立宪、设议会”的好处。

于是，1905 年派五大臣前往日本出洋考察，次年回国，密陈立宪三大好处：皇位永固；外患渐轻；内乱可弭。1906 年正式变法，并从改革官制入手——逐步厘定法律、兴办教育、整顿武备、普设巡警。此外，还颁布了《钦定宪法大纲》；成立责任内阁，由皇族成员组成，实为皇族内阁——立宪派认为此举不合君主立宪国公例，要求另组内阁，清廷拒绝——致使预备立宪和所代表的立宪运动破产。

一种因“刺激”诱发下的变革，一种非发自内心深处“警醒”及“痛下决心”的变革，一种被无限拖延、被固执延误的迟来变革，一种垂死前挣扎的变革，一种与世势潮流相违背的变革，失败早已注定。但在形式上，此次预备立宪不仅颁布了《钦定宪法大纲》，作为中国历史上第一部宪法性文件，其将设议会、定宪法等近现代化之“改革标志性语词”规定于《大纲》中，并付诸实践。以《钦定宪法大纲》体系内容为例，作为预备立宪的产物，在文本结构上《钦定宪法大纲》由两部分——君上大权+臣民权利义务组成，共23条。虽然“君上大权”占据了14条之多，虽然其虚伪性、欺骗性和反动性昭然若揭。但在文本形式上，《大纲》符合了近现代宪法所必需的“两大基本要素”——“国家机构”（国家权力）要素与“公民权利”要素，且通过根本法以“列举式”之方式规定的“君上大权”，在某种程度上亦具有“君权法定”“君权有限”的意味。同时，通过“臣民权利”的根本法确认，赋予了彼时期臣民近代公民的某些身份内涵，进步性显而易见。故，在此程度上它顺应了中国社会发展的某种必然，具有一定的积极意义。

3.《十九信条》

除《钦定宪法大纲》外，清政府所颁布的第二部宪法性文件，或最后一部宪法性文件为《十九信条》。从制定背景而言，1911年辛亥革命爆发，慑于革命压力和即将爆发的京畿兵变，宣统皇帝下诏罪己，仅用了三天时间出台了一部宪法性文件——《十九信条》。该信条制定后，被宣布立即实行。但是，仍未挽救危亡中的清政府。

但从文本内容而言，其具有“明显的”进步意义。如确立了“君主立宪政体下的议会内阁制”的政权组织形式。此相比于《钦定宪法大纲》所规定的“皇族内阁”，进步意义不言而喻。同时，符合了近现代宪法所需要的“程序上”之特征。如初步确立了有关宪法的制定、修改、颁布和地位的制度，从而在中国宪法史上具有了“形式”上根本法的意味。但最为关键的宪法要素是缺失的——“公民或臣民的权利与自由”之规定缺少。据此，《十九信条》保皇权、维帝制的实质面向一望而知，颁布宪法性文件也只是一种无奈之举。

二、民国宪法的发展、演变

民国宪法的发展与演变经历了三大时期，分别为南京临时政府时期的宪法、北洋军政府时期的宪法以及南京国民政府时期的宪法。具体而言：

南京临时政府时期的代表性宪法有两部，一为1911年12月3日公布的《中华民国临时政府组织大纲》（以下简称《临时政府组织大纲》），二为1912年3

月11日颁布的《中华民国临时约法》(以下简称《临时约法》)。

1.《中华民国临时政府组织大纲》

1911年10月10日，资产阶级革命派领导的武昌起义胜利后，各省纷纷响应，宣布独立。在一个月左右（不到五十天①）的时间内，全国24个省区中即有13个省和上海市宣布独立。其他省区，也相继爆发或酝酿着各种起义和革命，清王朝的统治已至最后阶段，封建统治即将面临被彻底颠覆的命运。但是，由于革命缺乏统一的领导机关和坚强的核心力量，致使革命成果被资产阶级立宪派和旧官僚军阀所篡夺，如各省权力，即大多数地方政府的权力落入了立宪派、旧官僚和新旧军阀手中。这也间接造成了地方权力过大，中央政府势弱，甚至存在中央依附于地方权力的现象。另一方面，各地方政府"建立"后，地方大部分省市存在各自为制、各自为政、互不相谋、各行其是的混乱现象，分裂、盘踞之局面乃为常态。② 故，对内为谋求军事及政治上的统一，对外为获得列强支持，以使其承认中国革命的国际正当性，"统一且有力的临时中央政府"的产生已然迫在眉睫，此成为彼时期中国对内对外所图之第一要事。

(1)《临时政府组织大纲》文本体系结构。《临时政府组织大纲》作为中华民国第一部宪法性文件，实是辛亥革命时期各方各派政治力量斗争和妥协的产物。③《临时政府组织大纲》于1911年11月30日决定起草，12月3日于武汉正式通过，1912年1月2日在南京重订。在文本结构体系上，《临时政府组织大纲》分设四章共21条：第一章为临时大总统，规定了临时大总统、副总统产生的办法及权限；第二章为参议院，规定了参议院的组成、职权及议员的产生办法；第三章为行政各部，即乃临时大总统下设的各办事机构；第四章为附则，规定《临时政府组织大纲》的施行期限。

从文本内容而言，《临时政府组织大纲》确立的政治体制乃是总统制共和制

① 郑治发：《对〈中华民国临时政府组织大纲〉的几点认识》，载《政法论坛》1983年第1期。

② 郑治发：《对〈中华民国临时政府组织大纲〉的几点认识》，载《政法论坛》1983年第1期。

③ 如在政府的组织形式上，出现了主张采取美国总统制和法国责任内阁制的分歧；在国家结构问题上，还有采取联邦制和单一制的争论。参见郑治发：《对〈中华民国临时政府组织大纲〉的几点认识》，载《政法论坛》1983年第1期。

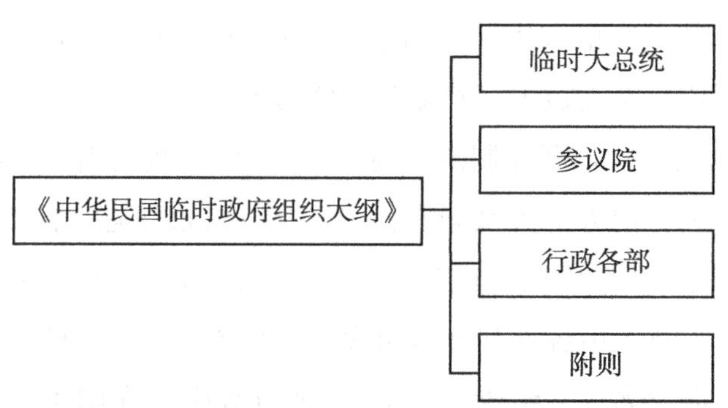

图 5-1　《中华民国临时政府组织大纲》结构图

政体，即总统既是国家元首，又是政府首脑。当然，这一结果亦是各方势力妥协之产物。如各省都督府在汉口召开会议时，就总统制与内阁制的政权组织形式展开激烈争论。即使到南京临时政府成立时，这一争论又再次出现，但最后结果仍维持了总统制。如孙中山所言，“内阁制乃平时不使元首当政治之冲，故以总理对国会负责，断非此非常时代所宜。吾人不能对于惟一置信推举之人，而复设防制之之法度”。他认为，如果实行责任内阁制，让他担任不负实际政治责任的临时大总统，是要“误革命之大计”的。① 可见，总统制背后乃是彼时期客观形势所决定的——要求建立统一且强有力的中央政府，即由大总统“总持一切，以立国基，而定大局”。②

（2）权力分立原则：三权分立。从框架体系观之，《临时政府组织大纲》的内容并不完整，亦不完全。既缺少司法机构的设置，亦无国家机构与人民权利的关系定位。虽然坚持“权力分立”原则，但所坚持的并非完全意义层面的“三权分立原则”，而是“行政权与立法权的二元分立模式”。如临时大总统经参议院同意行使宣战、缔结条约、制定官制、任命国务员和外交专使；总统对参议院议决事项，有否决权，可要求参议院复议。同时，筹组临时中央政府，作为该时期的“急迫”情事，保证统一且强有力中央政府的诞生、保证国家对内对外的

① 郑治发：《对〈中华民国临时政府组织大纲〉的几点认识》，载《政法论坛》1983 年第 1 期。

② 郑治发：《对〈中华民国临时政府组织大纲〉的几点认识》，载《政法论坛》1983 年第 1 期。

正常运转、保障国家各机构能够迅速地各司其职。故，《临时政府组织大纲》中所规定的"二元分立"的权力模式有其特定的时代原因。此从《临时政府组织大纲》草案两天内起草完成即可窥见其中之紧迫。

（3）国家结构形式：联邦制的央地关系。《临时政府组织大纲》中缺失了两大内容，一则中央与地方的关系问题；二则地方权限问题。换言之，"地方权限过大""中央与地方关系模糊"成为《临时政府组织大纲》的另一大特点。如行政权方面，临时大总统由各省都督府派代表选举产生；立法权方面，参议院各议员由各省都督府派三名代表组成。可见，"地方政府"在国家权力的配置上、在中央政府的组织设置上，地位举足轻重。甚至可直言，独立后之地方各省政府乃中央政府建立之基础。直接例证如国家结构形式之争——"联邦制"而非"单一制"的国家结构形式确立。

实然，武昌起义后，各省纷纷独立，地方军政大权实完全由各省把控，地方权力可谓空前强大。此之特点，在组建中央政府、在制定宪法性文件时自然显见，如上文所言。而作为彼时期"强势之地方政府"自然要求在政制理念、革命成果中反映并匹配于此种"力量对比"现实。当时革命阵营中的诸多人士，特别是各省当权者认为，我国彼时期地方独立后之现象与美国独立运动时期十三州脱离英国而独立的情形极为相似，故在国家结构形式上可效仿美国，以联邦制而非单一制之政制形态来组建和表达中国彼时期之央地关系。①

但此宪法性文件，如其"标题"所言，乃有关"政府组织大纲"的专门规定，且是"临时性"的，故而，没有规定上述诸多内容亦是可理解的。但是，司法机构、央地关系与地方权限却是必不可少的，否则，形式上的结构框架必然是不完备的。但作为民国时期的第一部宪法性文件，其为整个民国时期后续宪法的制定奠定了坚实的实体与程序等多重层面的优质基础。

2.《中华人民共和国临时约法》

（1）《临时约法》文本的体系结构——限权法。《临时约法》在孙中山先生的主持下，通过参议院举行会议，决定由当时的法制局局长宋教仁先生主持起草。起草共历时33天，历经两次修改，3月8日正式由临时参议院审议通过。3

① 参见郑治发：《对〈中华民国临时政府组织大纲〉的几点认识》，载《政法论坛》1983年第1期。

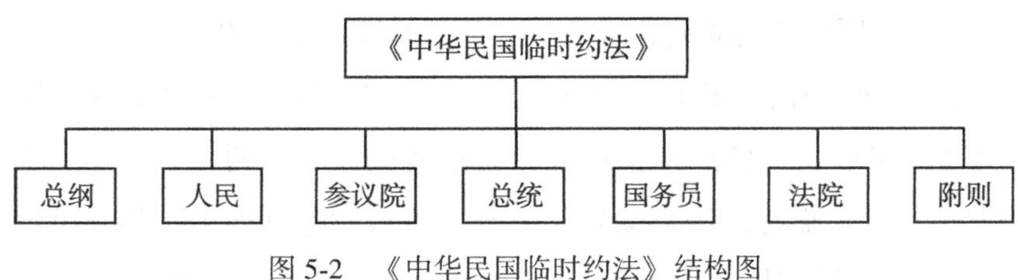

图 5-2　《中华民国临时约法》结构图

月 11 日，孙中山以临时大总统的名义公布。《临时约法》分七章，共 56 条。第一章，总纲，规定主权归属、领土范围等问题；第二章，人民；第三章，参议院；第四章，总统；第五章，国务员；第六章，法院；第七章，附则，规定《临时约法》之效力及严格的修改程序。

（2）《临时约法》与《临时政府组织大纲》之比较。《临时约法》作为《临时政府组织大纲》的一种承继和发展，主要表现在以下几方面：

第一，政权组织形式。作为中国历史上第一部资产阶级性质的宪法性文件，《临时约法》在政权组织形式上坚持美国式的“三权分立”原则。同时，在政治体制上仍保持“总统制”的政权组织形式，即规定中央国家机关的组织、职权及其相互关系，确立了“三权分立的原则”，如参议院选举和弹劾总统，总统和司法总长任命法官，法官审判弹劾后的总统，总统可以否决参议院的决议，等等。可见，《临时约法》弥补了《临时政府组织大纲》中所欠缺的“司法权”“司法机构”之内容，国家机构的设置已相对完备。

第二，宪法文本结构安排。作为中国历史上第一部资产阶级的宪法性文件，《临时约法》首次将“人民”作为专章规定于宪法文本中，并且作为第二章，“人民”的权利和自由被置于国家机构“参议院、总统、法院、国务员”之前，并确立了中华民国一律平等原则。这一传统被后续的北洋军政府时期的三部宪法——1913 年《中华民国宪法草案》、1914 年《中华民国约法》、1923 年《中华民国宪法》，以及南京国民政府政府时期的三部宪法——1931 年《中华民国训政时期约法》、1936 年《五五宪草》、1947 年《中华民国宪法》所继承，即在“宪法文本”中都以专章形式规定“人民”之权利，并在序列上置于“国家机构”之前。同时，这一结构安排的背后，体现了主权在民原则。如《临时约法》规定了中华民国之主权，属于国民全体。可以说，《临时约法》对主权在民原则和国民权利及自由的规定，即以根本法的形式奠定了民国共和政体的民主基础。换言之，革命背后所坚守的宪制思维、法制理念的进步性一望即见。

综上，《临时约法》相比于《临时政府组织大纲》，宪法文本之体系框架已相对完备。可以说，已然符合近现代宪法所应具有的两大要件——实质要件与形式要件。如《临时约法》规定了严格的修改程序和效力。如修改由参议院议员 2/3 以上，或临时大总统提议，经参议员 4/5 以上议员出席，出席议员 3/4 通过方可增修。同时，该约法与宪法具有同等效力，实是中国历史上第一部宪法，等等。但遗憾的是，两部宪法性文件在某些方面都有缺失，典型的如"地方制度""地方权限""中央与地方关系"等问题，未以根本法的形式规定于"宪法"中。

（二）北洋军政府时期的宪法

北洋军政府时期的代表性宪法文件、宪法性法律主要有三部：1913 年《中华民国宪法草案》，又称《天坛宪草》；1914 年《中华民国约法》，又称《袁氏约法》；1923 年《中华民国宪法》，又称《贿选宪法》。

1. 三部宪法文本之体系结构

（1）1913 年的《天坛宪草》。《天坛宪草》，共十一章 113 条。章节分别为：第一章，国体；第二章，国土；第三章，国民；第四章，国会；第五章，国会委员会；第六章，大总统；第七章，国务院；第八章，法院；第九章，法律；第十章，会计；第十一章，宪法之修正与解释。

（2）1914 年的《袁氏约法》。《袁氏约法》，共十章 68 条。章节分别为：第一章，国家，规定了国家的主权归属及领土范围等内容；第二章，人民，规定了人民的权利和义务，以及法律面前人人平等原则；第三章，大总统；第四章，立法；第五章，行政；第六章，司法；第七章，参政院；第八章，会计；第九章，制宪程序；第十章，附则。

（3）1923 年的《贿选宪法》。《贿选宪法》，共十三章 141 条。章节分别为：第一章，国体；第二章，主权；第三章，国土；第四章，国民；第五章，国权；第六章，国会；第七章，大总统；第八章，国务院；第九章，法院；第十章，法律；第十一章，会计；第十二章，地方制度；第十三章，宪法之修正与解释。从

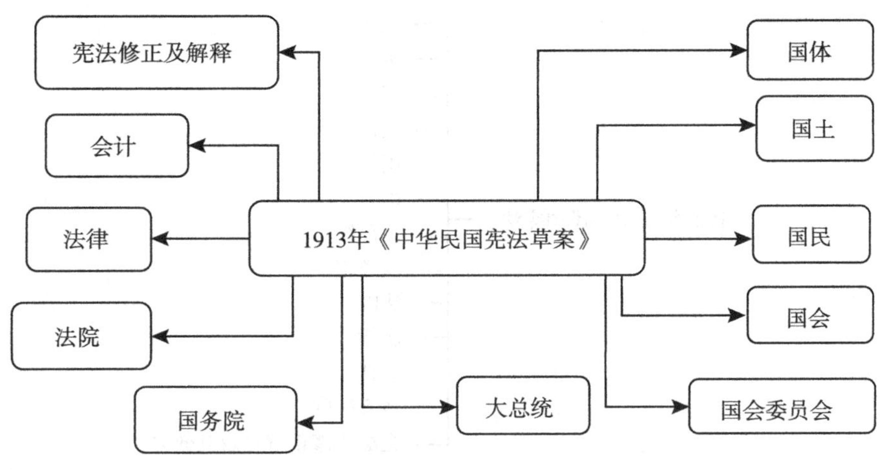

图 5-3　《中华民国宪法草案》结构图

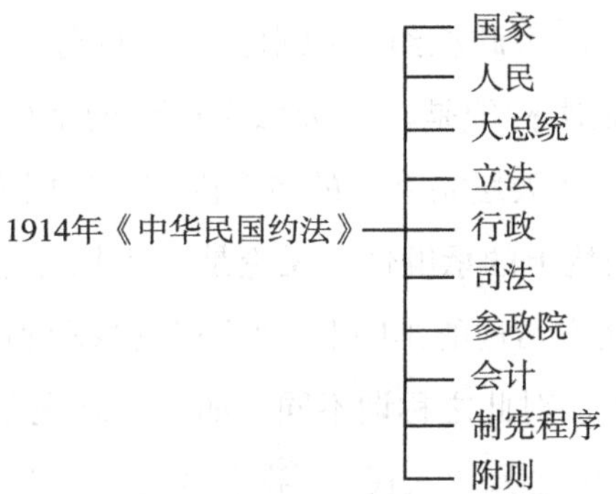

图 5-4　《中华民国约法》结构图

定位而言，1923 年《贿选宪法》第一次以“宪法”命名，不是“约法”，不是“草案”，加之其内容结构的相对完备性——在《天坛宪草》的基础上修订而成的。综合因素之下，其堪为中国制宪史上颁布的第一部正式的成文宪法。

2. 三部宪法的“承继性”

第一，宪法文本内容上的承继性。1913 年《天坛宪草》是以《临时约法》为依据进行起草的。结构上继承了《临时约法》中“国家机构”之设置，并以专章形式进行了延续，如第四章规定之“国会”；第五章、第六章、第七章规定之“国会委员会”“大总统”“国务院”；第八章规定的“法院”；同时，国家机

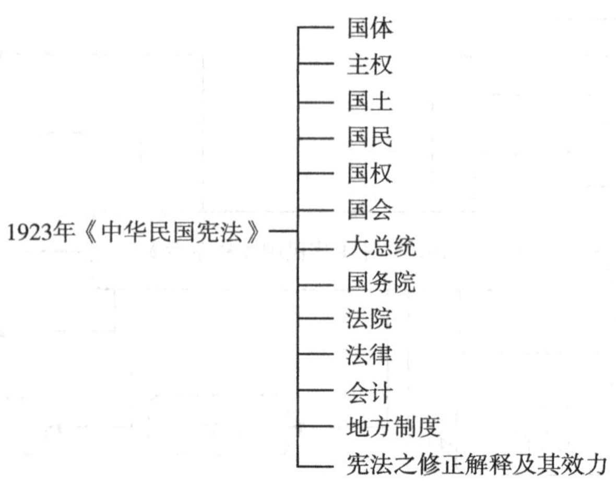

图 5-5　《中华民国宪法》结构图

构设置承继的背后乃是国家政权组织原则，即三权分立原则的进一步确立。再如，1923 年之《贿选宪法》即是在《天坛宪草》的基础上修订而成的。故，其继承了《临时约法》和《天坛宪草》的诸多内容，如国家机构的设置。

第二，宪法文本结构上的承继性。无论是《天坛宪草》，还是《贿选宪法》，包括《袁氏约法》在文本结构的排序上，"人民的权利和自由"均置于"国家机构"之前。虽然三部宪法对此之称谓不同，如《天坛宪草》《贿选宪法》称之为"国民"，《袁氏约法》称之为"人民"，我们今之《中华人民共和国宪法》将之称为"公民"。可见，无论称谓如何变化，国民、人民、公民的背后乃是赋予彼时期之人民，以近现代公民之内涵、之身份及其所应具有的基本权利和自由，即主权在民原则、人人平等原则的彰显和体现。尤其是《天坛宪草》与《贿选宪法》。

3. 三部宪法的"相似性"

第一，1913 年《天坛宪草》第二章规定有"国土"之内容；1914 年《袁氏约法》第一章"国家"部分规定有"国家主权""领土"（未设专章规定）；1923 年《贿选宪法》通过专章设置更进一步规定有"主权""国土"之内容。三部宪法性文件都有对"国权、主权、国土"的"前置顺位"，"突出、强调"的意味显而易见。此乃中国所面临的内忧外患之困境于根本法上之表达，即现状之表达及全中国人民的热切愿望之于宪法上的体现。宪法承载了全国人民，包括当政者的迫切心愿——国家统一，领土完整，主权不可侵、不容侵。

第二，三部宪法都“首次”以专章方式规定“会计”一章。如《天坛宪草》第十章、《袁氏约法》第八章、《贿选宪法》第十一章。在位置排列上，通常置于“国民（人民）”“国家机构”之后，宪法修改、解释等程序性规定之前。在具体内容上，会计一章多是对税收、预算、审计等制度所作之规定，具有一定的创新和发展意义。

实然，一方面，从彼时期中国所处的国际环境而言，中国会计制度的法治化发展，与中国的政治、经济等状况密切相关，其在一定程度上反映了国家迫切的主权观念与强烈的经济自主化要求。而其在入宪生法，实与长时期中国的国权主权、经济命脉、国家资源掌握于西方列强之手、受西方列强的盘剥与控制等密切相关。如经济领域，西方资本主义国家通过控制中国关税、向中国倾销商品，在中国建立银行，对外输出资本，向清政府提供货款、投资等方式控制中国经济，进而牵制国家重要部门，以影响一国政治乃至国家主权等。至北洋军政府时期，中央为了实现国家财政独立、国家经济自主，如通过会计制度专项立法——1914年《会计法》，中国历史上第一部针对会计的专门性立法；会计制度入宪——1914年《袁氏约法》，首次将“会计”列入国家根本大法中，以及国家层面专职机构的创设，与匹配性的会计制度建立等方式途径，来助推国家对财政的真正掌控。譬如南京临时政府时期，《临时政府组织大纲》规定，国家行政系统共设五部，其中即有财政部。北洋政府建立后，财政部直属大总统，掌管国家税收、货币、官办企业、会计权及出纳权。① 袁世凯则进一步通过国家机构设置，扩大了财政部组织机构与事权范畴——财政部下设五司，其中即包括会计司，会计司全面控制国家财政，主管国家财务会计工作。② 发展至南京国民政府时期，中国会计制度建设与运行渐趋专门化、专业化，表现在组织机构进一步独立、会计法律体系构建不断完备，等等。

另一方面，从彼时期中国的国内环境而言，会计制度于一国根本法中的规定

① 中国会计学会会计史料编写组、中国第二历史档案馆：《中国会计史料选编——中华民国时期（Ⅳ）》，南京：江苏古籍出版社1990年版，第2847~2850页。

② 高超：《南京国民政府时期的会计制度》，河南大学2018硕士学位论文，第11~14页。

也在某种程度上反映了当时的"中央与地方"之关系，即会计制度、财政关系，乃至经济关系于根本法上的规定，实是对现实央地关系的一种折射、反映，乃至期冀。概言之，彼时期，中国迫切需要建立起统一且强有力的中央政府，建立起与最高治权观念相匹敌的强大的中央政府，对外以抵御外侮、维护国家统一与主权独立，对内以维护国家安定、保障人民的生命安全与财产安全。

4. 三部宪法的"发扬性"

（1）机构设置。相比于《临时政府组织大纲》《临时约法》，《天坛宪草》中所规定的国家机构之设置更加完备，如《天坛宪草》设立了参议院、众议院两院和国会委员会，国会组织更加完备。此外，《贿选宪法》所规定之主权、国权和地方制度，更是前几部宪法所未有之内容，进步性显见。

（2）政权组织形式。相比于《临时约法》所赋予大总统之"绝对权力"——总统组阁，内阁对总统负责的制度设置。《天坛宪草》具有了明显"限权"之意味，即限制大总统袁世凯的权力。如强调国务员对众议院负责的机制设置，已然具有了议会内阁制的蕴涵，初步形成了一种总统制与议会内阁制相结合的混合制政权组织形式。

另外，三部宪法中，为什么《天坛宪草》《袁氏约法》未对"地方制度"作出规定，至《贿选宪法》时期则首次对地方制度作出了规定。

实然，之所以出现这种情况，薛梦缘学者的研究认为，此实与当时国家政局动荡有直接关系，笔者赞同。据史记载，1913 年 10 月，袁世纪就任大总统后不久，即下令停止参众两院议员的职务，并遣散议员，取消地方自治。1914 年年底，袁世凯为巩固其统治，加强中央权威，颁行《地方自治试行条例》，国家再次推行"地方自治"。但实质层面，地方自治几乎并无进展。至袁世凯之后的北洋政府统治，对待地方自治的态度较为模糊。有些地区，如苏南士绅请求北洋政府恢复地方自治，但未被应允。直到 1923 年，江苏省议会才决定，在全省范围内恢复地方各级自治，地方自治得以正式恢复。① 并在彼时期颁行的《贿选宪法》之根本大法层面得到确认。此即为北洋政府时期为何直到 1923 年才于《贿选宪法》上规定了"地方制度"。这一过程实反映了央地关系间的变化，在袁世

① 韩国钧：《江苏省议会答复恢复各级自治咨询案应将各县市乡议会先以省令克期恢复》，载《江苏省公报》1923 年，第 3395 页。

凯统治前后，地方势大，根本无法于法律层面，尤其是根本大法层面确立央地间的关系。而在之后的发展中，伴随着中央权力的日益强大，央地关系渐趋明朗。至 1927 年南京国民政府成立，地方自治、地方制度及央地关系等相关规定渐趋明确、巩固，如 1927 年江苏省第二十八次政务会议通过的《江苏省市乡行政组织大纲》等专门性法律，其中 31 个县汇报了本县市乡行政局设置之情况，等等。① 这也是为何南京国民政府时期颁行的三部典型性宪法均规定有地方制度、央地关系的原因，具体如下所述。

（三）南京国民政府时期的宪法

南京国民政府时期的代表性宪法主要有三部，分别为 1931 年《中华民国训政时期约法》；1936 年《中华民国宪法草案》，又称《五五宪草》；1947 年《中华民国宪法》。

1. 三部宪法文本之体系结构

（1）1931 年《中华民国训政时期约法》。《中华民国训政时期约法》，共 8 章 89 条。章节分别为：序言；第一章，总纲；第二章，人民之权利义务；第三章，训政纲要；第四章，国民生计；第五章，国民教育；第六章，中央与地方之权限；第七章，政府之组织；第八章，附则。

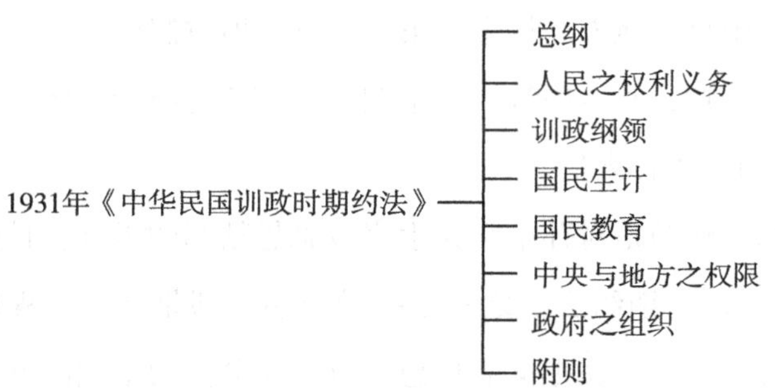

图 5-6　《中华民国训政时期约法》结构图

① 薛梦缘：《地方自治的探索：民国初期江苏省县下设市实践》，载《江汉大学学报（社会科学版本）》2021 年第 2 期。

（2）1936 年《中华民国宪法草案》。又称《五五宪草》，共 8 章 148 条。章节分别为：第一章，总纲；第二章，人民之权利义务；第三章，国民大会；第四章，中央政府（总统、行政院、立法院、司法院、考试院、监察院）；第五章，地方制度；第六章，国民经济；第七章，教育；第八章，宪法之施行及修正。

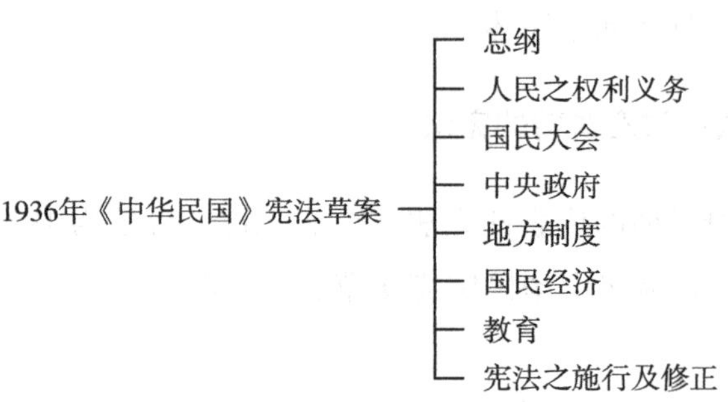

图 5-7　《中华民国宪法草案》结构图

（3）1947 年《中华民国宪法》。《中华民国宪法》共 14 章 175 条，章节分别为：第一章，总纲；第二章，人民之权利与义务；第三章，国民大会；第四章，总统；第五章，行政；第六章，立法；第七章，司法；第八章，考试；第九章，监察；第十章，中央与地方之权限；第十一章，地方制度；第十二章，选举罢免创制复决；第十三章，基本国策；第十四章，宪法之施行及修改。

2. 三部宪法的"承继性"

第一，三部宪法乃是对孙中山先生宪政思想精髓的承继，具体而言：

《中华民国训政时期约法》之立法指导思想，即是在一定程度上反映了孙中山先生的宪法思想——三民主义的理想、以权能分离为基础的五权宪法的架构和建国三时期。如于宪法文本中国家机构之设置即按照孙中山五权宪法之理论——国民政府设行政院、立法院、司法院、考试院和监察院，五权分立的政府架构初步形成。

《五五宪草》进一步将中国民国之国体确立了"三民主义共和国"，政权组织形式，"总统制"及"五权分立"的政府组织体制得以巩固。此外，在"人民

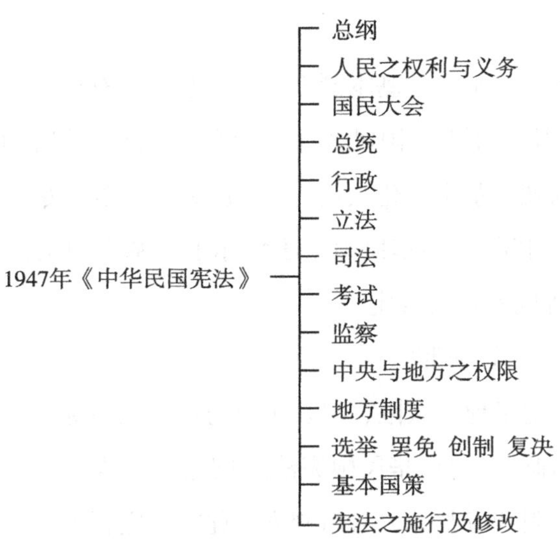

图 5-8 《中华民国宪法》结构图

与政府的关系”上主张“政权与治权相分离”，即设立国民大会，人民直接行使或通过国民大会间接行使政权，包括选举、罢免、创制和复决四权。政府则行使“治权”。

《中华民国宪法》在中央政权组织形式上，采行总统制与责任内阁制相结合的混合体制。

第二，三部宪法在位置序列上都是将“人民之权利义务”置于“国家机构”之前，这不仅是对北洋军政府时期三部宪法文本结构的一种承继，更是对宪法精神——人民主权原则、人人平等原则的一种实质贯彻与弘扬。如《五五宪草》中对“国民大会”的专章规定。

3. 三部宪法的“相似性”

第一，三部宪法均符合近现代宪法所应当具备的两大要素。如《五五宪草》于第二章规定了“人民的权利义务”，于第三章至第四章规定了“国民大会及中央政府之国家机构”等实质性内容，并于第八章规定了“宪法的实施与修正”等程序性内容。再如《中华民国宪法》于第二章规定了“人民之权利与义务”；于第三章至第九章分别规定了“国家机构——国民大会、总统、行政、立法、司法、考试、监察机构”等实质性内容,并于第十四章规定了“宪法的施行及修改”等程序性内容。

第二,三部宪法对国家的基本制度、基本政策作有规定:如《中国民国训政时期约法》设“国民生计”“国民教育”专章,规定了该时期的经济制度、基本经济政策和教育制度、基本文化政策。《五五宪草》亦以专章形式规定了《国民经济》《教育》等问题;《中华民国宪法》亦于《基本国策》一章中对“国民经济”和“教育”等问题进行规定。

4. 三部宪法的“发扬性”

第一,明确规定了地方权限,以及中央与地方之关系。《五五宪法》实行均权制和县地方自治制度;《中华民国宪法》则进一步规定,在央地关系上实行单一制下的地方分权制和省县地方自治制度。此在一定程度上,弥补了南京临时政府时期、北洋军政府时期“宪法文本”中的缺陷与不足。实然,自 1928 年东北张学良“改易旗帜”,中国即实现了名义上的统一。换言之,此时“地方制度”“地方权限”或“中央与地方关系”之入宪,必须以统一且强有力的中央政府之建立为前提与基础。

第二,《中华民国训政时期约法》在《总纲》中,第一次对民国的国旗和首都作了规定。作为一种国家标志——“国旗和首都”,本是象征性的内容却因其在根本法中的规定和确认,而具备了合宪性、合法性之依据,本是形式性特征在这一刻被赋予了一种实质性的意义与价值。

第三,《中华民国宪法》于《基本国策》一章中,除规定国民经济和教育文化外,还增加了国防、外交、社会安全、边疆地区等内容。

第二节 中华人民共和国成立后的宪法

中华人民共和国成立后,中国正式颁布了四部宪法,分别为“五四宪法”“七五宪法”“七八宪法”与“八二宪法”。此处从宪法的制定背景、结构体系、框架内容、历史地位四方面,展开比较研究,具体如表 5-1 所示。

表 5-1　　　　**中华人民共和国成立之后宪法发展对比表**

比较＼宪法	1954 年宪法	1975 年宪法	1978 年宪法	1982 年宪法
通过时间	1954 年 9 月 20 日第一届全国人民代表大会第一次会议全票通过	1975 年 1 月 17 日第四届全国人民代表大会第一次会议通过	1978 年 3 月 5 日第五届全国人民代表大会第一次会议通过	1982 年 12 月 4 日第五届全国人民代表大会第五次会议
诞生背景	国家发展上，随着土地改革、镇压反革命、抗美援朝和国家经济领域“一五”计划的逐步推进，国家整体状况发生了巨大变化 法治基础上，《共同纲领》的立法结构及体制机制设置为宪法的制定提供了前置基础 成果确认上，迫切需要以根本法的形式确认与巩固中华人民共和国成立以来的胜利成果和基本经验	思想上，“左”倾主义盛行，宪法诞生于“左”倾思想指导下 经济上，生产力进步，旧的宪法已经不能适应社会发展需要 政治上，诞生于“文革”期间，面临着“四人帮”的严重干扰与破坏	政治上，粉碎“四人帮”，“文革”结束，作为“文革”结束的产物，“七五宪法”显然已不能适应国家当下发展需求 思想上，“左倾”主义思想仍有残余 十一届三中全会尚未召开	思想上，十一届三中全会召开，国家全面开始“拨乱反正”，坚持改革开放，解放思想 民主政治上，社会主义民主意识和实践水平提高，民主范围扩大 宪法信仰上，公民的宪法意识增强
体系结构	序言＋正文（共106 条） 序言 第一章　总纲 第二章　国家机构 第三章　公民权利 第四章　国旗、国徽、首都	序言＋正文（共30 条） 序言 第一章　总纲 第二章　国家机构 第三章　公民的基本权利和义务 第四章　国旗、国徽、首都	序言＋正文（共60 条） 序言 第一章　总纲 第二章　国家机构 第三章　公民基本权利和义务 第四章　国旗、国徽、首都	序言+正文（共 138 条） 序言 第一章　总纲 第二章　公民基本权利和义务 第三章　国家机构 第四章　国旗、国徽、首都

续表

比较＼宪法	1954 年宪法	1975 年宪法	1978 年宪法	1982 年宪法
主要内容	序言：以根本法的形式巩固了中国人民革命的成果和中华人民共和国成立五年来的新胜利，反映了中国广大人民建设社会主义的共同愿望，规定了国家在过渡时期的总任务 总纲：规定了我国根本政治制度（国体、政体）、经济制度（确认了生产资料所有制） 国家机构：立法、行政、司法机构 公民权利：较完整地规定了公民的权利与义务（将公民的义务融于第三章公民权利中）	序言：把以阶级斗争为纲作为指导思想，强调无产阶级专政下的继续革命 总纲：确认了国家经济制度和政治制度的社会主义原则 国家机构：立法、行政、司法机构 公民权利义务：在"五四宪法"的基础上，在标题及内容上明确了公民的基本义务	序言：回顾中国革命历史进程，强调在 21 世纪内把我国建设成为农业、工业、国防和科学技术现代化的伟大的社会主义强国 总纲：规定了国家制度和社会制度的基本原则，强调发扬社会主义民主，保障人民参加国家管理的基本原则及具体制度 国家机构，比"七五宪法"的设备更完备和具体，如恢复了检察机关，取消了其职权交由公安机关行使的规定。恢复了审判公开和辩护制度 公民基本权利和义务，作了大量补充，由"七五宪法"的 4 条增加到 16 条，丰富了公民在政治、经济、文化教育领域的各项权利	体系结构上：将"公民的基本权利和义务"放在"国家机构"之前，显示出思想层面国家对公民权利认识的深化与转化，制度上对公民权利保障的重视 序言：以法律形式确认了中国各族人民的奋斗成果，规定了国家的根本制度和根本任务 总纲：规定了国家各项基本制度，如政治制度、经济制度、文化制度、社会制度等，并将四项基本原则作为国家的总的指导思想。如把社会主义现代化建设确认为今后国家的根本任务，并倡导经济体制改革；重视政治体制建设和国家机构的合理设置，倡导政治体制改革；高度重视社会主义文化制度和精神文明建设；发扬社会主义，健全社会主义法制 公民基本权利与义务：公民权利体系不断完备，如增加了公民的人格尊严不受侵犯条款，申明国家对个体经济合法权益的保护等 国家机构：人大制度日益健全；恢复设立国家主席；中央军委主席改由全国人大选举；国务院实行总理负责制；规定国家、全国人大、国务院领导人连续任职不得超过两届，取消了领导职务的终身制等

续表

宪法 比较	1954 年宪法	1975 年宪法	1978 年宪法	1982 年宪法
历史地位及其评价	优点： 体例结构及内容设置上，堪为中国历史上第一部社会主义类型的宪法 制定程序上，慎重起草、全民讨论、广泛征求意见等，乃真正民主之体现 缺点： 因受苏联模式的影响，经济上具有计划经济色彩；政治上具有高度集权倾向 宪法监督机制不健全，缺乏行之有效的宪法监督制度等	作为中华人民共和国成立以来的第二部宪法，宪法的体例结构较为健全，具备了宪法所要求的核心要素。但整体而言，该宪法是一部很不完善而且有着严重缺点，甚至错误的宪法。 立法条文数量上，条文总数 30 条，比“五四宪法”少了 76 条。大量内容被删减，毛泽东语录的直接引用，强化了宪法的政治性、纲领性色彩，忽视了宪法的法属性与法特质 国家机构：确立共产党是全中国人民的领导核心，及全国人大是中国共产党领导的最高国家权力机关 公民基本权利义务：在公民权利义务的规定上，将权利与义务合并，且义务在前，权利在后 大量必要内容被删减，宪法似成了大纲性文件，出现一些概念和文辞上的含糊不清	“七八宪法”在我国的人权保障事业的发展进程中，起到了承上启下的作用。但整体而言，依然存在问题： 仍肯定了“文革”的成就，仍然坚持以“阶级斗争为纲”的指导思想和“无产阶级专政”下的继续革命理论，未彻底清理“文革”期间的“左倾”思想的影响 国家机构：在地方国家机关中仍保持地方各革命委员会的机构称谓 公民的基本权利：规定四大权利，即大鸣、大放、大辩论、大字报作为公民的基本权利	优点： “八二宪法”是在五四宪法的基础上制定，是对其精神与内容的一种承继与发展。同时，作为改革开放的产物，确认并巩固了十一届三中全会以来国家的基本路线和基本政策，为国家的有序发展提供了顶层法治设计之基础，在国家政治、经济、文化和社会生活中发挥着极其重要的作用，可谓中国法治发展史上的重要里程碑 见证了中国宪法 30 年的发展实施成果，如公民的宪法意识不断增强，社会主义民主政治的稳步发展与法治水平的逐步提高，人大制度的日趋完善，法律体系的渐趋完备，人民生存权和发展权得到基本保障，等等 不足： “八二宪法”作为一部转型时期的宪法，思想层面，公民的宪法意识、法治理念、法治思维有待进一步增强。制度层面，国家各项制度仍有待进一步健全，如人大制度、选举制度、宪法监督制度等的逐步完善

第六章 宪法原理中国化的当代流变：基于宪法修改之文本考察

宪法原理中国化的当代流变、革故鼎新，基于现行宪法第五次修订之文本内容为考察载体。为强化对现行宪法的理解，该章重点解读2018年我国宪法修改中各项内容所具备的特质。2018年3月11日，我国第十三届全国人民代表大会通过了《中华人民共和国宪法修正案》，成为对现行宪法的第五次修改。此次修宪乃是一种“过程”的争论，一种“共识”的达成，即多种声音争锋下形成的一种“妥协”与“共鸣”。

在此次修宪中，出现了两种声音，一种声音指出“不应当进行宪法修改”，而应进一步完善“宪法解释制度”，通过宪法解释来解决“现有社会关系”和“社会矛盾”，且中国目前处于“改革”和“转型”期，待改革完成、转型成功后，再进行最终的宪法确认即可。另一种声音指出，“应当进行宪法修改”。因为自2004年现行宪法进行了第四次修改后，始终未再变动。现有内容虽仍能发挥功效，但已无法“完全”适应社会现实之需求。此次宪法修改即是采用了第二种意见，对现行宪法进行了第五次修改。

此次修宪的特点：第一，宪法授权下的政治决断。此次修宪乃一种“政党政治决断”，即宪法授权下的政党之政治决断，乃一种自上而下的顶层设计。《共同纲领》乃中华人民共和国成立之纲领，是“五四宪法”产生的政治基础，即“五四宪法”之诞生乃立基于《共同纲领》，围绕《共同纲领》而展开。此乃政治决断之代表。第二，精英修宪。此次修宪乃小范围内的会议模式下诞生的，即乃精英修宪。第三，“大数据”技术的应用。通过运用大数据进行广泛的包括建议、观点之搜集、整理，其中，有诸多学者、网民等参与其中。

此次修宪亮点：第一，国家权力配置体系的大变动，即监察委员会的设立及入宪；第二，强调党的领导；第三，作为一种宪法惯例、政治惯例，习近平新时代中国特色社会主义思想入宪；第四，新发展理念入宪，作为习近平新时代中国特色社会主义思想的重要组成部分，乃是对第三大亮点的延续和发展；第五，国家领导人任职期限的取消；第六，强调“生态文明建设”；第七，扩大地方立法权，增加“设区市人大及其常委会的立法权”；第八，宪法宣誓制度的正式确立。

第一节　监察委员会

一、监察委员会的设立和入宪

监察权力的设置、监察委员会的入宪乃此次修宪的“亮点”，谓之重中之重。具体而言：

从量之层面而言，2018 年针对现行宪法的第五次修改共通过了 21 条宪法修正案，其中一半之多，共 11 条乃关涉监察委员会、监察制度之内容。故而，从通过的修正案数量观之，足以证明监察权力、监察委员会的重要性。从质之层面而言，内容有三：第一，监察权从行政权中独立而出，与行政权并列存在；第二，监察机关于宪法中的位置排序结构，重要性显而易见；第三，国家权力配置体系由原来的“人大产生一府两院，一府两院对人大负责”，改变为“人大产生一府两院及监察机关，监察机关及一府两院对人大负责”。

第一，监察权从行政权中独立而出，与行政权并列存在。根据修宪前之《宪法》第八十九条第八项之规定，国务院行使下列职权：领导和管理公安、司法行政和监察等工作，但在修宪之后，国务院的“监察工作”之职权被“剥离”。此外，根据现行《宪法》第一百零七条第一款规定，原属于县级以上人民政府权限的“监察权”亦被剥离。据此推断，“监察权”原属于行政机关之权限范畴，隶属行政权。修宪后，“监察权”从行政权中抽离而出，与行政权再无隶属关系，独立于行政权，且与行政权相并列而存在。如《宪法》第三条第三款规定，“国家行政机关、监察机关、审判机关、检察机关都由人民代表大会产生，对它负责，受它监督”。

第二，监察机关于宪法中的位置排序结构，地位显见。(1) 根据宪法第三条第三款之规定，在监察机关的位置结构设置中，监察机关被置于行政机关之后，司法机关之前，足见其重要。就其性质定位而言，监察机关不仅属于国家机关，亦属政治机关，即监察机关既执法，又执纪；监察机关工作人员，既属于监察干部，又为纪检干部——党的干部。双重属性的性质定位，地位足见一斑。(2) 根据《中华人民共和国国家监察法》第十五条规定，监察机关有权对下列公职人员和有关人员进行监察：①中国共产党机关、人民代表大会及其常务委员会机关、人民政府、监察委员会、人民法院、人民检察院、中国人民政治协商会议各级委员会机关、民主党派机关和工商业联合会机关的公务员，以及参照《中华人民共和国公务员法》管理的人员。②法律、法规授权或者受国家机关依法委托管理公共事务的组织中从事公务的人员。③国有企业管理人员。④公办的教育、科研、文化、医疗卫生、体育等单位中从事管理的人员。⑤基层群众性自治组织中从事管理的人员。⑥其他依法履行公职的人员。可见，监察权限范围极大，且就职责言之，监察机关不仅拥有了原检察机关的部分权力，如《监察法》出台前，关涉贪污贿赂、失职、渎职等职务犯罪案件，都由检察院自行侦查、提起公诉。《监察法》出台后，此类案件的侦查权不再由检察院自侦部门负责，而是归属于监察委员会，检察院保留了其提起公诉等之权力。即从原有的“侦诉合一之诉讼模式”，变为“侦诉分离的诉讼模式”。此外，监察机关还具有了某些“自有权利”，如调查权、处置权、留置权、移送审查起诉权等。可以说，监察权的属性定位、职权职责及监察对象、监察范围等已然注定监察权的重要性。(3) 监察权于《宪法》第三条第三款中的结构顺序，如宪法第二章公民基本权利义务置于第三章国家机构篇前一般。这表明公民权利的保护在国家生活中的地位是终极性的存在与目标，其本身即重于国家机构。① 实然，监察权结构位置的设置在某种程度上如“公民基本权利和义务”一章在宪法结构中的顺序安排，因重要而有结构定位、因重要而做如此排位。

第三，国家权力配置体系由原来的“人大产生一府两院，一府两院对人大负

---

① 我国基本权利保护的范围整体上呈不断扩大之势，且更加明确。如 1954 年宪法中规定公民基本权利的条款有 14 条，1975 年减至 2 条，1978 增至 12 条，1982 年则规定了 18 条。且“八二宪法”对某些权利的规定进行了细化，如宗教信仰自由由原来的一款增加至四款，明确了保护的范围。

责”，改变为“人大产生一府两院及监察机关，监察机关及一府两院对人大负责”。根据《宪法》第六十二条第七项，六十三条第四项规定，全国人民代表大会有权“选举和罢免”国家监察委员会主任。根据《宪法》第六十七条第六项、第十一项规定，“全国人大常委会有权监督国务院、中央军事委员会、国家监察委员会、最高人民法院和最高人民检察院工作”“全国人大常委会有权根据国家监察委员会主任的提请，任免国家监察委员会副主任、委员”。根据《宪法》第一百零一条第二款规定，县级以上的地方各级人民代表大会选举并且有权罢免本级监察委员会主任、本级人民法院院长和本级人民检察院检察长。此外，从全国人大常委会的组成人员不得担任监察机关之职务的宪法规定而言，从侧面印证了我国国家权力配置体系的调整和变动。如栗战书同志既是中央政治局常委委员，又是全国人大常委会委员长，除此外，别无他职。根据《宪法》第六十五条第四款规定，全国人民代表大会常委会的组成人员不得担任国家行政机关、监察机关、审判机关和检察机关的职务。此外，根据《宪法》第一百零三条第三款规定，县级以上的地方各级人民代表大会常务委员会的组成人员不得担任国家行政机关、监察机关、审判机关和检察机关的职务。

第四，宪法第三章“国家机构”部分，第七节以“专节”的形式规定了“监察委员会”。包括监察委员会的性质、定位、人员组成、任期、责任机制及与其他国家权力机关间之关系等层面进行了规定。(1) 性质定位。《宪法》第一百二十三条、一百二十四、一百二十五条规定，中华人民共和国各级监察委员会是国家的监察机关，我国设立国家监察委员会和地方各级监察委员会，其中，国家监察委员会是最高监察机关。(2) 人员组成。根据《宪法》第一百二十四条规定，监察委员会由下列人员组成：主任，副主任若干人，委员若干人。(3) 任期。根据《宪法》第一百二十四条规定，监察委员会主任每届任期同本级人民代表大会每届任期相同。国家监察委员会主任连续任职不得超过两届。(4) 领导机制与责任机制。根据《宪法》第一百二十五条、一百二十六条规定，国家监察委员会领导地方各级监察委员会的工作，上级监察委领导下级监察委员会的工作。同时，国家监察委员会对全国人民代表大会和全国人民代表大会常务委员会负责。地方各级监察委员会对产生它的国家权力机关和上一级监察委员会负责。(5) 与其他国家权力机关的关系。监察委员会依照法律规定独立行使监察权，不受行政机关、社会团体和个人的干涉。监察机关办理职务违法和职务犯罪案件，应当与审判机关、检察机关、执法部门互相配合，互相制约。

二、中国监察制度改革法治路径问题探讨

从理论层面探讨，监察制度改革的法治路径大致有两种：一为“修法改革”路径；二为“修宪改革”路径。具体而言：第一，“修法改革”路径：即改革必须有“法律”依据，具体指全国人大通过修改法律，比如修改现有的《中华人民共和国行政监察法》，将其更改为《中华人民共和国国家监察法》这种修改法律的形式，使改革获得它的合法性、正当性，而后等改革完成后，再最终通过宪法对其进行确认。第二，“修宪改革”路径：即改革应于宪有据，于法有依。我国主流宪政理论，或说宪制改革思想通常是学习西方而来，通常先对“宪法”进行修改，明确改革大政方针，以获得最高位阶，即顶层法治的支持——“法律”修改，明确改革的具体问题，即确定改革清单——再依据宪法和法律展开具体“改革”，铺就改革路线图！

但中国的监察体制改革路径确有其“自有特色”，属于中国的“特有产物”。具体而言：(1) 2016 年 10 月 27 日，党的十八届六中全会提出：各级党委应当支持和保证同级人大、政府、监察机关、司法机关等对国家机关及公职人员依法进行监督。(2) 同日，中共第十八届中央委员会第六次会议通过《中国共产党党内监督条例》也作了同样规定。这是党的文件和党内法规首次将“监察机关”与人大、政府、司法机关一同并列提及，并首次提出监察机关这一现行宪法规定的国家机构之外的主体。(3) 2016 年 11 月 7 日，中共中央办公厅印发《关于在北京市、山西省、浙江省开展国家监察体制改革试点方案》，部署在上述三省市设立各级监察委员会。(4) 2016 年 12 月 25 日，通过《全国人民代表大会常务委员会关于在北京市、山西省、浙江省开展国家监察体制改革试点工作的决定》——国家监察体制改革由党的意志、党内决策转化为国家意志和法律规定。(5) 2017 年 5 月 2 日，中国人大发布了全国人大常委会 2017 年立法工作计划——行政监察法修改为国家监察法，2017 年 6 月提请全国人大常委会会议初次审议。(6) 2017 年 11 月 7 日，《中华人民共和国国家监察法（草案）》在中国人大网首次公布，向社会公开征求意见。(7) 2017 年 12 月 22 日，监察法草案

提请十二届全国人大常委会第三十一次会议二审。(8) 2018年3月11日，第十三届全国人民代表大会第一次会议通过《中华人民共和国宪法修正案》。(9) 2018年3月20日，第十三届全国人民代表大会第一次会议通过《中华人民共和国国家监察法》。综上，中国监察体制改革路径乃自成体系、自成理论，虽与“修宪路径”“修法路径”有相似之处，但却又不完全同于两者。整体路径即“政党政治决策——政策——法律——宪法——监察法”。

中国监察制度法治改革的“现实路径”，或上述监察制度改革路径的结论表达，实质乃政治民主的法律化，即政治决断的法律化、政治问题的法律化及法律问题的程序化。通俗而言，通过将政治决断、政治问题予以法律化，以使改革本身、改革设计、改革清单、改革路线图具备合法性依据，并通过法律程序将改革逐一铺开。我国之所以采取具有“中国特色”的改革路径是多重因素综合之结果，既有历史因素于当下的折射，亦有现实因素的必然要求。具体而言：

第一，从改革决策本身的历史渊源而言，中国几千年来“大一统”式的中央集权国家，铸就了中央权威的“至上性”。故，人们对“中央权威”有种天然的信任感与信服力。加之，“中央决定、政治决定”在宪法和法律的授权下，已然具备了一种准法律性质的权威性。同时，中华人民共和国的成立，不同于美国式的“先立宪后建国”，即“依宪建国”的模式。中国乃“先建国后立宪”，1949年中华人民共和国成立，虽然《共同纲领》于1949年颁行，并发挥着临时宪法的作用，但依然非中国正式之宪法。直至1954年，中国第一部宪法才正式出台。故而，相较于美国自殖民地时期建立、积累起来的宪政理念、法治传统，中国在此方面的建设缺乏历史性的积淀与积累，但当今中国于法治领域所取得的成果，实是有目共睹。

第二，从决策背后的历史背景而言，中国近一百多年的历史充满了“战火”，从未间断。无论是充满硝烟的战火还是现代无硝烟之战争，都让中国遭受了巨大的磨难和创伤，物质损失不计其数，精神创伤更是无法计算。中华人民共和国成立，百废待兴的中国迫切需要解决“人民的温饱问题”，故在社会主义初级阶段的定位中，注定了我们今天仍在坚持“以经济建设为中心”。同时，一百多年的被动挨打，注定了在这个“以力服人”的世界，处于落后阶段，故中国必须要快速发展国力，而经济发展乃综合国力发展的首位要素。换言之，在“以力服人”的现实世界，在“百废待兴”的今之中国，在“社会主义初级阶段”定位下的中国，我们必须“发展”——“综合国力”“国家力量”的整体提升，主要路径即在于发展“经济”。如十八届三中全会公报指出，“全面深化改革，必须立足于我国长期处于社会主义初级阶段这个最大实际，坚持发展仍是解决我国所有问题的关键这个重大战略判断，以经济建设为中心，发挥经济体制改革牵引作用，推动生产关系同生产力、上层建筑同经济基础相适应，推动经济社会持续健康发展”“其中，经济体制改革是全面深化改革的重点，核心问题是处理好政府和市场的关系，使市场在资源配置中起决定性作用和更好发挥政府作用”。①

“发展经济”作为一项基本国策已正式体现并规定于我国宪法当中。如宪法“序言”第七自然段规定，“发展社会主义市场经济，发展社会主义民主，健全社会主义法治，贯彻新发展理念，自力更生，艰苦奋斗，逐步实现工业、农业、国防和科学技术的现代化，推动物质文明、政治文明、精神文明、社会文明、生态文明协调发展，把我国建设成为富强民主文明和谐美丽的社会主义现代化强国，实现中华民族伟大复兴”。其中发展“市场经济”、推动“物质文明”、建设成为“富强”之国，乃位于所有“发展”之首位，即位于政治（民主）、精神（文明）、社会（和谐）、生态（美丽）之前。故，发展经济乃当下中国、乃社会主义初级阶段中国发展的第一要务。

第三，发展经济，提升综合国力，应在坚持新发展理念之下，进行理论创新、科技创新、制度创新、文化创新。其中，理论创新，作为重要的思想引领，乃国家前行，社会发展与变革的先驱；科技创新，作为根本的创造性力量，是推动社会发展的根本动力；制度创新，作为匹配性的机制力量，是推进中国特色社会主义事业的强大动力；文化创新，作为精神源泉，是促进社会发展的内在驱动力。② 而一切“创新”之前提乃“改革”。实然，中国目前的时代特征即是“一个改革的时代、一个转型的时代”。在这样一种时代背景与时代样态下，为了使改革能够全面、快速铺开，改革成效能及时调整社会需求，应对不断飞速巨变的社会情势。作为改革依据的“法律”，必须具备适应现实、解释现实和服务现实

---

① 参见中国共产党十八届三中全会公报全文，https://www.guancha.cn/politics/2013_11_12_185190.shtml。

② 邓文平：《新发展理念对马克思主义社会发展理论的丰富和发展》，江西师范大学2018年博士学位论文，第30页。

改革的功能与作用，否则法律的功用便会出现折扣，乃至“虚置”。有学者言，改革若无宪法之根本法层面之依据乃属“良性违宪”，源于改革之初即缺少顶层设计之根本法支撑，此之缺失，改革的合法性、正当性便会出现重大瑕疵。也许上述内容乃改革之“理论正统”，但在落后即挨打的历史教训中，在改革以图强的时代背景下，任何事物都应当让位于改革、服务于改革。这是中国自身历史经验之总结，但也非中国所独有。如“罗斯福新政”时期司法机关对“旧法”的坚持与行政机关对“改革政策”的力挺，两者之间的博弈及其结果实乃“法律让位改革”“法律修改以适应改革”的典型例证。

但需注意的是，法律的让位只是暂时的，而非永远。毕竟“改革”并非一蹴而就之事，所有的改革最终都要落脚于“于法有依、于宪有据”层面，最终皆要兼具合宪性、合法性依据。如我国监察制度改革，为了确保改革时效与改革能效，我们从最初的“政党政治决策”，至中共中央办公厅的“试点方案”，即政策，再至全国人大常委会确认的具备“法律属性”的试点方案。实质皆是为保障改革的“稳妥”开展而采取的系列举措。待 2018 年 3 月，监察制度、监察委员会“入宪”，确保了改革的“顶层设计”；《中华人民共和国国家监察法》的相继出台，梳理了改革的“法定清单”，保障了改革的依法展开。在改革“顶层设计”和“法定清单”的支持下，“改革路线图”全面铺开，确保了改革的可持续发展。而改革进展中的“政策、决策”等亦成为改革“顶层设计”和“法定清单”，乃至“改革路线图”生成的重要渊源。即改革本身的“提前展开”、改革过程的“全面铺开”和今天的“未完待续”使我们知晓，“法律”的让步只是暂时的，最终的改革、全面铺开的改革仍然要在“法治的道路”上进行。

第二节　地方立法权

《宪法》第一百条在原有“省级人大及其常委会立法权”规定的基础上增加了“设区市人大及其常委会”的立法权——“设区的市的人民代表大会和它们的常务委员会，在不同宪法、法律、行政法规和本省、自治区的地方性法规相抵触的前提下，可以依照法律规定制定地方性法规，报本省、自治区人民代表大会常务委员会批准后施行”。自 2015 年《立法法》《地方组织法》修订以来及 2018

年《宪法修正案》的通过，“较大的市”作为一个法律概念，已被“设区的市”所取代。① 如《立法法》第七十二条第一款规定：“设区的市的人大及其常委会根据本市的具体情况和实际需要，在不同宪法、法律、行政法规和本省、自治区的地方性法规相抵触的前提下……”随后，《地方组织法》将原条款中“省、自治区的人民政府所在地的市和经国务院批准的较大的市”修改为“设区的市”。至此，在法律文本的正式表达中，再无“较大的市”概念。2018 年，《宪法修正案》通过，修正案第一百条进一步增设了“设区的市”人大及其常委会的立法权。“设区的市”这一法律概念正式由宪法所背书。

实然，我国的立法体制属于立法机关主导下的多元立法模式，又称“统一基础上的分层级制”，1979 年，全国人大制定了《地方各级人民代表大会和地方各级人民政府组织法》，该法将立法权下放至省级人大及其常委会；1982 年，我国现行宪法通过，立法结构发生根本变化；1986 年全国人大修订《地方各级人民代表大会和地方各级人民政府组织法》，地方立法权延伸至省级人民政府及其特定的地方人大和地方政府。根据宪法和《立法法》规定，我国现行立法体制可概括为“一元两级三层次”——“一元”指全国人大及其常委会；“两级”指中央和地方；“三个层次”指在中央和地方每一级中都有三类立法主体。其中，“三个层次”中，“中央一级”，全国人大及其常委会制定基本法和其他法律，国务院制定行政法规，国务院所属各部委制定部门规章；在地方一级，地方人大及其常委会制定和批准地方性法规，省级人民政府制定政府规章，较大市的人民政府也可制定政府规章。此外，设区的市人大及其常委会可制定地方性法规（除省、自治区的人民政府所在地的市，经济特区所在地的市和国务院已经批准的较大的市以外，② “其他设区的市”人大及其常委会制定法规需由省人大常委会批

① “较大的市”虽然在《宪法》《立法法》《地方组织法》等法律中成为过去式，但仍然可在理论上沿用，可在行政实践中继续沿用。

② 根据《立法法》第七十一条第三款规定，本法所称较大的市是指“省自治区的人民政府所在地的市、经济特区所在地的市和国务院已经批准的较大的市和其他市区的市”。目前，省会所在地的市，共有 27 个；经国务院批准的较大的市，目前共有 18 个；经济特区所在地的市，共有 6 个。

准)，民族自治地区可制定自治条例、单行条例，经济特区也获得授权得以立法。①

一、立法主体层面

自2015年《立法法》《地方组织法》修订以来，以及2018年《宪法修正案》的通过，“较大的市”作为一个法律概念，已被“设区的市”所取代。②如《立法法》第七十二条第一款规定：“设区的市的人大及其常委会根据本市的具体情况和实际需要，在不同宪法、法律、行政法规和本省、自治区的地方性法规相抵触的前提下……”随后，《地方组织法》将原条款中“省、自治区的人民政府所在地的市和经国务院批准的较大的市”修改为“设区的市”。至此，在法律文本的正式表达中，再无“较大的市”概念。2018年，《宪法修正案》通过，修正案第一百条进一步增设了“设区的市”人大及其常委会的立法权。“设区的市”这一法律概念正式由宪法所背书。

关于“设区的市”的主体范围，结合《立法法》第七十二条第四款，“除省、自治区的人民政府所在地的市，经济特区所在地的市和国务院已经批准的较大的市以外，其他设区的市开始制定地方性法规的具体步骤和时间，由省、自治区的人大常委会考虑……”据此，“设区的市”可分为四大类：一则，省、自治区的人民政府所在地的市；二则，经济特区所在地的市；三则，国务院已经批准的较大的市；四则，其他设区的市。此四类，笔者将其界定为“广义设区的市”。其中，前三类又可概称为“狭义设区的市”，即乃《立法法》修订前的“较大的市”③。因此，设区的市包括原“较大的市”与“其他设区的市”两大类。

---

① 《中国的立法体制现状》，载豆丁网，http：//www.docin.com/p-1308893530.html，2022年6月22日访问。

② “较大的市”虽然在《宪法》《立法法》《地方组织法》等法律中成为过去式，但仍然可在理论上沿用，可在行政实践中继续沿用。

③ 修订前之《立法法》第七十一条规定，本法所称较大的市是指省、自治区的人民政府所在地的市，经济特区所在地的市、国务院已经批准的较大的市。

二、立法权限、依据层面

关于设区的市的立法权限，《立法法》第七十二条第二款规定，“设区的市的人大及其常委会根据本市的具体情况和实际需要，在不同宪法、法律、行政法规和本省、自治区的地方性法规相抵触的前提下，可以对城乡建设与管理、环境保护、历史文化保护等方面的事项制定地方性法规，法律对设区的市制定地方性法规的事项另有规定的，从其规定”。

此条款规定的法理释义有三：一则，立法主体：乃广义“设区的市”。二则，立法范畴：“三大立法领域”的限定性规定，表明了设区的市，其立法范畴的“最低限度”与“最窄范围”。三则，立法权限：立法范畴的“最低限度、最窄范围”，指向主体乃“其他设区的市”，即“其他设区的市”立法机关的立法权限，主要限于城乡建设与管理、环境保护、历史文化保护三方面事项。简言之，原“较大的市”与“其他设区的市”在立法权限与立法范畴上是不同的。《立法法》第七十三条第三款的规定，“设区的市、自治州根据本条第一款、第二款制定‘地方性法规’，限于本法第七十二条第二款规定的事项”。即是对上述内容的“重申、强调”。

接上，在立法权限上，至少从文义解释来看，“三大立法领域”的限定规定是较为明确的。存模糊之处的，则是该条第二款兜底条款“等方面事项”。这表明：一则，“设区的市”，尤其是“其他设区的市”，立法权限之空间范畴具有一定的“发展性”；二则，原“较大的市”立法权限与立法范畴要广于现“设区的市”。或可进一步表达为原“较大的市”立法权限与立法范畴要广于“其他设区的市”。

与之相呼应，2018 年《宪法修正案》第一百条第二款中对“设区的市”人大立法权也作出相应配置：“设区的市的人大和它们的常委会，在不同宪法、法律、行政法规和本省、自治区的地方性法规相抵触的前提下，可以依照法律规定地方性法规，报本省、自治区人民代表大会常务委员会批准后施行。”至此，“设区的市”立法权的扩张有了国家根本法层面之支撑。而该依据，其效力自然施及《立法法》第七十二条第二款所谓“等方面事项”，以及“其他设区的市”

立法权限的“可发展性”方面。渊脉系于，《立法法》作为对宪法内容的承继与具体化，宪法亦为其法治空间的发展提供了资源与力量支撑。

三、立法程序层面

承接上文，设区的市之间，于立法程序上要求不一，尤其是原“较大的市”与“其他设区的市”之间，存在较大差异。此中差异，即是“其他设区的市”立法权实现的限制性要素。

一则，省、自治区的人民政府所在地的市及国务院批准的较大的市：根据《地方组织法》第七条规定，“设区的市的人民代表大会根据本市的具体情况和实际需要，在不同宪法、法律、行政法规和本省、自治区的地方性法规相抵触的前提下，可以制定地方性法规，报省、自治区的人民代表大会常务委员会批准后施行，并由省、自治区的人民代表大会常务委员会报全国人民代表大会常务委员会和国务院备案”。据此，上述两大主体只需满足“一般性的审查要件”：①实质审查要件：省级人大常委会批准。②形式审查要件：向全国人大常委会和国务院备案。

二则，经济特区所在地的市：除依据《地方组织法》第七条规定外，还根据《立法法》第七十二条规定，经济特区所在地的省、市的人民代表大会及其常务委员会根据全国人民代表大会的授权决定，制定法规，在经济特区范围内实施。据此，经济特区所在地的市制定地方性法规，需具备以下要件：①主体要件：以全国人大授权决定为立法前提。②一般性审查要件：如上。

三则，其他设区的市：根据《立法法》第七十二条第四款规定，“除省、自治区的人民政府所在地的市，经济特区所在地的市和国务院已经批准的较大的市以外，其他设区的市开始制定地方性法规的具体步骤和时间，由省、自治区的人民代表大会常务委员会综合考虑本省、自治区所辖的设区的市的人口数量、地域面积、经济社会发展情况以及立法需求、立法能力等因素确定，并报全国人民代表大会常务委员会和国务院备案”。据此，“其他设区的市”的立法机关，只要满足上述实体与程序要件，即可制定地方性法规。（1）主体要件：由省级人大常委会确定。（2）影响因素要件：①客观因素，包括人口数量、地域面积、经济社会发展情况等。②立法因素，包括立法需求、立法能力等。影响因素体现了综合性、全局性及专业性特点。③审查要件：制定完成后，实行双重备案制，即报全国人大常委会和国务院备案。当然，省级人大常委会的“批准”，即实质审乃“备案审查”之前提。如《立法法》第七十八条规定，设区的市、自治州的人民代表大会及其常委会制定的地方性法规报经批准后，由设区的市、自治州的人大常委会发布公告予以公布。

需注意的是，除上述三大要件的满足外。《宪法》第一百条第二款规定，以及《立法法》第七十二条第二款的规定，皆显示，“遵循宪法、法律、行政法规和省级地方性法规”乃是“其他设区的市”开展立法活动的“基础法治要件”，可称之为第四大要件，即“合法性要件”。

第三节　宪法修改的其他领域

一、“法治”新内涵

从功能定位而言，中国特色社会主义法治体系乃我国全面依法治国的总目标，是推进全面依法治国的总抓手。从此角色定位言之，“法治”及法治体系所指向的乃动态层面的国家治理状态，包括制度自身层面与制度执行、实施层面。具体而言，“法治体系”是一个国家制度的法律表现形式，是一个国家的法治在整体上的运行体制与机制，涉及法律规范、法治实施、法治监督、法治保障等环节，体现了一种动静态相结合的“全过程式”的法治表达。以此推论，“法制”与“法制体系”内涵的界定，实则偏向于静态层面的有关“法律制度”或“法律体系”，如内涵法律原则、法律规则、法律规范及与此相关的法律制度，以及集上述内容于一体的法律体系。可见，从内涵观之，虽一字之差，但“法治”的内涵和外延要广于“法制”，甚可直言后者包含于前者，或后者属于前者的“必然经历”，前者乃后者的“最终表达”。简言之，法治作为法制的深度延伸与拓展，借由法制得以部分彰显；法制作为法治的过程实现，按照法治的精神与要求进行制度建构，如法治内涵民主、公正等理念，其通过法制、制度的外形予以表达，并通过对制度的践行得以彰显。

从法治的内在要求出发，如亚里士多德所言，所谓法治乃指“已成立的法律获得普遍服从的法律”，而“获得普遍服从的法律”乃本身“制定良好”的法律。① 从此内涵出发，“法治”（法治体系）包含三层价值，一为这个国家要具备良好且完善、完备的法律体系，即存有良法，此乃法治实现的前提；二为已有之法获得普遍的服从和遵守，包括守法、执法与司法；三为外在制度的建立健全，如通过建立相互制约、相互平衡的国家权力机构体系，以保障完备、完善的良法得以正确的适用与遵守。如党的十一届三中全会召开的中央工作会议上提出的16字方针：“有法可依、有法必依、执法必严、违法必究。”换言之，即为“科学立法、严格执法、公正司法、全民守法”。从现阶段而言，我国已完成“科学立法、有法可依”之初步阶段、第一阶段，即“法制阶段”完成，法律体系得以建立。以此为基，“严格执法、公正司法、全民守法”虽仍在进程中，但却具备了发展的前提与根基。诚如党的十八届三中全会指出，建设法治中国，维护宪法法律权威，必须深化行政执法体制改革，确保严格、高效、公正的执法理念与执法行动之并举突破；健全司法权力运行机制，加快建设公正、高效、权威的社会主义司法制度，确保依法、独立、公正行使审判权、检察权，完善人权司法保障制度，等等。② 如上所言，法治不仅包括静态层面由良法构建之规则、制度、体系，还包括动态层面之科学立法、公正司法与严格行政。因此，只有“良法、民主之法”得到普遍的“遵守与实施”，法治中国、规则之治才有可能实现。

二、新发展理念入宪

新发展理念作为习近平新时代中国特色社会主义思想的重要组成部分，具有丰富内涵。具体包括“创新、协调、绿色、开放、共享”，其中“创新”为理念之前提，“协调、绿色、开放”乃理念实现之路径，“共享”为理念之落脚点。

① ［古希腊］亚里士多德：《政治学》，吴寿彭译，商务印书馆1965年版，第276页。

② 《中国共产党十八届三中全会公报全文》，载观察者网，https://www.guancha.cn/politics/2013_11_12_185190.shtml，2022年5月27日访问。

具体而言：

“创新”发展理念包括理论创新、科技创新、制度创新、文化创新和其他创新在内的全面创新如上文所言，理论创新乃是国家发展与社会变革的思想支撑与实践先导；科技创新是推动社会发展的技术先驱与根本力量；制度创新是推进中国社会主义事业发展的强大动力与载体依托；文化创新是促进社会发展的内生力量与精神源泉。① 作为改革时代、转型时代的中国，“创新”是一切动力之源、成果之源，重要性不言而喻。

“协调”发展理念于党的十八届五中全会提出，即协调是持续健康发展的内在要求，是扬弃“局部发展论”，实现“全面、可持续发展”的重要调和剂与平衡术。这一理念的提出，因之于我国当前国家与社会发展中的系列“重大关系”的失衡而出现。实质而言，作为一种时代产物，该理念的产生与确立是对国家有机体、社会有机体的一种内在的“润滑”和“调和”，旨在解决我国目前所存在的区域发展、城乡发展、经济发展与环境保护、经济与国防建设、精神文明和物质文明建设②等诸多方面的不协调问题，而提供的一种理念引导、机制衡平。如十九大报告指出，我国当前最棘手、最待解决的问题就是“发展不平衡不充分”③，这一问题“已经成为满足人民日益增长的美好生活需要的主要制约因素”。④ 对此，“我们要在继续推动发展的基础上，着力解决好发展不平衡、不充分的问题”。⑤

“绿色”发展理念的提出，从批判人类中心主义、唯经济发展论，以及倡导绿色国家、绿色经济、绿色 GDP，阐明绿色发展道路等方面丰富和发展了马克思

① 邓文平：《新发展理念对马克思主义社会发展理论的丰富和发展》，江西师范大学 2018 年博士学位论文，第 29 页。

② 邓文平：《新发展理念对马克思主义社会发展理论的丰富和发展》，江西师范大学 2018 年博士学位论文，第 29 页。

③ 习近平：《决胜全面建成小康社会　夺取新时代中国特色社会主义伟大胜利——在中国共产党第十九次全国代表大会上的报告》，人民出版社 2017 年版，第 11 页。

④ 习近平：《决胜全面建成小康社会　夺取新时代中国特色社会主义伟大胜利——在中国共产党第十九次全国代表大会上的报告》，人民出版社 2017 年版，第 11 页。

⑤ 习近平：《决胜全面建成小康社会　夺取新时代中国特色社会主义伟大胜利——在中国共产党第十九次全国代表大会上的报告》，人民出版社 2017 年版，第 11 页。

主义人与自然关系理论。① 此在某种程度上体现的是一种应时代之要求，对传统“和谐”观念的追溯、回归与创新——追求人与人之间的和谐、人与自然的和谐及人与社会的和谐之道。如习近平总书记在十九大报告中所指出的，树立和践行绿水青山就是金山银山的理念，坚持节约资源和保护环境的基本国策，像对待生命一样对待生态环境，统筹山水林田湖草系统治理，实行最严格的生态环境保护制度，形成绿色发展方式和生活方式，坚定走生产发展、生活富裕、生态良好的文明发展道路，建设美丽中国，为人民创造良好生产生活环境，为全球生态安全作出贡献。② 这就要认真构筑尊崇自然、绿色发展的生态体系……正确处理经济发展和生态环境保护的关系，像保护眼睛一样保护生态环境，像对待生命一样对待生态环境，坚决摒弃损害甚至破坏生态环境的发展模式，坚决摒弃以牺牲生态环境换取一时一地经济增长的做法，让良好生态环境成为人民生活的增长点、成为经济社会持续健康发展的支撑点、成为展现我国良好形象的发力点，让中华大地天更蓝、山更绿、水更清、环境更优美。③ 且这一理念精神于 2018 年修宪“走进”宪法典，以根本法的精神与规范确保得以弘扬与彰显。如宪法“序言”第七段、第十一自然段所规定的有关“生态文明”建设、“文明和谐美丽”的现代化强国建设，以及“和谐民族关系”的确立与加强，等等。在现实中，我们业已构筑尊崇自然的生态体、绿色环保的经济体。④ 如城市的公车改革，百姓出行的共享单车、共享电车、共享汽车，城市绿道的建设，等等。

“开放”发展理念，作为习近平新时代中国特色社会主义思想的重要组成部分，郑亚伟教授将其基本内涵概括为五大点：一则，新时代开放发展的全球观；二则，新时代开放发展的共享观；三则，开放发展的总体安全观；四则，新时代

① 邓文平：《新发展理念对马克思主义社会发展理论的丰富和发展》，江西师范大学 2018 年博士学位论文，第 29 页。

② 《落实党的十九大精神　坚持绿色发展理念》，载阳泉新闻网，http：//www.yqnews.com.cn/lt/201712/t20171224_565589.html，2022 年 6 月 12 日访问。

③ 《落实党的十九大精神　坚持绿色发展理念》，载阳泉新闻网，http：//www.yqnews.com.cn/lt/201712/t20171224_565589.html，2022 年 6 月 12 日访问。

④ 绿色经济指能够遵循“开发需求、降低成本、加大动力、协调一致、宏观有控”五项准则，并且得以可持续发展的经济。“绿色经济”既是指具体的一个微观单位经济，又是指一个国家的国民经济，甚至是全球范围的经济。

开放发展的系统观；五则，全球治理体系的改革观。① 简言之，开放发展理念兼顾国内、国外双主体，注重解决的是国内外多领域的联动协同、多向互济之问

① 新时代开放发展的全球观。习近平总书记指出：全球市场已经形成了一个整体，我国经济和世界经济深度融合，你中有我，我中有你。因此，中国开放的大门不会关闭，只会越开越大，经营环境将更加开放、透明、规范。中国将继续发展全球伙伴关系，扩大同各国的利益交汇点，促进贸易和投资自由化便利化，推动经济全球化朝着更加开放、包容、普惠、平衡、共赢的方向发展。

新时代开放发展共享观。一方面，在中国境内，我们的发展追求更有公平性和普惠性，让人民群众有更多的获得感、幸福感；同时，运用包括粤港澳大湾区等国家战略，让包括港澳同胞在内的中国人民共享开放发展的成果。另一方面，我们主张建设开放的世界，让各国人民共享开放发展的成果。

开放发展的总体安全观。在我们这样一个大国搞建设，一定要增强忧患意识，做到居安思危，这是我们党从历史兴替中得出的一条重要经验。维护国家核心利益是国家安全的根本，这是我国对外工作的基本出发点和落脚点。中国坚定不移走和平发展道路，但这是有底线的，即维护国家的核心利益。

新时代开放发展的系统观。2015 年 9 月 15 日，习近平总书记在中央全面深化改革领导小组第十六次会议上的讲话中指出：以改革促开放、促发展，是我国改革开放的成功实践。改革和开放相辅相成、相互促进，改革必然要求开放，开放也必然要求改革。扩大开放促进深化改革，以深化改革促进扩大开放，为经济发展注入新的动力、增添新活力、拓展新空间。2014 年 12 月 9 日，习近平总书记在中央经济工作会议上的讲话中指出：现在，我国对外开放也出现了一些新的特点：过去是招商引资为主，现在是引进来和走出去并重；过去主要是扩大出口换取外汇，现在是市场、资源能源、投资都离不开国际市场；过去只是被动适应国际经贸规则，现在则要主动参与和影响全球经济治理。在这种条件下，我们必须更加积极地促进内需和外需平衡、进口和出口平衡、引进外资和对外投资平衡，逐步实现国际收支基本平衡，构建开放型经济新体制。总体来看，党的十八大以来，伴随我国“一带一路”倡议的落地生根，“引进来”和“走出去”两者之间的平衡关系、对外贸易中的进出口关系、国际合作中不同合作伙伴的关系等更加协调平衡，国内对外开放工作中的内外联动、海陆并举、东西并济的局面基本形成。

全球治理体系的改革观。全球治理体系的变革是大势所趋，变革的关键就是要反对各种形式的贸易保护主义，维护自由、开放、非歧视性的多边贸易体制。2017 年 9 月 4 日，习近平主席在金砖国家领导人厦门会晤大范围会议上的讲话中指出：要推动开放、包容、普惠、平衡、共赢的经济全球化，建设开放型世界经济，支持多边贸易体制、反对贸易保护主义。习近平总书记指出，全球性挑战需要全球性应对，合作是必然选择，各国要加强沟通和协调，照顾彼此利益关切，共商规则，共建机制，共迎挑战。全球经济治理应以共享为目的，提倡所有人参与，所有人受益，不搞一家独大或者赢者通吃，而是寻求利益共享，实现共赢的目标。2017 年 11 月，“构建人类命运共同体”理念首次被纳入联合国决议，这表明构建人类命运共同体的中国方案在国际上受到了高度赞赏和广泛认同。参见郑亚伟：《开放发展理念的基本内涵与鲜明特征》，载中国西藏网，http：//www. tibet. cn/cn/index/theory/202007/t20200707_6813239. html，2022 年 8 月 3 日访问。

题，追求目标乃互利共赢、多元平衡、安全高效的开放型经济体。如党的十九大提出，“发展更高层次的开放型经济，要以‘一带一路’建设为重点，坚持引进来和走出去并重，遵循共商共建共享原则，加强创新能力开放合作，形成陆海内外联动、东西双向互济的开放格局。中国将以更加开放的胸襟、更加包容的心态、更加宽广的视野、更加坚定的步伐走向世界，积极开展中外文化交流，在学习互鉴中共同发展”。①

“共享”发展理念，作为新发展理念的落脚点，实质乃社会主义发展与改革成果的理想分配机制。其所体现的是一种追求“公平正义”的社会观，以及坚持以人民为中心的“为民、民上”政治观。我国“十三五”规划提出共享发展理念，就是要切实解决阻碍中国社会发展的各类不公平、不公正问题，以促进新时代中国社会公平正义的真切实现，进而保障全国人民最大限度地共享改革成果。如“十三五”规划指出，“共享是中国特色社会主义的本质要求，必须坚持发展为了人民、发展依靠人民、发展成果由人民共享。通过作出更为有效的制度安排，使全体人民在共建共享发展中有更多的获得感，以增强发展动力，增进人民团结，并朝着共同富裕的方向稳步前进”。② 十九大报告进一步强调：必须多谋民生之利、多解民生之忧，在发展中补齐民生短板、促进社会公平正义。③ 这是对现实问题的回应，亦是对未来发展的期望，更是对中国理想社会的坚定。

三、“五位一体”发展格局的再更新

所谓“五位一体”的发展格局，体现在宪法文本上为宪法“序言”第七自然段，该段在原有的“物质文明、政治文明、精神文明”的“三位一体”的发展格局上，加入了“社会文明、生态文明”。也因此，“五位一体”的发展格局便有了“宪法确认”或“宪法依据”。

从宪法典的内在逻辑结构观之，五位一体发展格局的入宪，作为一种“战略

① 《贯彻开放发展理念——我谈“新发展理念”之四》，载搜狐网，https://www.sohu.com/a/281872583_120032864。

② 《中国共产党第十八届中央委员会第五次全体会议公报》，人民出版社 2015 年版，第 14 页。

③ 习近平：《决胜全面建成小康社会　夺取新时代中国特色社会主义伟大胜利——在中国共产党第十九次全国代表大会上的报告》，人民出版社 2017 年版，第 23 页。

目标”，逐一对应的宪法规范为“发展社会主义市场经济，发展社会主义民主，健全社会主义法治，贯彻新发展理念”等。即发展社会主义市场经济，首要目标即致力于“物质文明”的实现；发展社会主义民主乃对应“政治文明”目标的实现……“贯彻新发展理念”乃是对应“精神文明、社会文明、生态文明”之目标。可见，两者为“目标与路径”“过程与结果”之关联，且彼此间乃是逐一对应、互为对称的“路径表达”。此外，“五位一体”之战略格局除呈上“方式与目标”的连接外，与下述宪法规范中的“富强、民主、文明、和谐、美丽”的社会主义现代化强国之目标亦乃“彼此对称”之关系。如物质文明对应“富强”之目标，政治文明对应“民主”之理想，“精神文明、社会文明、生态文明”与“文明、和谐、美丽”的现代化目标相互映衬，足见宪法语言及内在逻辑的“精致”和“细腻”。

实然，从现实观之，“五位一体”发展格局中每一战略的位置“摆放”，以及与此相对应的“目标追求”，乃是一种“有阶段、分层次”的现实要求，是我国不同时期、不同阶段所预设之目标。简言之，国家发展的不同时间节点，主要矛盾与侧重点便有不同。现阶段乃以“经济建设”为中心，一切改革围绕此并服务于此。但是“经济建设”的中心定位，并不代表其他领域发展与改革的停滞不前。相反，目前我国各个领域的改革可谓全面铺开，如政治领域，此次监察制度、监察委员会的入宪，且从未停止的“节能型政府、服务型政府”的建构；法治领域，司法改革、宪法修改、监察法出台、民法典颁行，以及人民陪审员法、税法等系列法律的出台与颁布；社会领域，社会保障制度的进一步完善，等等。“五位一体”格局的确立即是在“重点”中，环环发展——围绕重点、主攻主要矛盾，通过其他“四位格局”的“匹配改革”，共同致力于一国主要矛盾的攻克。亦因之，在一定程度上缓解了社会领域的其他矛盾。

四、“改革时代”的宪法确认

宪法序言第十自然段规定，“在长期的革命、建设、改革过程中，已经结成由中国共产党领导的……广泛的爱国统一战线”。第十二自然段规定，“中国革命、建设、改革的成就是同世界人民的支持分不开的”。

“改革”一词的入宪，与宪法规范中“革命、建设”入宪一般，皆是将中国过去、现在、未来之发展历程、发展势态、发展成果等规定于宪法文本中，通过根本法的“确认”，使中国革命、建设、改革三大时期分别获得“合宪性依据”。“革命时期”，指新中华人民共和国成立前所历经的新民主主义革命①、社会主义革命②。“革命”一词的入宪，即是对历史事实、历史成果的确认。“建设时期”，包括对社会主义建设道路探索路径、探索过程，以及理论与现实成果的宪法确认。如“七五宪法”序言第二自然段规定，“二十多年来，我国各族人民在中国共产党领导下，乘胜前进，取得了社会主义革命和社会主义建设的伟大胜利，取得了无产阶级“文化大革命”的伟大胜利，巩固和加强了无产阶级专政”。当然，所谓“宪法确认”乃是从今天的视角探寻的结论，是对历史事实、历史过程、历史真实、历史成果的一种确认。实然，在“革命和建设时期”的任务完成后，两大阶段的入宪，虽是“宪法确认”，但亦有着“革命和建设”时期所必需的“宪法指引、宪法依据”之根本支撑价值与意义在。

现今之中国，是一个“改革的时代、转型的时代”，改革涉及国家各个领域、各个行业，包括经济领域、政治领域、社会领域、文化领域、生态环保等各个方面。换言之，改革之事乃牵一发而动全身，且每一项改革间彼此互相关联、互有联动。即每一项改革非某一领域、某一部门的孤立事项，其需要多领域、多部门间的相互配合、互动互济。故，改革需要在“主要矛盾”“主要问题”的立基上，匹配于其他领域的改革，相辅而相成，共同致力于改革的终极目标。

五、“爱国统一战线”范围的扩大

“爱国统一战线”范围的扩大，实质上进一步扩大了统一战线的政治基础，

① 新民主主义革命是指在帝国主义和无产阶级革命时代，殖民地半殖民地国家中的无产阶级领导的资产阶级民主革命。其所谓“新”，是相对于17—18世纪欧美国家发生的资产阶级领导的，旨在推翻封建专制主义压迫，确立资产阶级政治统治的旧民主主义革命。中国新民主主义革命是从1919年五四运动开始的，在此之前的近代以来的资产阶级民主革命为中国的旧民主主义革命。新民主主义革命是无产阶级领导的、人民大众的、反对帝国主义、封建主义和官僚资本主义的革命（我国新民主主义革命的总路线1948年提出，革命对象乃三座大山）。参见 https：//www. docin. com/p-2165680697. html。

② 1954年第一届人大上宪法的颁布表明我国由新民主主义国家转变为社会主义国家；1956年年底，三大改造基本完成（社会主义公有制成为我国社会经济基础）标志着我国社会主义基本制度的建立。此后，我国开始了社会主义“建设”道路的探索。参见 https：//www. docin. com/p-2165680697. html。

即在“求同存异”中将社会主义建设事业可依靠的力量、可团结之力量不断扩大，即立基于人民利益、国家利益扩大“爱国者”范畴，缩小“敌对者”力量。此之深层蕴含旨在发挥淡化“宪法的阶级性”之色彩。

宪法的阶级性乃宪法的本质属性所系，是宪法“世界特质”中两大解说中的关键特性所在。具体而言，所谓宪法的阶级性，包括三大内容：一则，宪法是阶级斗争的产物；二则，宪法是统治阶级意志和利益的集中反映；三则，宪法随着阶级力量对比关系的变化而变化。作为宪法的本质属性，宪法的阶级性只能淡化而不能消除，更不可能被消解。但在国内外和平、稳定、和谐的主流环境氛围中，宪法阶级性的淡化会成为宪法未来发展的重要趋势之一。

六、“和谐民族关系”的入宪

宪法序言第十一自然段规定，“平等团结互助和谐的社会主义民族关系已经确立，并将继续加强”。“和谐”民族关系的入宪，与宪法第一章“总纲”部分第四条第一款相适应，即“中华人民共和国各民族一律平等。国家保障各少数民族的合法的权利和利益，维护和发展各民族的平等团结互相和谐关系。禁止对任何民族的歧视和压迫，禁止破坏民族团结和制造民族分裂的行为”。

所谓“和谐民族关系”，按照词源解释，“和”指不同声部的乐音美妙和谐共振，也即不同的观点、论说虽各有特点，但在相融、相合中产生共鸣；“谐”，和也，指观点一致，相融相和。“和”强调“诸异而致同”，“谐”强调观点一致而统一。两者的结合一方面强调“和而不同”，尊重差异；另一方面，又追求“存异求同”，寻求同一。简言之，和谐民族关系之内涵有二：第一，和而不同之“不同”。指强调并尊重不同民族关系间的“性格”差异，即我们尊重各少数民族的风俗习惯、语言文字、宗教信仰及其本民族文化。如《宪法》第四条第四款规定，“各民族都有使用和发展自己的语言文字的自由，都有保持或改革自己的风俗习惯的自由”。再如《中华人民共和国集会游行示威法》第二条第五款规定：文娱、体育活动，正当的宗教活动，传统的民间习俗活动，不适用本法。《中华人民共和国城市规划法》第十四条第二款规定：编制民族自治地方的城市规划，应当注意保持民族传统和地方特色。《中华人民共和国国旗法》第七条第二款规定：不以春节为传统节日的少数民族地区，春节是否升挂国旗，由民族自治地方的自治机关规定。民族自治地方在民族自治地方成立纪念日和主要传统民族节日，可以升挂国旗。《刑法》第一百四十七条规定，“国家工作人员非法剥夺公民的正当的宗教信仰自由和侵犯少数民族风俗习惯的，情节严重的，处二年以下有期徒刑或者拘役”。第二，和而不同之“和”。中国自古以来是一个多民族国家，作为一个由56个民族组成的统一大家庭，每一位成员都是中华民族不可分割的重要组成部分。故而，我们尊重每一位家庭成员的“生活习性与生活习惯”，同时，也要求每位家庭成员遵守大家庭中“共同的行为规范和生活准则”，即遵循“共同体之规范、规则”。

实然，“和谐民族关系”的入宪，应该是一种对传统的“回溯”，一种优秀传统文化于当今中国的“回归”。中国自古以来所追求与向往的即是一种“和谐”之美——人与人之间的和谐相处、人与自然之间的和谐共鸣、人与社会之间的和谐共生。如在以农为本的中国社会中，人从自然中感受到的是万世不易的四时变化规律与万物相生相克的和谐之道、自然之态。且从中国古代法中人们不难寻找到尊重自然、效法自然的踪迹。如《周礼》，其仿效自然，设天、地、春、夏、秋、冬六官，以人事应天道、以天道助人事。《汉书·刑法志》开篇便道出法的诞生即是圣人受大自然启发之结果：“圣人既躬明哲之性，必通天地之心，制礼作教，立法设刑，动缘民性，以则天象地。故曰先王立礼‘则天之明，因地之性’也。刑罚威狱以类天之震曜（yαo）杀戮也。温慈惠和，以效天之生殖长育也。”《书》云：“天秩有礼”“天讨有罪。”故圣人因天秩而制五礼，因天讨而作五刑。此段话的意义，即在于强调与说明礼与法、教与刑皆乃圣人与大自然沟通、调和之产物，是圣人对缄默不言的大自然底蕴之领悟、神秘之探索。① 换言之，稳定与和谐，是大自然给中国人最直接也是最重要的启示，也是中国传统法所竭力追求的目标。② 可以说，中国之礼德文化与崇尚人与自然和谐相处，与柔而和的自然观密切相关。正因为如此，中国人形成了豁达、明智、现实、温和、明媚、大度之性格，此之亦使中国传统法乃至传统文化在整体稳定协调的情况下，并不失于僵化呆板。反而因之“和谐观”而内蕴一股灵气。③ 据此推论，今

① 马小红：《礼与法：法的历史连接》，北京大学出版社2017年版，第287~288页。

② 马小红：《礼与法：法的历史连接》，北京大学出版社2017年版，第386页。

③ 马小红：《礼与法：法的历史连接》，北京大学出版社2017年版，第288页。

之宪法文本所确立的“和谐”民族关系，追寻其根源，实是立基于传统基础上的“和谐观”。以此为基，结合当今民族关系发展之需要，而实现的一种创造性发展与创新性转化。

七、“和平对外政策”的重申与强调

宪法序言第十二自然段规定，“中国坚持独立自主的对外政策，坚持互相尊重主权和领土完整、互不侵犯、互不干涉内政、平等互利、和平共处的五项原则，坚持和平发展道路，坚持互利共赢开放战略，发展同各国的外交关系和经济、文化交流，推动构建人类命运共同体”。宪法对中国“和平外交政策”的着力强调，进一步重申了中国国际大国之地位，以及中国在对外交往中的一贯主张，即“己所不欲，勿施于人”的平和宽容之道，而非“己所欲，施于人”，更非“己所不欲，施于人”的野蛮霸权之术。

此外，“和平发展道路”之对外政策的宪法确证亦乃是对宪法规范“新发展理念”的一种延伸性表达，以“坚持和平发展道路”中对“开放理念”的表达为例——在“走出去、引进来”的对外交往、对外发展中，中国始终坚守“和谐共存”的平和相处之道：“坚持互利共赢开放战略，发展同各国的外交关系和经济、文化交流，以推动人类命运共同体之构建”，此即乃是对“开放、共享”理念的另一种宪法表达样态。目标追求殊途同归，可称之为在发展中共赢，在开放中互惠，在交往中互赢，共享开放成果、共享改革成果、共享发展成果……

八、“党的领导”乃中国特色社会主义最本质之特征

《宪法》第一条第二款规定，“社会主义制度是中华人民共和国的根本制度。中国共产党领导是中国特色社会主义最本质的特征。禁止任何组织或个人破坏社会主义制度”。据此可见，党的领导、政党的政治决策具有明确的宪法依据。此乃由宪法的本质属性之一，即宪法乃（政治）民主制度化、法律化的内在特质所决定的。同时，议会制度、选举制度、政党制度是当今宪政国家、法治国家的重要标配性要素，缺一不可。简言之，政党政治具备合宪法性、合法性依据。

从宪法宣誓制度的入宪“历程”观之，2014 年 10 月“党的十八届四中全会”决定建立宪法宣誓制度；2015 年 7 月 1 日，全国人大常委会表决通过了宪

法宣誓制度；2016 年 1 月 1 日，该制度在全国范围内实施；2018 年 3 月 11 日，宪法宣誓制度正式入宪。据此可见，包括我国监察体制的整体改革路径、宪法宣誓制度的入宪法径等，皆是首先作为一种“政党之政治决策”而出现。但从其源起至生成全过程，实质皆由宪法的本质属性决定。可以说，宪法乃政治民主法律化的产物，宪法乃政治决断的法律化、政治问题的法律化、政治表达的法律化，以及法律问题的程序化之终极法源所系与最终结果表达。当然，中国共产党的领导作为中国特色社会主义最本质的特征，既是宪法本质属性的内在体现，亦符合执政党的自身特质。

梁启超曾言，作为一个党，必须具备如下几个条件：第一，“凡政党必须有公共之目的”。此乃政党存立之根本要素。第二，“凡政党必须有奋斗之决心”“凡百学问政治，莫不以奋斗为成功之要素，政党无奋斗之力，又安能行其所志”“而一党之中，必人人能有此奋斗之精神，始可以成真正之政党，而为国家谋进步为国民造幸福为政党员者其勉之”。① 第三，“凡政党必须有整肃之号令”“譬如军队，无总司令部，则全军无统率，无大将则虽有总司令部，号令不能一致，又安能指挥全军而临前敌哉，政党亦然，必有一中心人物，若大将军之于三军，统率党员，躬赴前敌，然后党员始有奋斗之精神，为一致之活动，以贯彻一党之所主张，否则机关虽多，行动不一，党虽大而实则涣散耳”。② 第四，“凡政党必须有公正之手段”。通过光明正大的途径，谋求政治上的诉求，实现党在政治上的理想。第五，“凡政党必须有牺牲之精神”。第六，“凡政党必须有优容之气量”“而不完全之政党，其障碍共和政治之前途，较之无政党为尤甚”。③ 今之中国，共产党作为执政党，执政党的地位明确规定于宪法，已然证明共产党乃名副其实之“真正政党”。

诚如 2020 年 11 月 16 日至 17 日，习近平总书记在中央全面依法治国工作会议所言，要坚持党对全面依法治国的领导。党的领导是推进全面依法治国的根本

① 梁启超：《初归国演说辞》，载梁启超：《饮冰室合集·文集》（第 29 卷），中华书局 1989 年版，第 16 页。

② 梁启超：《初归国演说辞》，载梁启超：《饮冰室合集·文集》（第 29 卷），中华书局 1989 年版，第 18 页。

③ 梁启超：《初归国演说辞》，载梁启超：《饮冰室合集·文集》（第 29 卷），中华书局 1989 年版，第 10 页。

保证。国际国内环境越是复杂，改革开放和社会主义现代化建设任务越是繁重，越要运用法治思维和法治手段巩固执政地位、改善执政方式、提高执政能力，保证党和国家长治久安。全面依法治国是要加强和改善党的领导，健全党领导全面依法治国的制度和工作机制，推进党的领导制度化、法治化，通过法治保障党的路线方针政策有效实施。①

九、国家领导人任职期限取消

《宪法》第七十九条被修改为，“中华人民共和国主席、副主席每届任期同全国人民代表大会每届任期相同”。此规定相比于修宪之前，则明确取消了国家领导人——主席、副主席的任期限制。

1. 支持声音

（1）历史原因。自中华人民共和国成立，中国历经四部宪法，其中，“五四宪法”“七五宪法”“七八宪法”中对于国家主席、副主席的任职期限并无限制，直到“八二宪法”参考西方国家的制宪成果和宪政实践，才对此作了“连续任职不得超过两届”的限制与要求。

（2）改革要求。今之中国，正值改革与转型时期，为了保障改革全过程的顺利开展，保障改革政策、国家政策自上而下的连贯性，以及自始至终的持续高效衔接，减少改革阻力，确保改革进程的顺利开展，改革初衷与改革成果的稳步实现。故而，从理论设计而言，至少应保障一国领导人，尤其是主要领导人，哪怕是虚位元首，在一定时期内的“长期在任”。诚如中国古语言，“临阵换将，可谓兵之大忌”。

（3）未来之态。目前，我国国家领导人任职期限虽然被取消，但并未从根本上否认“任期制”。根据我国《宪法》第七十九条规定，“有选举权和被选举权的年满四十五周岁的中华人民共和国公民可以被选为中华人民共和国主席、副主席”。据此，有学者指出，相比于“两届”的任期限制，“三届或四届”可能会更合理一些。毕竟，以45岁基数，四届任期届满后年龄为65岁，若身体健康完全有继续任职的能力。实然，一般情况下，我国国家主席在初任职时大多超过

① 参见 https：//newsdata. peopletech. cn/hw-wap-xi/#/xi/detail/normal？ id = 427121&source = xxsj。

45 岁，约为 60 岁左右，如毛泽东任职时年龄为 61 岁、江泽民为 67 岁、胡锦涛为 61 岁、习近平为 60 岁。据此推断，从人的生理机能分析，将国家主席任期限制为“三届”或“四届”，可能会更为合理。不止中国，2020 年美国总统竞选时，作为竞选者之一的特朗普已经 74 岁，另一位竞选者，现任美国总统的拜登彼时已然 77 岁，实至“古稀之年”。而根据美国《宪法》规定，美国总统任期每届为四年，连续任职不得超过两届。八年任期之后，拜登已至“杖期之年”。

2. 反对声音

反对之音，可能更多的是基于中国自身的经历，历史经历、历史教训而引发的思考。如 1956—1976 年，20 年间，中国经历的“大跃进”“人民公社化运动”“文化大革命”……这些无形的“战火”给中国、中国人民所带来的“损失”与“苦难”是难以计算、无法想象的。如刘少奇夫人所言，“这是一场文化的灾难”。虽然，历史事件的发生有其偶然性，但在偶然中实有某些必然因素的存在，概言之，特定历史时代下中国所经历的“磨难”，乃综合因素共同作用下之结果，而非一人一事之责。但不可否认的是，人的因素，尤其是拥有至高权力之人，无论何时，皆是其中不可忽视的重要一环。

结　语

宪法原理中国化研究，本书立基本意即在于探索并发现宪法自传入中国以来，“宪法原理”与“中国实践”“中国需求”“中国文化”相融相涵之历程，以及其结果于当代的表达与体现，即宪法原理中国化的特色成果诠释。但在笔者看来，“宪法”“宪法原理”在中国，从其引进、演变，发展至今，已然成为中国法律理论的内在有机体、法律体系的根本组成部分，成为中国法律文化的内生力量、自有理论。至今天，宪法作为中国民主、法治、自由、平等的根本标志，已然在宪法世界特质的基础上，内生出中国自有之精神火花、体系结构与规范内容。简言之，中国宪法即是中国的，中国宪法原理即是民族的。如书中所言，宪法，作为一种治理国家的根本手段、表现形式，中国今之宪法概念早已将古代法律所内涵之民族精神、文化精髓蕴含其内，脉脉传承。譬如宪法与道德间千丝万缕之联系，区别中的紧密相守——“道德”乃“宪法”之精神皈依、价值脉系，“法律”则是“宪法”的价值延续与内容延展，宪法与法律作为同为中国“法治现代化”之产物。“道德”内涵（动词）之精神通过宪法“漫延”于“法律”，无形中共同致力于“宪法与法律”的“中西合璧、古今双用”的现代化法治改革目标。可见，今之宪法乃是“上承古今、下继后世”的存在，重要性毋庸置疑。

实然，宪法自进入中国，对中国，其从陌生到懵懂，从排斥到接纳，从熟悉到自然，这一过程，人们对宪法的信仰在变化，宪法的自我认知、自我定位在变化，这不仅是今天的我们、未来的我们，历经近代清末的《钦定宪法大纲》《十九信条》，民国时期的《中华民国临时约法》《天坛宪草》《贿选宪法》，以及中华人民共和国成立后的“五四宪法”“八二宪法”等之今天已然的宪法、未来可能的宪法，因其实质要素与程序要素的形神兼具、自然而成，其已然牢牢占据了中国此之一隅。即当今之中国宪法立基在宪法的世界本质上，稳扎于中华民族的广阔空间范围内，中国宪法的空间效力自此实现。在空间效力的作用范围内，中国宪法立基于中华大地，还切实发挥着其对人之效力、对事之效力。加之，宪法已然内蕴之价值体系，内在之自然机理而生成之中国特质、民族本色，使当今中国宪法因“自然”而具有不可替代性。典型如 2018 年宪法之修改，宪法规范的修改实是在遵循我国成熟的宪法内在精神、宪法体例结构、已有宪法规范的基础上展开的。

在精神追求与目标定位上，源于西方的自然法作为自然界万事万物皆遵循的法则，它高于并指导着任何一个特定国家的实在法，具有某种普遍性和永恒性。① 对此，自然法思想家芝诺曾提出，“按照自然而生活”就是“按照德性而生活”，顺应自然的生活就是有德性的生活。② 而自然法的追求与目标，即是一种有良善的生活。其中，善良是指道德，公平即指正义。实然，在中国，中国式的“礼义精神、德性文化”可媲美于西方的“自然法”，尊重自然、尊重理性，追求善德。中国式的“自然法”及其构成因子对于“善良、德性”生活的追求自然于无形中影响着中华民族的精神内涵与价值体系，影响着一国的根本制度。宪法，作为权力配置的重要成果载体与表征，作为规则之治的顶层法律规范、制度之尊，尤为如此。宪法因其内蕴一国之自然精神、自然要求——本义、本性、本心与本信，而具备、保存了一国之根本，即在基于“义、性、信”构成之社会主义核心价值观的精神引领下，中国宪法自然以“礼义”、以“德”为终极追求，义本出性，以致与信。而这一核心价值观与人的自然倾向、与人的内心选择实为一致。同时，其构成要素以人性分析为基础，通过对人的自然倾向而获得。此在于，人的身上总存在着一种与一切实体共有的趋吉向善的自然而然的倾向。③ 在此过程中，国家顺乎自然的治理，即能最大限度地实现公民的善与国家的善。据此可见，一国之制度与其民族精神的深度连接表现在，一国制度唯有被赋予本民族的精神特质，才会真正地扎根

① 参见徐爱国、李桂林：《西方法律思想史》，北京出版社 2014 年版，第 41 页。

② 徐爱国、李桂林：《西方法律思想史》，北京出版社 2014 年版，第 14 页。

③ 徐爱国、李桂林：《西方法律思想史》，北京出版社 2014 年版，第 63 页。

于该国，才会充分地发挥出制度优势，达致制度设立之初衷。而此之自然的民族精神、思想、习惯和传统，即是制度的本质。同时，因之而诞生之制度，包括制度背后之原理，注定是中国的。

参考文献

一、著作类

[1] 瞿同祖：《中国法律与中国社会》，中华书局出版社 1981 年版。

[2] 张晋藩：《中国法律史论》，法律出版社 1982 年版。

[3] 梁启超：《饮冰室合集·文集》（第 17 卷），中华书局 1989 年版。

[4] 张岱年、程宜生：《中国文化与文化论争》，中国人民大学出版社 1990 年版。

[5] 中国会计学会会计史料编写组、中国第二历史档案馆：《中国会计史料选编——中华民国时期（Ⅳ）》，南京：江苏古籍出版社 1990 年版。

[6] 钱端生：《钱端生学术论著自选集》，北京师范学院出版社 1991 年版。

[7] 陈晓枫：《中国法律文化研究》，河南人民出版社 1993 年版。

[8] 梁漱溟：《道德是生命的和谐》，载刘道清、宋致新编选：《品味人生——中国现代文化名人谈》，湖南文艺出版社 1994 年版。

[9] 张岱年、方克立：《中国文化概论》，北京师范大学出版社 2004 年版。

[10] 武树臣：《中国法律思想史》，法律出版社 2004 年版。

[11] 刘茂林：《中国宪法学导论》，北京大学出版社 2005 年版。

[12] 张文显：《法理学》，高等教育出版社 2007 年版。

[13] 陈顾远：《中国法制史概要》，商务印书馆 2011 年版。

[14] 余秋雨：《从北大到台大：中华文化四十七堂课》，岳麓出版社 2011 年版。

[15] 林坚：《文化学研究》，中国文史出版社 2014 年版。

[16] 徐爱国、李桂林：《西方法律思想史》，北京出版社 2014 年版。

[17] 周叶中、江国华：《中国近代人物宪制思想评论》，中国政法大学出版社 2015 年版。

[18] 中共中央宣传部：《习近平总书记系列重要讲话读本》，学习出版社、人民出版社 2014 年版。

[19] 马小红：《礼与法：法的历史连接》，北京大学出版社 2017 年版。

[20] 李泽厚：《中国古代思想史论》，人民文学出版社 2021 年版。

[21] 翟志勇：《公法的法理学》，商务印书馆 2021 年版。

[22] [英] 梅因：《古代法》，沈景一译，商务印书馆 1959 年版。

[23] [古希腊] 亚里士多德：《政治学》，吴寿彭译，商务印书馆 1965 年版。

[24] [德] 黑格尔：《历史哲学》，王造时译，商务印书馆 1963 年版。

[25] [法] 卢梭：《社会契约论》，何兆武译，商务印书馆 1987 年版。

[26] [古罗马] 查士丁尼：《法学总论——法学阶梯》，张企泰译，商务印书馆 1989 年版。

[27] [法] 伏尔泰：《风俗论》（下册），谢戊申等译，商务印书馆 1997 年版。

[28] [美] 卡特等：《大众传播法概要》，黄列译，中国社会科学出版社 1997 年版。

[29] [日] 滋贺秀三等：《明清时期的民事审判与民间契约》，法律出版社 1998 年版。

[30] [德] 弗里德里希·卡尔·冯·萨维尼：《论立法与法学的当代使命》，许章润译，中国法制出版社 2001 年版。

[31] [美] E. 博登海默：《法理学：法律哲学与法律方法》，邓正来译，中国政法大学出版社 2010 年版。

[32]《马克思恩格斯选集（第 3 卷）》，人民出版社 2013 年版。

[33] [法] 孟德斯鸠：《论法的精神》，许明龙译，商务印书馆 2016 年版。

[34] [美] 戈登·S. 伍德：《美利坚共和国的缔造：1776—1787》，朱妍兰译，译林出版 2016 年版。

二、杂志类

[1] 郑治发：《对〈中华民国临时政府组织大纲〉的几点认识》，载《政法论

坛》1983 年版第 1 期。

［2］费孝通：《中国人的文化自觉不能没有“自知之明”》，载《学术研究》2003 年第 7 期。

［3］江国华：《宪法的道德之维——兼论宪法的普遍低度道德法则》，载《华东政法学院学报》2003 年第 6 期。

［4］唐时华：《“全民法官时代”，法院法官何为》，载《法庭内外》2009 年第 8 期。

［5］庹继光：《“媒体审判”：防卫性权利的异化——对舆论监督司法的合法性解读》，载《新闻法制研究》2010 年第 5 期。

［6］刘练军：《民粹主义司法》，载《法律科学（西北政法大学学报）》2013 年第 1 期。

［7］杨永建、钱秋蓉：《边疆少数民族社会主义核心价值观认同研究》，载《学术探索》2016 年第 11 期。

［8］薛梦缘：《地方自治的探索：民国初期江苏省县下设市实践》，载《江汉大学学报（社会科学版本）》2021 年第 2 期。

［9］［美］罗纳德·德沃金：《自由的法：美国宪法的道德解读（导言）》，刘丽君译、林燕平校，载《华东政法学院学报》2000 年第 6 期。

三、外文类

［1］Cater, Law: Its Origin, Growth and Function, G. P. Putnam's Sons, 1907.

［2］John C. Cray, The Nature and Sources of the Law, New York, 1931.

［3］Herman Kantorowicz, "Savigny and the Historical School of Law", 53 Law Quarterly Review 326, at 340, 1937.

［4］Ernst Troeltsch, "The Ideas of Natural Law and Humanity in World Politics", in Otto Gierke, Natural Law and the Theory of Society, transl. E. Barker, Cambridge, Eng., 1934.

［5］De Jure Belli ac Pacis, Transl. F. W. Kelsey, The Classics of International Law, Oxford, 1925.

［6］Jhering, The Struggle for Law, transl. J. Lalor, Chicago, 1915.

[7] Jhering, In the English Philosophers: From Bacon to Mill, Random House, 1939.

四、论文类

[1] 邓文平:《新发展理念对马克思主义社会发展理论的丰富和发展》,江西师范大学 2018 年博士学位论文。
[2] 蒋丽:《社会主义核心价值观的哲学阐释——基于历史唯物主义视角》,东北大学 2019 年博士学位论文。
[3] 高超:《南京国民政府时期的会计制度》,河南大学 2018 硕士学位论文。

后　　记

此书稿的写作，恰逢江汉大学开展“教学项目式改革”，作为宪法学课程的任课教师，我进行了此教研课题的申请。既然进行教改，所以在教学核心内容整体保持的基础上，便需要立基于教学目标、教学主体“学生”对教学理念、教学形式、教学手段、教学路径等方面进行全过程式“创新”。

在此过程中，非常感谢江汉大学法学专业 2020 级全体学生于其中的“出谋划策”与倾心参与。如图中的思维导图，包括漫画，原图几乎皆出自 2020 级学生之手，如许文舜、黄静、周信、杜睿、喻思凡、李祺、伍思与、江碧瑶、滕佳奇、王姝、刘阳，等等。为画出书稿中所需图示，我们几易其稿，为达到相对完美的效果，课间、课后、周末，办公室、图书馆、湖边、操场等经常会看到我们的身影，十分辛苦，但在其中，大家的认真与努力是十分令人感动的。尤其是在最后定稿期间，许文舜、李祺、黄静等的全程参与，包括图示、文稿的最后核对等，花费了大量心力。对此，亦表示真切的感谢。此过程，另有感受比较深刻的是，我于其中教授知识，却也在学生身上学到了如何将“信息化、技术化”手段运用于教学中。教学相长，不外如是。

且此次宪法教学的项目式改革，在与学生的全程互动中发现，新时代的大学生，他们在接受专业教材、课本内容的同时，有着更多的求知欲与探索精神。在沟通中，我的教学理念也因此得到了提升与优化，走出了自己所谓的“教学、科研”难以兼容之思维误区。若说在自我发展上有何变化，“教学与科研相结合”的教学理念即是最深切的体悟。即在保障教学广度的同时，加强教学内容深度的延展，在学生掌握基础知识的前提下，通过与教师科研方向的结合，强化学生对该学科理解的深度。“博约相济”的理念在此中之运用可谓恰如其分。

同时，在此过程中，还要感谢江汉大学、江汉大学法学院，以及李卫东副校长、赵立新院长、易凡书记等为此书稿的出版提供的各方面支持。更要感谢我的父母，杨庆海先生、李玉玲女士对我的辛勤培养和全力支持，若非他们为我提供的坚强后盾和强大支撑，亦不会有今天的自己。在此，对他们的无私付出，表示真心的感谢。也祝愿他们身体健康，心情四季如春，生活五彩缤纷。